U0111481

大展好書　好書大展
品嘗好書　冠群可期

大展好書　好書大展
品嘗好書　冠群可期

武術特輯
73

炮捶

陳式太極拳第二路

顧留馨　著

大展出版社有限公司

1980年攝於上海體育科學研究所

　　在中國武術史上，武術著作的生命，從來不取決於作者的名望，著作一經傳抄或印成書本，都是憑借自身的質量和價值，來接受不同時代武術愛好者的檢驗。

　　印書流傳的如明代戚繼光的《拳經捷要篇·卅二勢圖訣》、清初吳殳（修齡）的《手臂錄》，以及抄本流傳的清乾隆年間山西人王宗岳的《太極拳論》，都是憑借作品本身的質量與價值而爲不同時代的愛好者所欣賞，並被稱做經典著作。

顧留馨　記
1983年5月6日

作者與學生張翹青（時年 20 歲)
演練陳式推手

攝於 1978 年

陳照奎老師的學生，上海丁金友（時年 67 歲)

攝於 2004 年

陳發科老師（1887～1957）時年
67 歲　　　　　　攝於 1935 年

陳發科老師 1947 年（60 歲)
與田秀臣（32 歲）推手

陳發科老師演練演手紅捶拿法
（時年 60 歲)

　　　　　攝於 1947 年

陳發科老師的學生，
北京馮志強

攝於 1981 年

陳發科老師的次子照奎
（時年 31 歲）

攝於 1958 年

陳發科老師的學生，北京田秀臣
（時年 66 歲）

攝於 1981 年

陳發科老師的學生，濟南
洪均生（75 歲)與張聯恩
（29 歲）推手，使用採
拿捋肘法

　　　　攝於 1981 年

陳發科老師的學生，北京
雷蒙尼（時年 72 歲）

　　　　攝於 1981 年

作者簡介

顧留馨先生（1908～1990），爲蜚聲中外的太極拳專家，精通各式太極拳的技藝與技理，他嚴謹治學，著述豐富，其質量、內容與價值爲不同時期的愛好者所欣賞，頗具權威性。曾受周總理的重托，爲越南主席胡志明及我國老一代領導人葉劍英、宋慶齡等傳授太極拳，並多次代表國家前往國外授技，1977年和1980年，顧老先生兩次東渡，赴日授技，其精湛的推手技能，令日本太極拳界大爲驚嘆。

顧先生自11歲（1919年）開始學拳，70年間，除了堅持自身鍛鍊和悉心傳授拳技外，還遍訪名師，虛心求教，一生博採眾長，重實用，斥花假，對武術技法以實踐來進行比較，辨其優劣，決定取捨，並集各家之長，從事太極拳術的理論研究，爲傳統武術的發展興旺作出卓越的貢獻。

顧留馨先生歷任中國武術協會委員兼技術研究會副主任；《中國大百科全書·體育卷》編委；上海體育科學研究所副所長、武術研究員；上海市武術協會主席。其著作有：

1.《簡化太極拳》（上海教育出版社，1961年）

2.《陳式太極拳》（人民體育出版社，1963年，與沈家楨合著）（大展出版社，2002年繁體字版）

3.《太極拳研究》（人民體育出版社，1964年，與唐豪合著）（大展出版社，2004年繁體字版）

4.《怎樣練習太極拳》（上海教育出版社，1974年）

5.《太極拳術》（上海教育出版社，1982年）

6.《炮捶———陳式太極拳第二路》（香港海峰出版社，1983年）

7.《精簡楊式太極拳（五分鐘套路）》（上海教育出版社，1989年）

序

　　留馨寫《陳式太極拳第二路》，將出版，徵序於我。我不慣爲人作序，但留馨要我爲他的書作序，我是很高興而且認爲是很應該的。

　　說來已是55年前的事情了。那是1925年，我和留馨都在上海文治大學讀書，我們是同系、同級還同宿舍，在當時同學中也是最相得的。還記得留馨讀《莊子》入了迷。他買了一部《莊子集解》，晚上有空，就誦讀起來，並多次就莊子的觀點跟我抬扛，要把我說得無言可答，他才得意洋洋地收場。還記得有一次，他讀書入迷，隨手把一根火柴丟在廢紙簍裡，碎紙立刻燃燒起來，有的同學嚇得大叫，留馨卻從容地放下書本，從床上拿起毯子往簍子裡一蓋，火頭立刻壓下去了。這兩件事，一直到今天還給我留下深刻的印象。

　　文治大學是個規模很小的私立學校，但聘請了很好的教師。如蔡和森先生教「社會發展史」、楊賢江先生教「中國外交史」、陳去病先生教詞、胡樸安先生教「文字學」、顧實先生教《漢書藝文志》。我和留馨都比較喜歡聽胡先生的課，但留馨對胡先生更有興趣的，不是胡先生講課的內容，而是胡先生的健步，因爲胡先生堅持練武功。

　　逢周六，胡先生是在晚上教課，下課後一直從蘇州河畔戈登路（今江寧路）步行到赫德路（今常德路）、新聞路回家。

留馨總是跟在胡先生後面走。在回到宿舍後不止一次地說：「胡先生走得嘎快，我啊，差弗多跟不上伊啊！」我提起這件事，是想說明留馨早年就對身體鍛鍊是怎樣有興趣。他那時正練鐵砂掌，在一個缽裡盛了很多鐵砂，他用手指一個勁地向裡面戳，把手指都練得變形了。他看我身體不好，特意在早晨教我練拳。可惜我當時不能堅持，學了幾天就不幹了。不久，上海有致柔拳社教太極拳，胡先生加入了，留馨後來也加入，常常恭敬地和胡先生推手。

近二十多年來，留馨以其長期的實踐和體會，倡導武術，培育後學，特別致力於太極拳法與推手的闡述和推廣，先後著《陳式太極拳》《太極拳研究》《怎樣練習太極拳》等書，爲國內外愛好者所稱道。現在寫的這部《陳式太極拳第二路》，由淺入深，圖文並茂，發其奧秘，拾其墜緒，爲陳式太極拳的研討開拓門徑，是我國武術挖掘、研究、整理方面的新著。

留馨曾草《中國武術史綱要》，因各種牽扯，中斷了十多年。相信他在不太久的將來，能完成此書。他早年還學過松溪派內家拳，希望他也花些時間，把這一古老的著名拳種的拳理拳法整理出來，使它得以更好的流傳。

留馨初名顧劉興，是我建議改爲今名。現在留馨出其多年所得，著書立說，嘉惠後學，眞可謂名實相符了。

白壽彝序於北京師範大學史學研究所

1981年10月

自 序

　　挖掘、搶救、繼承、整理中國傳統武術，現在已到坐而言，不如起而行的時候了。對武術的熱愛和一種責任心，又有書店約稿的鼓勵，促使我寫成這本書。年已七十有三，還常常深夜寫稿，頗有談遷寫《國榷》時「殘編催白髮，猶事數行書」的感觸。

　　20世紀40年代初，趙樸初居士常約我到佛教淨業社聽講經，他也曾學過楊式太極拳，並能堅持鍛鍊。我研究太極拳歷史，認爲創造人陳王廷很有可能也吸收了少林寺拳法。我請趙樸初老爲本書題字，含有太極拳與佛門武僧拳法有淵源之意。

　　我寫過幾本太極拳書，這次請在大學念書時同學白壽彝作序，他是中國伊斯蘭教代表人物。中國回族拳種也很多，與太極拳有異曲同工之妙。

　　我早年也練過回族拳種潭腿、查拳。我請白作序，不是自以爲這本書有什麼學術性創見，而是太極拳是眞正的武術，才請白壽彝教授爲一本講拳技之勇的書作序。

　　陶仁祥君從我學拳和推手有20年，本書全稿經他校閱，指其疏漏，還爲拳照畫動作方向示意箭頭，設計畫炮捶路線示意圖；姜金章先生攝彩色拳照；戴英先生攝全套拳照。俱在此表示感謝。我業餘練拳，功夫不深，年老拳架偏高，年輕力壯者練拳，應將架式放低。老年尚能練拳，與青壯年推手爲樂，

這是太極拳運動的特點。

陳發科老師授徒頗多，其中對我有啓迪切磋者如沈家楨、李劍華、朱瑞川、唐豪、陳照奎等，俱已物故。現存者在北京有田秀臣、馮志強、雷蒙尼等，在濟南有洪均生，在北戴河有李經梧。因交稿迫促，不及分別徵求意見爲憾。

陳發科老師是陳式太極拳老架系統的代表人物，其祖上五代都是陳家溝著名拳家，六代相傳，理精法密，但未有著述。1963年沈家楨和我合著《陳式太極拳》，因各種牽扯，至今未能出修訂本。今年我專寫了「炮捶」，限於水平，未能完整闡發陳發科老師所授拳技，切盼各方賜予糾繆、評正。

陳發科老師的兒子照旭、照奎都是有希望成爲七代家傳的名拳家，可惜都因故不得享高壽。照旭子小旺，年富力強，今在河南鄭州專職教授陳式太極拳和推手，我屢勉以勤學苦練，以繼祖業而慰眾望。陳發科老師一生爲人厚道，有武德，自古以來，有道德者必有遺澤。

太極拳和其他拳種都應有眞實功夫的代表人物，各拳種的挖掘、研究、整理，都是爲了繼承有人，不僅爲了「家寶」，而是爲了「國光」。

顧留馨

1981年10月於上海

重版序

頃接顧留馨先生的公子元莊先生從上海來函，囑我為顧先生名著《炮捶》重版寫幾句話。我義不容辭，欣然命筆。

顧留馨先生是老革命，著名武術家。他的大名，久仰。

早在抗日戰爭初期，我在念初中時就知道，顧先生是位令人崇敬的愛國者。

那是一個紀念「九一八」事件的悲慘的日子裡，我的導師占挽難先生就講過。他聲淚俱下地痛斥了日本鬼子入侵我中國，強占我大片錦繡河山，凌辱我同胞，奸淫燒殺，無惡不作。同時又講述了我國人民奮起抵抗，謳歌了無數驚天地、泣鬼神的悲壯義舉。其中導師還談到了 1936 年，全國各界救國聯合會要求國民黨政府「停止內戰、一致抗日」。可是國民黨政府竟倒行逆施，污我同胞「愛國有罪」，將著名愛國人士沈鈞儒、鄒韜奮等七人拘捕，投進了蘇州監獄，成為轟動全國的「七君子」事件。

這立刻引起了全國人民的義憤和抗爭。顧留馨先生作為救國聯合會常務理事、職業界救國會的領導人之一，參加了上海各界代表營救「七君子」的工作。他們手持呈文，向反動法院據理抗爭。法院竟以散發「宣傳與三民主義不相容之主義」，並以「煽動罪」「同情罪」為由，將顧先生和愛國人士陶行知等七人無理傳訊，並扣押證人顧先生和愛國人士任崇高，史稱

之爲「小七君子」事件，震動朝野。後經著名律師、武術理論家唐豪先生等在法庭上義正辭嚴地辯護，駁得檢察官們理屈詞窮，不得不把顧先生他們無罪釋放。

後來我才知道，顧先生當時已是置生死於度外的中共地下黨員。爲捍衛祖國神聖的疆土、拯救中華民族的危亡，他以文化人的合法身份爲掩護，英勇機智地戰鬥在白色恐怖的第一線。

（一）

近半個世紀以後，我有幸主持《中華武術》雜誌工作，得知顧留馨先生不僅是老革命，還是著名的武術家。當我讀過他著的多部武術專著，尤其是有關太極拳的論述之後，令我更爲尊崇。顧先生是上海人。借第5屆全運會在上海召開之機，我特地去看望他。隨後，我又陪作家魯光先生星夜趕到太湖之濱的大箕山療養院，採訪了顧先生。於是《中華武術》上就有了魯光寫《大箕山上訪留馨》的報告文學。

在《中華武術》創刊初期，我們在刊物上推出了兩位重點人物：一位是少林寺僧出身的許世友將軍，一位就是文武雙全的顧先生了。兩位先輩對革命事業及武術事業都有著卓越的貢獻。當他們的英雄業績在本刊刊登後，各種報刊紛紛轉載，在國內外廣大讀者中引起了轟動，爭相傳頌。

我認爲，一位眞正的「著名武術家」，應具備兩個條件：一是技藝的確精湛，二是技理的確精深。顧先生當之無愧。他師承或求教於衆多的武術名家，如宮蔭軒、劉震南、陳微明、武匯川、楊澄甫、楊少侯、徐致一、吳鑒泉、陳發科、孫祿堂、田瑞芬、靳雲亭、林濟群、田毓榮、傅彩軒，還有他的摯

友唐豪，等等。他刻苦自勵、奮鬥不息。正如他贈友人的條幅所言：「讀萬卷書，行萬里路，以奇其氣；精一家拳，採百家長，可傳乎神。」

啊！好一個「奇其氣」「傳乎神」。顧先生文武兼修，從小習武，又畢業於大學文科國學系，窮經老莊之學，深研明代抗倭名將俞大猷、戚繼光、唐順之等武藝專著，終成為文韜武略的全才，尤精各式太極拳的技藝及技理。尤為可貴的是他不贊成「門戶之見」，更反對「門派之爭」。故他能師從各家，得有「精一家拳，採百家長」的累累碩果；且畢其一生，「讀萬卷書，行萬里路」，因而行思敏捷，學識廣博。

（二）

正因為如此，顧先生才能為黨和國家所器重。他曾受國務院周恩來總理的重托、國家體委的指派，出使「同志加兄弟」的越南。為越南人民領袖胡志明主席傳授太極拳，以增進其健康。越南人民軍總司令武元甲也成了他傳授的太極拳高足。他在國內的學生就更多了。其中有功勳卓著的元帥、委員長葉劍英，有國人尊敬的國家副主席宋慶齡，有我國婦女界領袖、全國政協主席鄧穎超，以及元帥、首長夫人，還有多位大區和省、市委書記。他的這種傳拳授理的活動，不敢說是什麼絕後，至少也是空前的。

到了晚年，顧先生深有感觸地賦詩明志：「異代武林傳佳話，餘生書齋寫拳經。」他既勤奮、又嚴謹，常從深夜寫到黎明，有時琢磨一個問題和體驗，幾天才寫出幾百字。僅一個太極拳的纏絲勁，他就能演繹出近萬字的評述，可見其才華橫溢，鑽研精深。他的武術編著，雖不能說等身，也是有許多部

的。令人折服的是他的著作質量高！他的太極拳專著，大都屬於經典之作。他曾受人民體育出版社的委托，主編在國內外廣爲流傳的「五式」（陳、楊、吳、武、孫）太極拳方面的叢書。

（三）

他淡薄名利，生活簡樸，不求做官，鄙於擺譜。就以他出使越南授拳爲例，胡志明主席要給他配專車接送，卻被他婉言回謝了。他只借了一輛腳踏車代步。新中國成立初期，他在上海市黃浦區任區長時深入群眾，排憂解難，眾口交譽。有一次，他不顧個人安危，拯救了洪水中的老人，激動得老人要給他下跪，緊拉著他的手、老淚縱橫地說：「新社會就是好呀！共產黨就是好呀！」由於他對黨的統戰政策理解深透，貫徹得法，工作又做得深入細緻，感動得一些民主人士直說：「共產黨幹部的作風，與舊時國民黨官場有著天壤之別。『土包子』爲政清廉，令人敬佩。」

寫到這兒，我不禁想到臨近「七一」黨的生日了，我們單位黨委號召大家參加徵文活動，題目爲《我心目中的共產黨員》。

我要以此文去應徵。我虔誠地認爲顧留馨同志，就是我心目中引以爲榮的楷模，是我由衷崇敬的共產黨員！

昌　滄

2004 年 5 月 20 日

龍潭湖畔

目　錄

第一章

太極拳的起源和演變

（一）太極拳的起源

太極拳從清初（17世紀60年代前後）創造到現在，已經有三百多年的歷史。辛亥革命（1911年）前後，太極拳名家的技擊功夫在北京享有聲譽，並且盛傳有療病、保健、延年作用，在當時北京幾十種著名拳種中很為突出。於是有人就假托仙傳，捏造歷史。1921年北京出版的當時教育部專管體育，提倡武術的許禹生先生所著《太極拳勢圖解》（楊式太極拳雛形）中，其源流部分據了解是由關百益提供的。就糅合有幾種起源說：

1.14世紀的元末明初，雲遊四方的武當山道士張三豐（註一）。

2.12世紀宋徽宗時代（1101～1126年在位）武當山丹士張三峰（註二）。

3.8世紀中期的唐代許宣平（大詩人李白曾走訪這位仙人，未曾見到）（註三）。

4.將清代乾隆年間人、山右王宗岳說成是內家拳家關中王宗。王宗是明初內家拳家的傳人，但他是關中（陝西）

人。而王宗岳則是山西人。明明是張冠李戴，企圖以此證明太極拳即內家拳，並在明初就在傳習。又有人認為陳氏太極拳係得自蔣發，而蔣發又得自王宗岳（註四）。

5.將清初雍正七年（公元1709年）被浙江總督誘捕的「煉氣粗勁，武藝高強，各處聞名，聲氣頗廣」的南京人甘鳳池（註五）也當作內家拳家、南派太極拳家。

許氏提倡武術，不遺餘力。也練過楊式、陳式太極拳，但疏於考證，人云亦云。其後出版的某些太極拳書，大都遂以元末明初的張三豐為太極拳創造人。

陳鑫謂太極拳創自明初其陳家溝陳氏初祖陳卜，其說亦無據（註六）。（60年代，又有陳王庭即明末巡按御史兼監軍御史之陳王庭，亦為誤合）（註七）。

早在20世紀30年代，經武術考據家唐豪等考證，太極拳是明末清初戰將，河南溫縣陳王廷創造。其論證是：

（1）戚繼光《拳經三十二勢》吸收民間十六家拳法，未曾講到太極拳。

（2）溫縣陳王廷編造的太極拳五路、長拳108勢一路、炮捶一路，採取戚氏《拳經三十二勢》中的二十九勢（註八）。

（3）《拳經三十二勢》開頭是「懶扎衣」「單鞭」兩勢。太極拳五路、長拳、炮捶共7套的開頭也都是這兩勢。

（4）溫縣陳家溝的《陳氏家譜》在其九世祖陳王庭姓名旁注：「王庭，又名奏庭，明末武庠生，清初文庠生。武術在山東名手。掃蕩群匪千餘人。陳氏拳手刀槍創始人也。天生豪傑，有戰大刀可考。」（見《陳氏家譜》第十二頁，原譜現存北京。族譜、墓碑、《溫縣志》均作陳王廷，故應作

陳王廷）。

（5）陳王廷的《拳經總歌》歌辭採取戚氏《拳經》歌辭（註九）。

（6）陳王廷《拳經總歌》開頭兩句：「縱放屈伸人莫知，諸靠纏繞我皆依。」這是太極拳推手的技術特點。明代後期俞大猷、戚繼光、唐順之、程沖斗等人的武術著作中都沒有這種特點。

（7）陳家溝陳氏世代傳習陳王廷所傳拳套和推手。經五傳至陳長興（1771～1853 年）教了河北永年人楊露禪（1799～1872 年）而演變成楊式，後來派生吳式；永年人武禹襄（1812～1880 年）得楊露禪陳式老架之傳，又得陳青萍陳式趙堡架之傳，演變成武式，後來派生孫式。這是世人熟知的五式傳統太極拳套路。楊、吳、武、孫四式是直接或間接來自陳式第一路太極拳，一脈相承，歷歷可數。

（8）戚繼光生於 1528 年，卒於 1587 年，太極拳只能是晚出於戚氏《拳經》的拳種，並且是以戚氏《拳經》三十二勢為基礎的新創拳種。

當時的結論是太極拳創始於明末清初，創造人為明末戰將、河南溫縣陳家溝的陳王廷。

到 60 年代，由於史料續有發現，陳王廷創造太極拳的正確年代應為 1644 年明王朝滅亡後的 20 年左右，即在 17 世紀 60 年代左右的清初。其論證是：據《溫縣志》《懷慶府志》《安平縣志》考出，明亡前三年（1641 年），陳王廷是溫縣的「鄉兵守備」，是一個官職不大的身先鄉兵的武將，曾率鄉兵隨縣長吳從誨擊退攻城「土寇」（註十），為風雨飄搖的明王朝立有戰功。

明亡後，陳王廷消極隱居，思想上受道家影響，他的遺詞有：「嘆當年，披堅執銳，掃蕩群氛，幾次顛險，蒙恩賜，枉徒然！到而今，年老殘喘，只落得《黃庭》一卷隨身伴。悶來時造拳，忙來時耕田。趁餘閑，教下些弟子兒孫，成龍成虎任方便。欠官糧早完，要私債即還，驕諂勿用，忍讓為先。人人道我憨，人人道我顛；常洗耳，不彈冠，笑殺那萬戶諸侯，兢兢業業，不如俺心中常舒泰，名利總不貪。參透機關，識破邯鄲，陶情於漁水，盤桓乎山川，成也無干，敗也無干，誰是神仙，我是神仙。」

據上述史料，明亡（公元 1644 年）前三年，陳王廷披堅執銳，正當壯年。明亡後，王廷隱居消極，思想上受道家影響，到「年老殘喘」，還能夠耕餘「造拳」「教下些弟子兒孫」，故可斷定太極拳的編造是在 17 世紀 60 年代左右的清初。

太極拳的三個來源

1. 綜合明末各家拳法中踢、打、跌、拿各種攻防方法的拳勢，以戚繼光訓練士卒、活動身手的《拳經三十二勢》為基礎。戚繼光自述其《拳經三十二勢》的技擊作用是「勢勢相承，遇敵制勝，變化無窮」。這是中國武術傳統套路結構的特點，不同於舞蹈、體操、五禽戲、保健功等。陳王廷在《拳經總歌》中概述太極拳技擊特點後說：「教師不識其中理，難將武藝論高低。」可見在當時的環境下，太極拳也和其他拳種一樣，技擊性是強烈的，而不是以治病健身為目的。但戚氏三十二勢是長拳類型，陳王廷所造長拳 108 勢已失傳，是否都是長拳類型不得而知。太極拳五路及炮捶，雖

長拳短打，兼收並蓄，而以短打為主體，成為中國武術中長拳、短打兩大系統中的短打拳種之一。

2.融會古代的「導引」「吐納」（即現代所稱的「氣功」）（註十一）。陳王廷遺詞中有「黃庭一卷隨身伴」之句，《黃庭經》是道家「導引」「吐納」之術。其氣功導引內容有：「上有黃庭，下有關元，前有幽門，後有命門，噓吸廬外，出入丹田。」「心為國主五臟王，受意動靜氣得行。」「常能行之不知老，像龜引氣至靈根。」（註十二）太極拳結合導引、吐納，採用腹式逆呼吸法，「以意行氣，以氣運身」「氣遍身軀」，講究開合虛實、伸縮升降、動作弧形螺旋，從而能加強內臟活動，通任、督，練帶、沖，使氣與力合，著重在內壯，以加強身體抗擊力和爆發力的技擊作用，成為「內功拳」的一個流派，和內家拳、南拳、花拳、形意拳、八卦掌等，都屬於中國武術中長拳、短打兩大系統中的短打系統拳種。

3. 吸取古典哲學的陰陽學說和以陰陽學說為基礎理論的中醫經絡學說，確立了鍛鍊原則：由鬆入柔，積柔成剛，剛復歸柔。以弧形螺旋的纏絲勁為靈魂而以內勁為統馭，使能「氣遍身軀」，暢通經絡，達到內外兼練、增強體質、提高技術的目的。哲學理論和經絡學說的吸取，使太極拳成為多種學科的綜合性武術。

意識、呼吸、動作三者的密切結合，是太極拳運動的特點。導引、吐納和經絡學說的採用，當初是為了著重內壯，加大爆發力，純粹是為了技擊作用，但也成為到19世紀後期太極拳逐漸應用在治病健身、延年益壽方面的潛在因素。

太極拳在繼承創新上的成就

1. 把武術和導引、吐納結合起來，成為整體性、內外統一性的內功拳運動，使意識、呼吸和動作三者（亦即練意、練氣、練身）密切結合。

2. 螺旋式的弧形動作，由鬆入柔、鬆緊交替，積柔成剛，剛柔相濟，暢通氣血，能夠增強肢體的抗擊力量和加大爆發力量，成為一動內外俱動的武術運動。

3. 創造了雙人推手的競技運動，以黏隨不丟不頂為原則，練習皮膚觸覺和內體感覺的靈敏度。在中國武術踢、打、摔、跌、拿五種技擊方法中，增加了一種纏繞黏隨的推法，解決了不用護具、服裝、場地設備也能練習技擊方法的問題，減少和避免傷害性事故的發生。這是劃時代的創造性成就。

4. 以推手原理創造了黏隨不脫、蓄發相變的刺槍術基本練法，解決了不用護具也可提高刺槍技術的問題，這是又一創造性的成就。

5. 結合古典哲學《易經》陰陽學說和中醫經絡學說，使太極拳的理論深化，從而發展了戚繼光《拳經》理論，從外形的武術技巧，提高到「勁由內換」「內氣潛轉」「人不知我，我獨知人」，皮膚觸覺和內體感覺極為靈敏的高級技巧。

附　註

註一：張三豐，懿州（今湖南芷江縣）人。名全，一名君寶，字三豐。是元末明初道教首領，行遊四方，曾在湖北太和山（即武

當山）結廬修行。根據《明史》和歷經纂修的《太和山志》，都隻字未提及張三豐會拳術，即使是公元1723年住在四川的圓通道人汪錫齡編的《三豐全書》稿本以及到公元1844年被長乙山人李涵虛重編出版的《三豐全書》裡面，他們雖然都鬼話連篇地宣稱見過14世紀的張三豐，但也未曾捏造張三豐會拳術或創造太極拳。太極拳創始於張三豐的謊言，出現於19世紀末到20世紀初太極拳在北京享有盛譽之時這個事實，至此已可證實。因此，說太極拳的創始人為張三豐，是不真實的。但明初張三豐何以當時名聞國內？我們如果研究一下《明史》中的「胡濙傳」「鄭和傳」「姚廣孝傳」和「方伎傳」中的張三豐事蹟，把有關史料加以參證，就能清楚看出張三豐，這個被當時人們津津樂道的神化人物，原來是明太祖死後明代王朝宮廷爭奪皇位的副產品。

其歷史真相是：明太祖朱元璋死後，因太子早亡，就由皇孫朱允「繼皇位改元建文，但皇太子之弟朱棣，於建文四年以「靖難」名義，從燕京（北京）殺奔明朝首都南京，奪了皇位，改元永樂。由於傳說建文帝未死於戰火，永樂帝不放心，遂派親信胡濙，配上認識建文帝面貌的內侍朱祥，以尋訪道士張三豐（邋遢）為名，從陸路遍訪各州、郡、鄉、邑，去查訪建文帝下落，有4年之久。永樂二年，又有謠傳建文帝逃亡海外，永樂帝又派鄭和（世稱三保太監）等領兵浮海，遠巡西洋，也未查到建文帝下落。永樂十七年，又派胡濙出巡江蘇、浙江、湖南、湖北和江西等地，去查訪建文帝下落，又查了4年。永樂帝前後經過21年在國內外對建文帝下落的秘密查訪，才放下心事。但是，皇帝派胡尚書（胡濙）尋訪張邋遢道人的新聞已傳遍民間。永樂帝為了掩蓋勞師動眾的真相，欺騙人民，他遂下令工部侍郎郭璡等帶領丁夫30萬人，大興土木，在武當山營建武當宮觀，耗資白銀幾百萬兩。從此以後，武當山的張

三豐就成為人民傳說中的時髦人物。到 500 年後的清末民初又被封建文人附會作太極拳的創始人。

註二：清康熙八年（1669 年）黃黎洲所作《王徵南墓志銘》中說：「少林以拳勇名天下，然主於搏人，人亦得以乘之；有所謂內家者，以靜制動，犯者應手即仆，故別少林為外家，蓋起於宋之張三峰。三峰為武當丹士，徽宗召之，道梗不得進，夜夢元帝授之拳法，厥明，以單丁殺賊百餘。」黎洲此銘係據高辰四撰王徵南言行求為墓志銘，未考宋張三峰會武術之於史無據，「夜夢元帝授之拳法」之荒誕。清康熙十五年，黎洲子百家為其師王徵南所傳內家拳寫有《內家拳法》，則又持張三峰兼精少林之說：「自外家至少林，其術精矣；張三峰既精於少林，復從而翻之，是名內家。」《寧波府志》採黃氏之說。迨入民國，張三峰或張三豐造拳之歷史更為眾說紛紜，但宋張三峰道士既已為內家拳所拉為祖師爺，而黃氏父子已明言張三峰所創者為內家拳，於是某些太極拳書遂放棄宋張三峰創太極拳之說，而以元末明初之武當山張三豐道士為太極拳創造人。

註三：有人認為太極拳創始於唐代許宣平，並以《八字歌》《心會論》《周身大用論》《十六關要論》和《功用歌》等列為許宣平的論著。單從這幾篇文章的風格判斷，就可肯定它們絕非唐代文辭。再參閱宋代計有功的《唐詩紀事本末》中許宣平事蹟，僅記載許宣平「辟穀不食，行如奔馬，唐時每負薪賣於市中」。大詩人李白訪之不遇，為題詩於望仙橋。因此，這種祖師爺越古越好的假托，也正是清末封建文人所弄的玄虛。

註四：此說源自河北永年人李亦畬（1832～1892 年）的《太極拳小序》：「太極拳不知始自何人，其精微巧妙，王宗岳論詳且盡矣。後傳至河南陳家溝陳姓，神而明者，代不數人。」今考王宗

岳的生平（見王宗岳《陰符槍譜》佚名氏序），公元1791年，他在洛陽，公元1795年又在開封，以設館教書為職業。此一時期，適為溫縣陳家溝陳長興（1771～1853年）上一代太極拳家鼎盛時期（見附表）。溫縣與洛陽、開封，僅隔一黃河，因之適足以推定王宗岳之太極拳乃得於陳氏。蔣發為陳王廷好友武舉李際遇的部將。際遇舉兵反抗明皇朝逼糧納稅於登封縣嵩山少林寺前的御砦（見景日畛的《說嵩》《劉禋傳》和溫睿臨的《南疆逸史》卷二列傳九「陳潛夫傳」）。後降清，被借故族誅，蔣發投奔陳王廷處為僕。陳氏家祠藏有陳王廷遺像，旁立一人持大刀者即為蔣發（見陳子明《陳氏世傳太極拳術》）。蔣發前於王宗岳約百年，所謂王宗岳傳蔣發之說，顯為訛言。

《清史稿》有「王來咸（徵南）傳」，誤以關中王宗為山右王宗岳，但關中王宗為陝西人，山右王宗岳為山西人。撰此傳者顯採自許禹生先生《太極拳勢圖解》和陳微明先生（清史館編修）《太極拳術》兩書中誤以王宗岳為明代內家拳家王宗。清代遺老大多已無乾嘉學派〔乾隆嘉慶年間（1736～1820年）講究訓詁考據的經學派系〕考據之學問，故有此誤。於是後來有人便以《清史稿》「王來咸傳」為根據，認為太極拳創始於明代。

註五：《東華錄》載甘鳳池以反清案被捕。有《花拳總講法》抄本流傳，其中跌法勢名就有八十八個，第一勢為「呂布頭帶紫盔」，第八十八勢為「鴨擺翅跌」。與甘鳳池同時代的同鄉人吳敬梓（1701～1754年）在《儒林外史》中描述鳳四爹的武功，據金和跋，即是甘鳳池的原型。魯迅先生（1881～1936年）在《中國小說史略》中稱道金和跋文指出《儒林外史》中人物大都有其人其事而易其姓名。

註六：唐豪（1897～1959年），余早年學六合拳之同學，後

又同學陳式太極拳。唐有志於中國武術史的探討，1932 年 1 月 2
日，陳家溝拳家陳子明返鄉探親，唐隨去調查太極拳史實。行前一
日，余與葉良先生為二人餞行於上海梁園飯館。唐豪此行，所獲頗
多，遂得考訂太極拳創於陳王廷，並否定陳鑫（1849～1929 年）
所謂太極拳創自陳卜之說。唐豪著有《行健齋隨筆》（1937 年 2
月上海中國武術學會發行），中有「陳卜非太極拳祖」，錄之如
後：

「予於張三豐為太極拳鼻祖，嘗辟其妄。遊陳家溝時，獲見陳
品三《引蒙入路》及《太極拳圖畫講義》稿本———《太極拳圖畫
講義》，今易名為《陳氏太極拳圖說》，已出版矣———自序，謂
太極拳係其始祖卜所發明，其說如左：『洪武七年，始祖卜，耕讀
之餘，而以陰陽開合運轉周身者教子孫，以消化飲食之法，理根太
極，故名曰太極拳。』

太極拳之傳，出自陳家溝，今陳卜發明太極拳之說，出自其子
孫，宜可取信於世矣，而實則不然。今從陳卜墓碑考之，碑云：
『溫邑東十里許陳家溝，由來久矣。相傳我祖諱卜，洪武初年，來
自洪洞，定居於茲，迄今已十三世。凡我同姓，繩繩不絕，或貿易
為務，或耕耘為業，實繁有徒，其膾炙人口，炳炳足稱者，獨詩書
傳家，誦讀不輟，子若孫入鄉學者有人，入國學者有人，應一命受
一職享天家之賜，建功於民社者又有人。藉非吾始祖積德於前，植
基孔固，我輩安能有此今日乎！木本水源之思，疇得無情，因以為
序，勒之於石，用垂不朽。』

右碑立於康熙五十年辛卯（公元 1711 年），係其十世孫庚所
撰。其紹述先人者，祇『相傳我祖諱卜，洪武初年，來自洪洞，定
居於茲。』寥寥十八字，且亦出諸傳說，則陳氏始祖之事跡，文獻
實無足徵也。品三後於卜者十六世，自序所云，不徒墓碑所未載，

族譜亦未錄，自出杜撰。」

　　註七：陳王廷，家譜作陳王庭，但族譜、墓碑及《溫縣志》均作陳王廷。余昔年因掌握史料不全，以為創造太極拳的陳王庭，與巡按御史兼監軍御史陳王庭，在時間上、武職上、蒙恩賜上有三同，遂於1963年、1964年在《陳式太極拳》和《太極拳研究》兩書上誤合為一人。1964年有讀者寫文糾正：巡按御史陳王庭為盧龍縣人，1630年清兵陷廣平府，王庭服董未死。清兵退，明廷逮王庭入獄，絕粒而死。溫縣陳王廷為鄉兵守備，明末，隨縣長率鄉兵擊退攻城「土寇」時，陳王庭已死了有十多年。我很感謝讀者的糾正。

　　註八：陳王廷所造拳共有7套，長拳108勢就由不同的拳勢組成的。除了吸收戚氏《拳經》三十二勢中之二十九式外，從其他拳種吸收了哪些勢，以及哪些勢是他的創見，今已不可考。

　　根據《陳氏拳械譜》，拳法方面還有「散手」和「短打」的勢名很多（包括了攻擊和破解的方法），也有擒拿法的「金剛十八拿法」勢名，可見當時太極拳的技擊方法是很全面的。值得注意的是傳習於少林寺的「紅拳」，也見於《陳氏拳械譜》。該舊譜上有「小四套亦名紅拳」拳譜，其第一勢為「太祖立勢最高強」，末兩句為「要知此拳出何處？名為太祖下南唐」。另有「盤羅棒訣語」則說「古剎登出（出字疑為封字之誤，少林寺在登封縣）少林寺，堂上又有五百僧。……要知此棒出何處？盤羅留傳在邵陵」（邵陵是少林的音轉）。少林寺拳棒在隋唐時即已著名，在明代抗倭戰爭中，少林寺僧很多獻身於衛國戰爭。溫縣在黃河之北，登封縣嵩山少林寺在黃河之南，僅一河之隔，這是太極拳與少林寺拳法可能有淵源的理由之一。

　　另據陳王廷好友、武舉李際遇以地主武裝結寨於嵩山少林寺之

前的御砦，反抗明王朝的逼糧納稅，陳王廷隻身入寨，勸說李際遇勿叛明王朝的史料來看，陳王廷可能早先也到過少林寺，這是太極拳與少林寺拳法可能有淵源的理由之二。

明清之際的少林寺拳法著作，今所存者有上海螺隱廬影印本《拳經拳法備要》一書，上海國技學社於 1927 年間石印的稱為《玄機秘授穴道拳訣》一書，唐豪也收藏有舊抄本（今存北京），余早年曾向唐借抄錄副。余取 3 本合觀，雖互有詳略，實同出一本。其中理法及身、手、步法，與陳式太極拳精要處頗為吻合，這是太極拳與少林寺拳法可能有淵源的理由之三。

陳王廷既然博採各家拳法，對距離不遠的少林寺拳法不會不加採納，這是太極拳與少林寺拳法可能有淵源的理由之四。

此外，戚繼光所採取的古今十六家拳法，與陳王廷相距約半個世紀，這些著名拳種在民間一定還有傳習，陳王廷也有可能採及這些拳種。這些都是合理的推測，姑作為附注供參考。

註九：陳王廷的《拳經總歌》七言二十二句，是太極拳的原始拳論，是總結古代技擊術（踢、打、摔、跌、拿）的一篇拳論，它闡述攻擊與防禦的戰略和戰術，可以說是太極拳 7 個套路的概括性拳論。歌辭採取戚氏《拳經》圖訣之處舉例對照如下：戚氏《拳經》有「怎當我閃驚取巧」「上驚下取一跌」「倒騎龍佯輸詐走」「一條鞭橫直披砍」「挨步逼上下提籠」「進攻退閃弱生強」。而在陳王廷《拳經總歌》中則有：「閃驚巧取有誰知」「佯輸詐走誰云敗」「橫直劈砍奇更奇」「上籠下提君須記」「進攻退閃莫遲遲」。這樣一對照，就不難看出陳王廷在拳論方面是汲取了前輩所歸納總結的精華，但陳王廷是在融會貫通的基礎上作了一系列創造性的發揮。他在《拳經總歌》開頭的兩句「縱放屈伸人莫知，諸靠纏繞我皆依」，就是他創造雙人推手的理論概括。

註十：王其華輯《溫縣志》卷十一，吳從誨府判署縣事，值河南土寇猖獗，沿河而上，直抵溫城。從誨親冒矢石，率眾禦之，寇不得渡。從誨曰：「水戰利火攻，命鄉兵守備陳王廷，千總郭忠等縱火焚船，賊溺水者無數，遂遁去。忠中流矢死。」

河北省《安平縣志》卷之七，「人物志」「吳從誨……崇禎庚午（1630 年）四應南宮不售。……遂謁選佇（佇，副職也）懷慶，懷當南北衝，河南諸郡邑，寇攻陷殆盡。庚辰（1640 年）冬，賊騎將乘凍渡河，守御河幹，賊不得渡。明年，帥劉超叛，盜乘間蜂起，擁眾剽掠，悉設計擒之。行河上，適寇至，率鄉兵登陣（陣，城上女牆），親冒矢石，焚賊舟二十七，溺死不可勝計。賊敗，自是不敢窺河北矣。……當事者材君，俾攝河內，再攝溫縣，所至有能聲，擢曹州守。」

註十一：我國源遠流長的養生法———俯仰屈伸、呼吸行氣的導引術和吐納術，在公元前 4 世紀已見於老子、莊子、孟子、屈原等的著作中，郭沫若氏在《奴隸制社會》中考證的《玉佩銘》呼吸行氣方法，也相當於這一時期。西漢淮南王劉安（公元前 179～122 年）所編的「六禽戲」和漢末偉大醫學家華佗據以改編的「五禽戲」，都是以呼吸運動結合仿效禽獸的動搖、屈伸、顧盼、跳躍等動作的健身方法。

長沙馬王堆三號漢墓出土的帛畫「導引圖」，埋葬年代在公元前 168 年漢文帝時期。西方學者認為中國是「醫療體育的祖國」。

唐代德宗時有梁肅作《導引圖序》（見王應麟《漢藝文志考證》）。

宋代民間亦有練習導引、吐納者，見洪邁（1123～1202 年）《夷堅志》。

註十二：《雲笈七籤》解釋《黃庭經》說：「黃者，中央之色

也。庭者，四方之中也。指腦中、心中、脾中，故曰黃庭。」相傳晉代王羲之（331～379 年）於永和十二年（356 年）寫過《黃庭經》。清代何紹基（1799～1873 年）於 1844 年也寫過《黃庭經》（1907 年上海商務印書館印行），全文 1223 字，連書名共 1226 字。

(二)近百年來太極拳的演變

一百年前，由於火器的演進，武術在戰場上的作用日益縮小，促使知識分子的太極拳家首先提出練拳的目的性問題。有篇《行工歌訣》（據沈家楨說是中過進士的楊露禪的學生北通州人姚翰臣寫的），其中提出了「想推用意終何在？益壽延年不老春」。這是一百年前太極拳開始從技擊應用於保健延年的啟蒙思想。

陳王廷創造的七套拳套，經五傳到其後代陳長興（1771～1853 年）、陳有本這一代，原來 108 勢的長拳和太極拳第二路至第五路，在陳家溝已無人練習，陳氏拳家已專精於具有柔、緩、穩特點的太極拳第一路和具有剛、快、脆特點的「炮捶」（今稱陳式第二路），以及雙人推手、雙人沾槍的功夫。

陳有本創造了新架，架式和陳王廷舊傳的老架一樣寬大，揚棄了一些難度動作。陳家溝人稱之為「略」。隨後，有本的學生、族侄青萍也創造了小巧緊湊、動作緩慢、逐步加圈的小架式。因為青萍贅婿於距陳家溝約二十里的趙堡鎮，定居教拳，人們稱作「趙堡架」，陳家溝人稱之為「圈」。

陳王廷舊傳的老架，經陳長興傳給河北永年人楊露禪（1799～1872年）。楊大約於1852年去北京傳習，演變成楊式大架太極拳，經其孫楊澄甫定型，今流傳國內外。

楊露禪和其子班侯（1837～1892年）教了滿族人全佑一套小架子，經全佑子吳鑒泉（1870～1942年）傳習，遂稱吳式。在國內外流傳之廣，僅次於楊式大架。

永年人武禹襄（1812～1880年），從楊露禪學陳式老架，又從陳青萍學趙堡架，後來演變為武式，架式緊湊，著重身法。

武傳李亦畬（1832～1892年），李傳郝為真（1849～1920年），郝傳孫祿堂（1861～1932年）。孫為形意、八卦名家，在北京享有盛名，學太極拳時年已50歲。後來，他另創一套架高步活的拳套，現稱孫式太極拳。至於陳王廷所傳老架系統，經陳長興的曾孫陳發科（1887～1957年）於1928年10月去北京傳習，為愛好技擊者所賞識，逐漸推行到各大城市。

陳長興是陳家溝陳氏名拳師，其祖父、父親是陳氏太極拳好手，陳長興之子、孫、曾孫，也是陳氏太極拳好手，六代相傳，故其拳理拳法極為細密高深。

清末，楊露禪去北京教太極拳，子班侯、健侯俱以武技高妙享有盛譽，露禪和班侯被稱為「楊無敵」，但傳授較少。露禪子、孫三代，為適應醫療保健需要，修訂拳式，發展為楊式太極拳，於是流傳較普遍。武術詩人，八卦掌、岳氏散手名家，湘潭人楊敞（1886年生，1965年卒於北京）詩云：「當初誰知太極拳，譚公（延闓）療疾始流傳」「功令推行太極拳，於今武術莫能先，誰知豫北陳家技，卻賴冀南

楊氏傳。」蓋紀實也。

辛亥革命（1911 年）前後，楊式太極拳（大架。楊式原有小架，後由吳氏傳習，人稱吳式）以療效顯著逐漸向各大城市傳播。陳家溝陳發科於 1928 年 10 月應邀去北京傳習陳式太極拳，功夫純厚，推手時拿、跌、擲放，兼施並用，陳式太極拳的本來面貌，始為外間所認識。

楊敞詩云：「都門太極舊尊楊，遲緩柔和擅勝場，不意陳君標異幟，纏絲勁勢特剛強。」〔原註云：楊露禪在陳家溝學習太極拳，即來京師傳習，清末已極流行，故習太極者盛尊楊家。迨民國十五年後，陳福生（發科）來京，人始知楊家之外，尚有陳家。陳身法手法均與楊迥異，講纏絲勁甚精到，發勁脆快無比。惜其人木訥寡言，短於接納，故其名不彰。弟子沈家楨（維周）對於師說，多所發明，將來或能發揚光大之。〕

(三) 太極拳在現代蓬勃發展

1925 年有楊澄甫學生陳微明（清史館編修）從北京到上海設致柔拳社，公開收費教學楊式太極拳，以醫療保健作用為號召，從學者漸眾，其後各式太極拳名家都來上海傳習。太極拳發源地在河南溫縣陳家溝，1852 年前後經楊氏在北京傳習，1925 年又流傳至上海，其後傳播到全國各大城市。

1956 年起，北京先後編印《簡化太極拳》（二十四式）、《八十八式太極拳》，1979 年又編印《四十八式太極拳》，以普及為主，大力推行。而保持技擊作用和呼吸行氣的傳統太極拳，在民間也有不同程度的開展，並在醫療保健

上作出貢獻。

當前，太極拳有成為國際性醫療保健項目之趨勢。各式前輩太極拳家的鍛鍊經驗，有待於更進一步的挖掘、研究、整理，使這一民族文化遺產不至失傳。同時，也應利用現代科學技術，進行科學的測定，以利於進一步提高鍛鍊效果。太極拳推手現已逐漸受到男女老少的愛好，可以預期，它必將形成為一項競技項目。

本章參考書目

1.《明史》卷 299，張三豐傳（並參閱惠帝紀、胡瀅傳、姚廣孝傳）。

2.景日昣：《說嵩》。

3.王其華：《溫縣志》。

4.《太和山志》。

5.曹秉仁：《寧波府志》（1735 年編）。

6.《永年縣志》（1877 年修）。

7.《東華錄》雍正朱批諭旨。

8.吳敬梓：《儒林外史》。

9.《黃庭經》。

10.戚繼光：《紀效新書》。

11.俞大猷：《正氣堂文集》。

12.唐順之：《荊川文集》。

13.唐順之：《武編》。

14.黃黎洲：《王徵南墓志銘》。

15.黃百家：《南雷文定‧內家拳法》。

16.溫睿臨：《南疆逸史》。

17.宋‧計有功：《唐詩紀事本末》。

18.陳槐三家藏：《陳氏家譜》寫本（唐豪藏，現存北京）。

19.陳鑫：《陳氏家乘》稿本（唐豪藏書，現存北京）。

20.董榕輯：《周子全書》。

21.汪錫齡編：《三豐全書》。

22.郝和藏本：李亦畬手抄老三本之一《太極拳譜》。

23.馬同文抄本：《李亦畬‧太極拳譜》（唐豪藏書，現存北京）。

24.唐豪考釋：《李廉讓堂本太極拳譜》（1964 年版《太極拳研究》）。

25.徐震：《太極拳考信錄》，1937 年版。

26.徐震：《太極拳譜理董辨偽錄》，1937 年版。

27.唐豪：《王宗岳太極拳經、陰符槍譜》，1936 年版。

28.唐豪：《戚繼光拳經》，1936 年版。

29.唐豪：《少林武當考》，1930 年版。

30.唐豪：《內家拳》，1935 年版。

31.唐豪：《中國武藝圖藉考》及《補編》，1940 年版。

32.唐豪：《中國民族體育圖籍考》，1940 年版。

33.唐豪：《少林拳術秘訣考證》，1941 年版。

34.唐豪：《行健齋隨筆》，1937 年版。

35.許禹生：《太極拳勢圖解》，1921 年版。

36.許禹生：《太極拳》（陳氏太極拳第五路），1939 年版。

37.陳鑫：《陳氏太極拳圖說》，1933 年版。

38.陳績甫（照丕）：《陳氏太極拳匯宗》，1935 年版。

39.陳子明：《陳氏世傳太極拳術》，1932 年版。

40.《太極拳運動》，北京，1962 年版。

41.唐豪、顧留馨編著：《太極拳研究》，1964 年版。

42.顧留馨：《武術史上的甘鳳池》（見 1958 年 8 月《中國體育史參考資料》第五輯）。

43.沈家楨、顧留馨合著：《陳式太極拳》，1963 年版。

附表一 陳家溝陳氏拳家世系簡表

（附說明及家譜中注明的拳手）

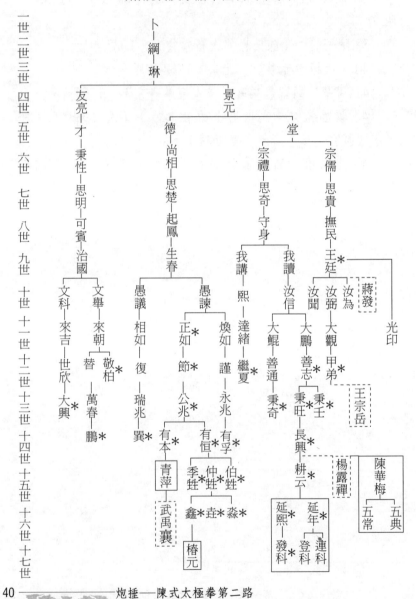

1.本表自一世祖陳卜起，至十六世陳鑫止，根據陳森（字槐三）家藏本《陳氏家譜》編列。原譜係亡友唐豪（1897～1959年）於 1932 年 1 月 2 日約同陳子明去陳家溝調查太極拳歷史時連同陳鑫《陳氏家乘》稿本攜帶上海，今藏北京。

2.本表稱「陳家溝陳氏拳家世系簡表」者，以陳氏後裔浩繁，自陳王廷創造太極拳後，族人累代習其拳，無分男女，譜中凡拳技著名者，始旁註拳手、拳師、拳手可師、拳最好等字樣，本表註以＊符號。本表旨在查考陳式太極拳傳人，故以陳氏拳家爲主，藉以考明太極拳發展史。

3.原譜騎縫註十六頁「十一世提起」以前有「至此，以上乾隆十九年（1754 年）譜序，以下道光二年（1822 年）接修」字樣。封面題：「同治十年（1873 年）癸酉新正潁川氏宗派。」

4.表內人名有方框者，家譜未載，根據調查確實而列入。楊露禪、武禹襄爲直接從陳氏拳式創造流派的代表人物，故列於表內，以明源流。並以虛線方框區別之。

5.露禪之主人陳德瑚，官翰林院待詔，係陳氏十五世，子備三、孫承五，以非拳家，俱未列表內。

6.陳復元爲十七世，學拳於老架陳耕雲、新架陳仲甡。陳復元子陳子明，幼承家學，復從陳鑫學拳，著《陳氏世傳太極拳術》。陳登科子照丕爲十八世，學拳於從祖延熙、鑫及族叔發科，著有《陳氏太極拳匯宗》，採入陳鑫著作。復元、子明、照丕未載家譜。

7.家譜陳仲甡有三子：森、垚、鑫。《陳氏世傳太極拳術》以陳淼爲陳季甡長子。查《中州文獻輯志・義行傳・陳仲甡傳》，陳仲甡以陳淼爲猶子，是也。

8.陳椿元爲陳森子，陳鑫老而無嗣，以椿元爲嗣子。

9. 十一世光印旁註「拳手可師」，其上不可考，十世汝爲子爲宏印，汝弼子有光緒，光印不知爲誰之子。但可推斷爲王廷之孫。

10.爲製此表，借抄《陳氏家譜》及陳鑫《陳氏家乘》稿本，編成本表，聊供考訂之資。

11.登科子照丕（1892～1973），發科子照旭（1960年卒）、照奎（1981年5月7日卒），家譜未載。

《陳氏家譜》中陳氏拳手史料

《陳氏家譜》有旁註，自始祖起至十九世止，凡配偶、子嗣、流遷、仕宦，均有記載。十二頁九世祖王庭旁註：又名奏庭，明末武庠生，清初文庠生。在山東名手，掃蕩群匪千餘人。陳氏拳手刀槍創始人也。天生豪傑，有戰大刀可考。二十頁十二世善志旁註：拳頭可師。二十一頁十二世繼夏旁註：拳手可師。二十二頁十一世光印旁註：拳手可師。二十三頁十二世甲第旁註：拳手可師。二十七頁十一世正如旁註：拳師最好。十二世節旁註：拳最好。十三世公兆旁註：拳師最好。二十八頁十二世敬柏旁註：拳手可師。十三世大興旁註：拳可師。並註不家。三十六頁十三世秉壬、秉旺旁註：拳手可師。十四世長興旁註：拳師。十五世耕雲旁註：拳手。四十五頁十三世公兆旁重註：拳手可師，大家。十四世有恆旁註：拳手大家。有本旁註：拳手最高，教侄出眾。十五世伯牲、仲牲、季牲旁註：此三人拳術最優。仲牲、季牲旁合註「神手」二字。十四世巽旁註：拳手可師。四十六頁鵬旁註：拳手可師。五十一頁十五世仲牲旁註：武生，文武皆全；季牲旁註：拳手神妙；二人名下又合註拳師神妙。十六世垚旁註：武生。淼、垚下合註：拳師最優。鑫旁註：文武皆通。末有「我高曾祖父皆文兼拳最優。淼批」字樣。此爲陳氏太極拳源流最可考信之直接史料。

附表二　傳統太極拳主要傳遞系統表

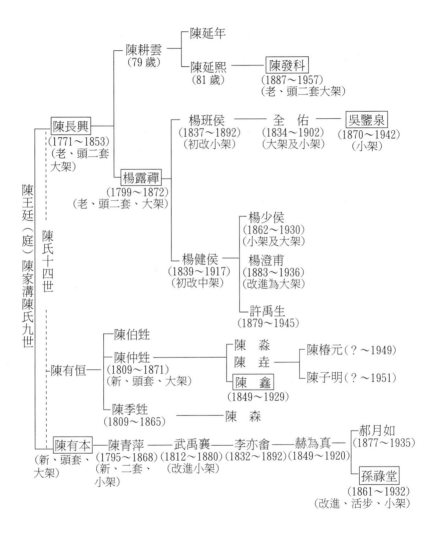

附註：

1.大、中、小三種架式是相對的說法。

2.有方框 [_____] 符號者，爲各派系主要代表。

3.各派系傳人頗多，本表不備載。

4.武禹襄初從楊露禪學老架，後從陳青萍學新架。

5.許禹生爲楊健侯的學生，所著《太極拳勢圖解》，拳式猶存楊氏大架之舊，可供與澄甫定型之大架作比較研究，故爲列入，以備一格。尚有王矯宇學於班侯者爲大架，所傳仍有跳躍、發勁動作，附志於此，以備一格。

6.常遠亭（1860~1918年）學於全佑之小架，動作有起伏，有隱於内之發勁，有跳躍。與現行吳式稍異。

第二章

陳式太極拳的特點和鍛鍊內容

（一）陳式太極拳的特點

陳式太極拳自清初陳王廷造拳以來，陳家溝陳氏世代傳習其拳，代有名手，並積累了一套鍛鍊方法，總結了一些鍛鍊要領。經五傳至陳長興時，產生陳式新架，隨後又產生趙堡架，陳式太極拳就有了老架、新架、趙堡架之分，並代有名手。陳長興祖父、父親都是名手，長興為陳氏老架名手，其子、孫、玄孫（發科等）也都是名手，六代相傳，理精法密。發科老師去北京所傳為陳式太極拳第一路及炮捶一路（現稱陳式太極拳第二路）。

第一路特點是：以柔為主，由鬆入柔，柔中寓剛；行氣運勁，以纏絲勁的鍛鍊為主，發勁為輔。質量惟柔軟是求，柔軟是化勁的基礎，運用柔軟以迎剛，可以化剛為烏有。初期動作力求緩徐，以揣摩行氣運勁，全身內外一動全動的和諧協調，使能處處保持平衡而不失其勢。纏絲勁是沾化、牽動、進逼的核心，纏繞圓轉，功深後能達到即化即打，依著何處便從何處擊去的技術。發勁的運用，原則上是沒有牽動對方則不發。纏絲勁的鍛鍊，能逐漸產生一種似柔非柔、似

剛非剛、極為沉重而又極為靈活善變的內勁。可以說陳式太極拳特點是：以纏絲勁為靈魂，以內勁為統馭，這是太極拳推手時具有威儡力量的基本條件。

第一路是以身領手的動作為主，足隨手運，動分（離心力）靜合（向心力），不斷變化，不斷調和。技擊性戰略原則為以靜制動、以柔克剛、後發先至。練拳速度快慢相間，一般約為8分鐘練完一套拳。運動量可以調節，架子分高、中、低三種，可以分別適應於療病保健、增強體質、學習技擊的目的。過去，老師個別教學，一般教學方法是一開頭就要求動作與呼吸行氣結合。現在，在集體教學或看圖解自學的情況下，應以先認真學會動作，明白其技擊作用，才不至隨便劃弧，練糊塗拳。俟動作熟練後，再一個式子、一個式子地逐漸結合呼吸運氣，以免顧此失彼，甚至練出偏差。

第二路（炮捶）特點是：從鬆柔入手，剛中寓柔，以剛發為主。行氣運勁，以纏絲勁鍛鍊為主，而剛發的動作較多，質量以剛強是求，剛強是克制柔弱之道。而至剛亦能克剛，故以剛中有柔，為克柔勝剛之道。剛遇至剛則剛壞，柔遇剛則折，隙區乃見，是為我順人背之關鍵。

動作以迅速占勢、占先，由迅速得以遇隙即擊而不失其機，所謂「知幾其神」。技擊性戰略原則為隙開則迅速占先，發則所當必靡、必摧。第二路有「竄蹦跳躍，騰挪閃展」的動作，又多發勁、震足，故速度較快，一般約為3分鐘練完一套拳。由於速度快，爆發力強，原來不適宜於年老病弱者練習。近代經陳發科老師在北京授拳時，改進教學方法，對一般學習者，亦從鬆柔入手，以用意貫勁，代替發勁、震足，速度稍放慢而又快慢相間，故不獨青少年愛習其

拳，即老年愛好武技者亦能適應。

這兩套拳都是從鬆柔入手、積柔成剛、剛柔相濟，從慢到快，快後復慢，又都是快慢相間，所以能適應推手的急應緩隨。

練意（心靜用意）、練氣（腹式逆呼吸法，氣沉丹田與丹田內轉相結合）、練身（武術攻防性動作的拳勢）三者密切結合，是陳式太極拳的鍛鍊原則。即使降低其運動量，以適應年老、體弱、有病者鍛鍊，但仍須保持練意、練氣、練身三結合的鍛鍊原則，以期能達到轉弱為強、提高鍛鍊效果的目的。

（二）幾個關鍵性練法

1. 腹式逆呼吸

陳式太極拳的拳勢呼吸採用腹式逆呼吸法。吸氣時小腹內收，膈肌上升，丹田氣上行聚於胃部，胃部自然隆起，胸廓自然擴張，加大肺活量。呼氣時小腹外突，膈肌下降，聚於胃部之內氣下沉至丹田，胃部與胸廓自然平復。由於腰腎的左旋右轉，因此，氣沉丹田與丹田內轉是結合的。

拳勢呼吸是指合、虛、蓄、收、化的動作為吸氣，開、實、發、放、打的動作為呼氣。是在意識指導下呼吸行氣與武術動作的協調，有著強健內臟器官功能以及增強抗擊能力與加強爆發力量的作用。因此，陳式太極拳家一般都練成「虎背熊腰」「膀闊腰圓」的健壯體格。

在推手互餵、試驗發勁時，通常採用哼、哈、咳三種發

聲。哼音是用螺旋勁向上打放，使對方騰空擲出。哈音是用螺旋勁向遠打，意欲將對方拍透牆壁。咳音是用螺旋勁向下打，意欲將對方打入地中。這種發勁試驗都是用短促的一吸一呼來完成的。

2. 纏絲勁（弧形螺旋勁）的練法

纏絲勁（弧形螺旋勁）是太極拳的主要特點，它是在意識指導下內勁纏繞運動時，由意氣貫注而逐漸形成，並不斷提高其質量。纏綿曲折，大都在上、中、下（上肢、軀幹、下肢）三個橫向橢圓形弧形螺旋轉圈，兩個斜向（左手與右足，右手與左足）弧形螺旋轉圈和一吸一呼時繞任、督二脈的立體圈，以及無數小螺旋的交織纏繞，進退屈伸，形成為複雜而又和諧的圓形動作，這是太極拳練法特點的精華所在。內勁運轉的主要方法是內氣蓄於丹田，以意行氣，源動腰脊，旋腰轉脊，節節貫串地貫注於四梢（兩手兩足尖端）。上行為旋腕轉膀，形於手指；下行為旋踝轉腿，達於趾端。弧形螺旋式地纏繞絞轉，從而形成為一系列無限延長的複雜的空間螺旋運動。

纏絲勁有順纏、逆纏兩種。手的順纏是手外旋（掌心由內向外翻，順著時鐘方向），意氣貫注指尖，先拇指，依次至小指。手的逆纏是手內旋（掌心由外向內翻，逆著時鐘方向），意氣貫注指尖，先小指，依次至拇指。順纏、逆纏，始終「掤勁」（似柔非柔、似剛非剛的勁）不丟。洪均生同學有句云「太極是掤勁，動作走螺旋」，概括地突出了太極拳練法上、技術上的特點。

腿的順纏（裡往外上而向下斜纏），以膝頭向襠外旋

轉。丹田勁由腰隙經大腿根裡邊向上而外，經環跳穴再往裡向下斜纏至足根（大鍾穴），分注足五趾肚。

腿的逆纏，以膝頭向襠內旋轉，內勁從五趾肚向上經原路線斜纏至腰隙歸丹田。

凡攻擊的動作，不論順纏或逆纏，為動、為分、為離心力。丹田勁運至四梢，肩催肘，肘催手；胯催膝，膝催足，呼氣、發勁（重心下沉，勁往前發），謂之「丹田勁走四梢」。

凡防禦的動作，不論順纏或逆纏，為靜、為合、為向心力。意氣從四梢回歸丹田，肩帶肘，肘帶手；胯帶膝，膝帶足，吸氣、蓄勁（氣聚胃部，蓄勢待發），謂之「四梢勁歸丹田」。

纏絲勁練法能使全身內外「一動無有不動」，於同一時間內、綜合性地完成神經、呼吸、循環、經絡、骨骼、肌肉、消化、泌尿等系統的鍛鍊。一蓄一發，一吸一呼，通任、督，練帶、沖，內外兼練，以內壯為主，是整體性、內外統一性的體育運動方法，與分部位練習的其他體育運動方法作比較，在時間上較為節約，在鍛鍊效果上較為優越於其他體育運動方法。從運動醫學角度來看，這種以意行氣的纏絲勁練法，是防病治病、延年益壽的較為完善的適應性較為廣泛的體育運動方法。

太極拳纏絲勁的圓運動，不是直線的弧形動作組成，而是曲線弧形螺旋式的動作組成。在劃圓圈時意氣（內勁）的運轉，像螺旋式的纏繞伸縮，可以比喻為像地球在公轉時不斷地在自轉。因此，它是分陰分陽而又陰陽互轉的。如果圓形運動沒有螺旋式貫串其中，就等於月球環繞地球運行，只

有公轉而無自轉，就不能陰陽互轉，這種圓形運動仍然是走的直線。直線的弧形動作在推手實踐中，證明它是容易犯頂勁之病（即「雙重之病未悟耳」），容易造成「引進落實」，為人所制。即使功夫較深，也只能做到「化而後打」，不可能像弧形螺旋動作那樣能達到「邊化邊打」「即化即打」「打即是化」「化即是打」的程度。

因為弧形螺旋的運動力學作用，能使對方直線來的勁力成為我方動作弧線上的切線。如果對方繼續加力，其勁力就會離開著力點而繼續前進，影響其自身的平衡和穩定，而不影響我的平衡和穩定。亦即在我為引進（弧形螺旋走化），在對方為落空（直線前進）。同時，我的弧形螺旋動作已避實就虛地越過對方防線而進逼或發勁，亦即在我為「曲中求直」「蓄而後發」。我處處在螺旋，在變動力點、方向、角度，才能「不丟不頂」，不犯雙重之病，取得「引進落空合即出」的技巧。

練太極拳，初期應架勢舒展寬大，年輕力壯者更應每勢胯與膝平，使下部功夫紮的深厚，纏絲勁轉圈的幅度也要寬大。中年以後，架勢可以稍高，轉圈也要逐漸收小，這是「先求開展，後求緊湊」的鍛鍊步驟。老年期則應練高架勢，轉圈也愈練愈收小，「精鍛已極，極小亦圈」，而內勁的質量也達到更高階段。

在練太極拳和推手的長期實踐中都能體會到凡功夫下得越深，身體各部的轉圈（位置移動）便越小越細密、越正確協調，推手時能達到「緊小脫化」的地步。

纏絲勁的精練與內勁質量的提高是成正比的，但都是無限制的。內勁越是充沛沉重，越能顯出輕靈的作用，加強了

「忽隱忽現」的作用，推手時能使對方不能適應，處處被動，失去平衡。

3. 腰襠勁

腰襠勁是腰、胯聯合發出的勁。太極拳的四肢和軀幹的動作，以腰為軸心，即所謂「主宰於腰」。而腰的軸心是腰脊，腰脊「命門穴」（前對臍。所謂丹田，即在臍內和命門穴之處）是全身的重心所在，起到調節全身平衡的作用，也是人體爆發力的來源。腰脊控制著腰的鬆沉直豎和左旋右轉，並使腰的旋轉幅度合乎生理上、技擊上的要求。練拳和推手都應時刻注意腰脊命門穴的樞紐作用。腰部的左旋右轉，須輕鬆靈活，用意識引導的行氣運勁由腰脊達於四梢。因此，古典太極拳論要求在練拳或推手時「刻刻留心在腰間」。腰力運用得當，既有助於保持全身平衡，也有助於內勁（行氣運勁）運轉的充足和集中。

儘管陳式太極拳四肢動作纏繞轉折，纏絲勁很顯明，但對腰部要求做到鬆沉直豎、微微旋轉，不使搖擺失中，不使旋轉幅度過大。以免手足運轉無定向、不靈敏。腰軸旋轉幅度過大，身體和四肢動作就失之太過，太過或不及，都不能發揮整體勁的作用，推手時也易於授人以隙。

襠，指的是會陰穴（兩便之間）部位。襠部兩胯根要鬆開撐圓，腰與胯的旋轉是一致的，如果兩胯根不鬆開，胯的旋轉就不靈活，腰旋轉的靈活性就會受影響。邁步時，實腿一側的胯根隨轉腰的方向先微旋內收而下沉，這一側的腰腎也微旋而落實；這一側的小腹也在「丹田內轉」「氣沉丹田」的內動下而覺得充實；這一側膝關節負擔量加大，腿肌

也由鬆而緊，而達到實腿穩固有力，似乎不可搖撼。既加大了運動量，也使虛腿邁出極為輕靈善變。

動勢時襠要開，成勢時襠要合，襠不開則腰腿動作不靈活。動勢時虛腿邁出，兩膝蓋分向相反方向前挺，這是開襠，起到伸筋拔骨的作用。襠不合則骨節鬆而力不聚。成勢時塌腰落胯，兩膝蓋微向內合，這是合襠，而兩胯根仍要鬆開撐圓，謂之「外合內開」。

成勢時，頂勁領好，腰勁塌下，兩膝微向內合，襠勁沉著合住，兩胯根撐開撐圓，脊柱節節鬆沉直豎，虛虛對準，骶骨有力，隨著呼氣而膈肌下降，吸氣時聚於胃部之內氣，隨呼氣而「氣沉丹田」，這時帶脈充實膨脹，自然形成重心下降，小腹充實，沖脈氣旺，臀部之力貫到足跟。手臂之內勁前發，腰脊命門穴似有後撐之意，兩腿則前腿弓、後足蹬，腿勁似植地生根。上下、前後、左右對拉勻稱，身法中正，支撐八面，周身團聚，勁力集中，姿勢沉著穩固。

逢發勁動作時，腰襠勁由鬆沉轉為淺弧形略微（外形上不易看出的略微）向前上方（或向左、右、後上方）而去，自然地催動勁力由脊背達於手臂淺弧形地略微向前上方（或向左、右、後上方）而去。這種腰襠勁略微向前上方（或向左、右、後上方）送去的練法，與兩臂的發勁動作是一致的，運用在推手上容易使對方失去平衡、腳跟浮動。

腰襠不鬆不活，內勁運轉時就會遲鈍，腰不塌下，襠不扣合，手臂就會顯得不是沉著鬆靜，而是飄浮無力。

每一拳勢變著換勁，腰襠的變換、開合、虛實，關係到全身的靈動和重心、力點、角度雙換的迅速、正確，這是推手時「人不知我，我獨知人」「我順人背」的關鍵。

腰襠的沉著有力，關係到力量和耐力的發展，而力量大、耐力好又是推手時最後取得勝利的關鍵。步穩雖在雙足似釘入地，也要依靠腰襠的變換與堅實，才不致流於死硬。椿步無論怎樣穩固，如果不善於變換虛實，還是容易被牽動而失去平衡的。

4.抖　勁

抖勁的基礎是纏絲勁和腰襠勁。抖勁是一種突如其來的爆發力，其特點是快速、螺旋、氣足、力猛、勁長、動短、意遠。久練推手，對纏絲勁、腰襠勁的體會也愈來愈深，「沾連黏隨不丟頂，引進落空合即出」的技巧也愈練愈熟，逐漸發展出來一種突然的發勁動作———抖勁。

一個完善的發勁動作———抖勁，包括四個因素：一是落點的位置；二是發勁的速度；三是落點發勁的旋轉度；四是皮膚觸覺和內體感覺的靈敏度。一、二兩項為一般武術技擊方法所共有，而三、四兩項則為太極拳推手所特有。

抖勁既須在推手中實踐，也須抽出拳套中幾個單式來反覆練習。在推手中可先互「餵」，即一人被動地聽憑對方試驗抖勁，並告知其不足之處。這樣互「餵」可使進步較快。

抽出單式來反覆練習，可以充分發揮全身各部位的爆發力而無所顧忌。「掌拳肘和腕，肩腰胯膝腳，上下九節勁，節節腰中發」，這是從前太極拳家總結的發勁經驗。

太極拳的抖勁練習，要求在內外兼練、增加身體的抗擊力之後才練習抖勁，先練能化也能受擊，然後再練習抖發。練拳和推手時的「虛領頂勁，氣沉丹田」，主要是練任脈、督脈。「塌腰落胯，氣向下沉，勁往前發」，主要是練帶

脈、沖脈，內勁充沛，氣勢騰挪，皆由此練出，功愈深而技愈精。內外兼練，才能既增強身體的抗擊力，又加強了打擊的爆發力。

練習發勁，先注意動作的柔順、協調和正確，然後研究爆發力的集中、快速和強大。這是練勁先練順、練巧先練勁的鍛鍊程序。單練時，為了增強抖勁的旋轉性、刻入性，發勁時須風聲呼呼，氣勢雄壯，才能練出功夫。否則，「拳無功，一場空」。

前輩太極拳家散打發勁時，目光如電，變臉變色，冷笑險嬉，哼哈作聲，氣勢逼人。虎威比猛，鷹揚比捷。

其技術特點為：以柔克剛，應用黏隨，出奇制勝，應用抖截。亦有以剛克剛者，則運勁似百煉之鋼，無堅不摧。

其手法：碰啄劈拿，分筋錯骨，點穴閉戶，按脈截脈。

其運勁有：黏隨抖截，犯者立仆。

其跌法有：手當足用，足當手用，一動即進，插襠管腳，擰腰變臉，橫直披砍，應手而跌。

其拿法有：沾連黏隨，乘勢借力，變化輕柔，隨人之動而制之，使人心服。

5. 五弓合一

陳式太極拳主張全身整體勁內外統一性的蓄發相變是需要「一身備五弓」「五弓合一」的。現試述如下：

「一身備五弓」是比喻身軀猶如一張弓，兩手為兩張弓，兩足為兩張弓。「五弓合一」即為全身的整體勁，觸之則旋轉靈活，能蓄能發，滔滔不絕。

身弓，以腰為弓把，臍後腰脊命門穴始終用意貫注，中

定而不搖擺，動作時以命門穴為原動力，兩腰腎旋轉抽換，帶動胸背部肌肉弧形鬆沉，變換虛實。合、虛、吸氣、蓄勢時，小腹內收，膈肌上升，內氣上行聚於胃部，胃部自然隆起，胸廓自然擴張。命門穴先有微往後撐鬆沉之意，在提頂（百會穴虛領頂勁）、吊襠（會陰穴托起丹田），「上下一條線」的身法中正狀態下，使重心穩定下降。在推手運化時能做到螺旋式引進而又「讓中不讓」（不失我之立身中正）的作用。開、實、呼氣、發勁時，小腹外凸，膈肌下降，胃部內氣下行丹田，胃部和胸廓自然平復。落胯塌腰，腿勁下沉，而內勁往前透發。帶脈（腰部周圍一圈）膨脹，沖脈氣旺，命門穴繼有微往後撐之意。啞門（頸椎第一節）和尾骨為弓梢，上下對稱，調節動度，加強其蓄而後發之勢。身弓備，則腰部柔韌、中定而下沉，上於「啞門」虛豎，大椎鼓起（即「拔背」「氣貼背」的作用），下於尾骨前送，起到舵的作用而內勁有上翻之意。

　　手弓，以肘為弓把，用意注於肘節，使沉著鬆靜而有定向。手腕和頸下鎖骨為弓梢，弓梢必須固定，前後對稱；手在鬆柔靈活中用坐腕來固定（掌根微微著力而下沉，腕節柔而不軟，稱作「坐腕」）；鎖骨用意來固定，不使搖擺，鎖骨管著兩手的動向，鎖骨的固定是兩手有定向的前提。手弓備，則聽、拿、化、發，處處能整而不亂。

　　足弓，以膝為弓把，胯骨與足跟為弓梢。弓腿時，前腿胯根鬆沉而前送，膝關節有力而微前挺（不可超出足尖），後腿膝關節有力而微前送，而胯根則鬆沉而又後撐。後坐時，臀部與足跟齊為度。前進後退，臀部之勁要貫到足跟，兩足根（足趾、足掌、足跟）下沉，利用地面反作用力，使

能勁往上翻，腰腿之勁自然相順相隨。「有上必有下，有前必有後，有左必有右，相反相成，對拉勻稱」。使能做到勁起腳跟，注於腰間，通於脊背，形於手指。

五弓合為一弓，以身弓為主，手弓、足弓為輔，並以腰為軸，上於兩膊相繫，下於兩腿相隨，上下相隨，中間自然相隨。

每站一勢，須檢查五弓是否俱備，五弓是否合一，是否形成既能「八面支撐」，又能「八面轉換」的蓄勢。「八面支撐」是穩固厚重，「八面轉換」是旋動靈活。

太極拳全身的總虛實在於腰腎的轉換，腰腎轉換的樞紐在於腰脊命門穴。腰脊一轉而周身全動，纏繞運轉，順遂無滯。內外合一而主從不亂，上下相隨而貫串協調。腰脊命門穴是「身弓」中的關鍵。

推手時一搭手即五弓俱備，源動於腰脊，纏繞運轉，勁貫四梢，呼吸行氣，周身勁整。才能「機由己發，力從人借」，弧形走化，直線發勁，動之至微，發之至驟，蓄發相變，滔滔不絕。所謂「全身都是拳」「全身處處是太極」「但依著何處，便從何處擊之」。

五弓合一是全身內外整體勁練法的一種具體規定，練拳和推手是一致的、相輔相成的，練拳即為推手，推手仍是練拳。一站勢為靜，靜中觸動，一變勢為動，雖動猶靜。處處時時能「五弓合一」，是做到「勁以曲蓄而有餘」的必要條件。

今以五弓合一歌訣概括其竅要：

> 身是弓身勁似箭，黏隨引進走螺旋；
> 踢打拿跌不鬥力，離弦莫叫與穴偏。

內外相合管中線，上下左右中氣先；
一身五弓備蓄發，敷蓋對吞細鑽研。

(三) 鍛鍊要領

1. 心靜用意　身正體鬆

思想安靜集中，始終用意引導動作。保持身軀正直，頭頂百會穴至襠中會陰穴上下對拉成一條垂直線。用意引導放鬆全身內外器官、肌肉、關節。即使負擔體重的膝關節也要緊中有舒鬆的感覺。有人說太極拳是意識體操、放鬆功，有一定道理。

2. 開合虛實　呼吸自然

一開一合，一虛一實；開中有合，合中有開；虛中有實，實中有虛；開之再開，合之再合；以虛破實，以實破虛。足盡拳術之妙。一吸一呼，要與拳勢動作自然協調，吸氣時小腹內收，膈肌上升，內氣聚於胃部，胸廓開張；呼氣時小腹外凸，膈肌下降，內氣下沉於丹田，胃部胸廓平復。

游泳、舉重運動也要注意呼吸與動作自然協調，也都採用腹式逆呼吸運動。

3. 輕靈沉著　中氣貫足

能鬆則輕，能輕則靈，由鬆入柔，積柔成剛，剛柔摩蕩，即為輕靈沉著兼而有之。中氣亦稱元氣、內氣，中氣貫足，方能柔中寓剛，剛中有柔。

4. 纏繞運動　舒暢經絡

經絡發源於臟腑，布流於肢體，臟腑經絡氣血失和，則神機反常而產生疾病，和則氣血流暢而強身延年。太極拳結合經絡學說，纏絲勁的練法是暢通經絡之最有效方法。內氣隨呼氣而發自丹田，兩腰隙（兩腎）左右抽換，通過旋腰轉脊，纏繞運轉，布於周身，上行為旋腕轉膀，下行為旋踝轉膝，而達於四梢（手足尖端），內氣隨吸氣而復歸於丹田。古典太極拳論早已發其幽微。

5. 眼神領先　耳聽身後

百拳之法，眼為先鋒。意念一動，眼神先去，平視而領先於身手預定欲去之方向，目光宜有專注，而眼神須關顧上下左右。手（足）運轉時，目光要隨主要作用之手（足）而前視，定勢時目光應向前手中指尖前展視。有助於內勁貫足，和猝然發勁時之動短、意遠、勁長。演拳推手，須目光靈動，奕奕有神。耳宜靜聽身後，微有風響，即能察覺，以補目力所不及。視覺聽覺之訓練，推手或散打時均起重要作用，對老年人保持「耳目聰明」亦有關。

6. 上下相隨　內外相合

以腰為軸，上部動而下部隨之，下部動而上部領之，上下動而中部應之，中部動而上下和之。步到、身到、手到，是謂「上下相隨」。至於「內外相合」，初練時先注意外形合乎要求，成熟後再以外導內，逐漸轉為由內及外，「內動導外形，外形合內動」「內不動，外不發」。始而意動，繼

而內動，然後外動，逐漸做到一動內外俱動、「形神合一」。

7. 著著貫串　勢勢相承

每一拳勢一般都包括有多種著法，造拳者就其中主要著法，像其形，會其意，以定勢名。如「懶扎衣」（明代人長服束腰，當交手時，左手撩衣塞於身後腰帶，右拳橫舉右側，左足尖向左前成丁字步，眼視左前，藝高膽大，藐視對手，隨意撩衣，以便動步出腿，故定勢名為「懶扎衣」），「懶扎衣出門架子」，在拳套中作為第一式。每一式既有多種著法，也各有其技擊作用，並又連環套似的編成套路，因此要著與著之間貫串起來，不使有斷續、生硬之處。兩人交手，各立一勢，俟機而進，如不可誘，或不利於己，即可移步換形，另立一勢，但變換動作，仍需按照著法（技擊作用）承接，這是古代武術家編拳的原則之一。練太極拳明白著與勢之區別與作用後，其行氣運勁便有著落。每一拳勢，各有其起、承、轉、合。發勢為起，接榫為承，變換為轉，成勢為合。合者，合其全體之神，四肢的上下、左右、前後，自然相合。勢與勢之間，似停非停之際，內勁漸漸貫足，精神團聚，下勢之機勢自生。練習日久，逐漸做到「上下相隨」「內外合一」「一氣貫串」「一氣呵成」。

8.　虛領頂勁　氣沉丹田

虛領頂勁是頭頂百會穴（在兩頭角中間）輕輕向上頂起，似有繩索上懸，提起精神，便於中樞神經系統調節全身各個系統和器官、機能的活動，高度發揮人體平衡的控制作

用。氣沉丹田是當鼻或鼻、口同時呼氣時，聚於胃部之內氣下行至丹田（臍下小腹）；吸氣時丹田之內氣上行聚於胃部。也叫做「提頂」「吊襠」，是太極拳鍛鍊中通任、督，練帶、沖（任脈、督脈、帶脈、沖脈）的內壯方法，為保健、強身、延年之法，也是提高抗擊能力和增強爆發力的基本方法。百會穴與會陰穴上下對拉，使身體正直，是老年人預防駝背、弓腰的運動方法。氣沉丹田，使重心下降，腿勁穩固，利用地面反作用力，加大爆發力。

9. 含（涵）胸拔背　尾閭正中

含（涵）是包涵的意思。含胸是胸部平正、鬆圓，包涵著內臟不使受壓迫，拔背是背部肌肉鬆沉，兩肩中間骨節（大椎）有鼓起上提之意，這部分皮膚有繃緊的感覺。胸部隨身手順勢轉圈，胸肌做上下左右的旋轉活動，含胸就在技擊上起重要作用。凡是運用化勁（即走勁）的手法和身法，都離不開含胸的輔助，含胸就是胸部的蓄勢。拔背的技擊作用是加強捲勁和放勁的爆發力量，「氣貼背」「力由脊發」都是拔背的作用。含胸和拔背是蓄發相變的關係。

經絡學說的督脈，下起骶骨尾部中央尾骨末端的長強穴，沿督脈上行至頸部背面的大椎穴，而腧穴也都在背部，腧穴是人身氣血的總會，臟腑經氣都由腧穴而相互貫通。太極拳重視脊背的鍛鍊，「牽動往來氣貼背」可以起到調整陰陽、調和氣血、開通閉塞的作用，對機體消化機能、吸收機能和新陳代謝等都有良好作用。

虛領頂勁，氣沉丹田為上下（百會穴與會陰穴）對拉拔長，含胸拔背與尾閭正中為督脈的大椎穴與長強穴的上下對

拉拔長，是太極拳「立身須中正安舒」「上下一線，中正不偏」的必要條件。所謂「尾閭正中」的練法訣竅，就是尾閭脊骨根向前托起丹田（小腹部），脊骨根並且要向前對準臉部中線至臍的一條垂直線，凡動作向何處轉動，脊骨根便須直對何處，等於對動向起著舵的作用。這樣，在轉動時也就能夠處處保持「尾閭正中」，身法也就始終能「中正不偏」。「尾閭正中」在推手時能加強合力作用，從而也加強爆發力的作用。尾閭在生理上自然正中的，故在古拳譜上稱作「尾閭正中神貫頂」，有些書上改作「尾閭中正」是不符原意的。

10. 沉肩垂肘　塌腰落胯

沉肩墜肘是太極拳的重要法則之一。在鬆肩的前提下要求沉肩，在沉肩下要求墜肘。沉肩墜肘能幫助「含胸拔背」的形成，如果聳肩抬肘，會破壞「含胸拔背」的姿勢，也就不利於「氣沉丹田」，因為只有「含胸拔背」，肌肉、肋骨的鬆沉，外向前合，才能做好「氣沉丹田」。

沉肩墜肘時，要注意腋下留有餘地，可容一個立拳，要「肘不貼肋」，使手臂有回旋餘地，又要「肘不離肋」，使肘部勿距肋過遠，失去自然保護肋部的作用。

每式定勢時，肩與胯要垂直，兩肩鬆沉並微向前合，有「含胸拔背」之意，兩肩骨節似有一線貫通，互相呼應。這樣，舒展中有團聚之意，加強了身軀和手臂的掤勁（似鬆非鬆，剛柔內含的富於彈性和韌性的掤勁）作用。

動作過程中不論前進後退、左旋右轉，肩與胯要上下相隨，保持上下對準的垂直線。

腰，始終要鬆沉直豎，結實而又靈活，胯宜鬆開靈活，青少年練拳應胯與膝平齊，以加強樁步的穩固性。兩胯根鬆開撐圓似半月形，膝關節始終曲而不直，在圓襠屈膝下，隨勢旋轉起落，虛實互換，鬆緊交替。成勢時須塌腰落胯，以助內勁貫足於手足尖端。推手時腰襠的變換，為力點、角度、方向的潛移默化，「人不知我，我獨知人」的關鍵。「千變萬化由我運，下體兩足定根基」，根基在兩足之穩固靈活，而蓄發相變，虛實互換之關鍵在腰襠。古典拳論指出：「有不得機不得勢處，其病必於腰腿求之。」

11. 源動腰脊　勁貫四梢

腰是上下體轉動的關鍵，凡動作變化、重心調整、勁力推動到肢體各部位，腰都起著主要作用。人體 206 塊骨頭，都靠關節的連接來負擔重量和進行活動，在肌肉、韌帶的牽動下，腰脊一動而全身關節隨之節節貫串地運動。

古典拳論說：「命意源頭在腰隙。」腰隙指的是兩腎，俗稱「腰眼」。古人認為腎是體內氣體的源頭，因此說：「氣由腎發。」腎壯則精足、氣充、神清、目明，所以古典拳論強調「刻刻留心在腰間」。腰間又為「丹田」「命門」所在，帶脈、沖脈又為「丹田勁」運轉時的勁力。在意識引導下，腰脊一轉，丹田氣纏繞運轉而達於手足尖端。輕輕運動，用意不用力，日久自然由鬆入柔，積柔成剛，剛復歸柔。不用力而自然沉重，外似棉花，內如鋼條，觸之則旋轉自如，發之如雷震電閃。

任何拳種都很注重腰力的運用，腰力運用得當，可以加強發力的強度和速度，並使全身力量於一剎那間集中於一

點。太極拳家曾說：「掌腕肘和肩，背腰胯膝腳，上下九節勁，節節腰中發。」摔跤法的訣竅，也強調「擰腰變臉」。

太極拳以意行氣，以氣運身，源動腰脊，勁貫四梢的練法，對人體的神經、經絡、肌肉、骨骼、循環、淋巴、呼吸、泌尿等系統，同時並練，是內外統一性、整體性的體育運動方法，採用放鬆、柔緩的訓練原則來作為治療各種慢性病，幾十年來的群眾實踐，證明它是行之有效、趣味濃厚的運動方法。

12. 弧形螺旋　身弓勁箭

動作弧形螺旋是太極拳的主要特點，陳式太極拳稱做纏絲勁。用纏絲勁練法行氣運勁，功深者周身處處在弧形螺旋地往復轉圈，觸之則即化即打，周身如弓之引滿，觸之則發勁似放箭。陳鑫說：「精煉已極，極小亦圈。」「陡然一轉人不曉。」實際上都是動作弧形螺旋、「身似弓身勁是箭」的作用。武禹襄氏得陳氏老架、小架之傳，在總結太極拳行氣運勁的技法時有句話，「往復須有折迭」，「折迭」就是纏絲勁轉圈時「陡然一轉」的技法。在摔跤中有「伸手見跤」的高級技術。

13. 暢通經絡　兼練帶沖

太極拳結合經絡學說，呼吸行氣，通任、督，練帶、沖，有助於內壯。但應先從姿勢簡單的靜坐功或站樁功入手，只要順其自然，容易產生內體感覺，逐漸體會內氣的流轉貫注、「腹內鬆靜氣騰然」的感覺。拳勢動作複雜，結合腹式逆呼吸還比較容易。若過早結合通任、督，練帶、沖，

特別在沒有良師益友的指導下，自行摸索，極易練出偏差，欲益反損。因此，學此拳者，如欲結合通任、督，練帶、沖，應先練習靜坐功或站樁功。

14. 積柔成剛　剛柔相濟

太極拳是由鬆入柔、積柔成剛、剛柔相濟的拳。凡是偏柔、偏剛的，都不能稱做太極拳，因為太極的含意就是陰陽互變、剛柔摩盪的。用意指導動作，輕輕運動，使全身該放鬆處都能放鬆。然後由鬆入柔，以意貫勁，視何手何足為主，內勁即纏繞流轉貫注於主動之手足。貫勁仍須用意作想像，不可用力，不可練氣使勁，用力和練氣使勁，都失之於硬。成勢時微微貫勁於手足尖端，目的在於積累沉著鬆靜的內勁，逐漸達到積柔成剛、剛柔相濟階段。

15. 先慢後快　快慢相間

太極拳舉動輕緩的練法，是療病保健的有效方法，動作輕緩有利於調整呼吸，使呼吸逐漸做到「悠、長、細、緩、勻」，也有利於自我檢查放鬆程度、動作的正確性和內外的協調情況。同時也是增強體質、提高武術技巧中快與重的特殊訓練方法。輕是保證全身內外充分放鬆的必要措施，「一舉動，周身俱要輕靈」「每打一勢，輕輕運行，默默停止，惟以意思運行」。不輕就不能鬆，不鬆就不靈活，不靈活就動作不快，所以輕是求鬆，鬆是求快。慢是為了「運勁須無微不到」。初練拳一開頭就用快速用力練法，必然處處滑過，做不到處處都能恰到好處，輕鬆而又緩慢的練法，能逐步提高耐力，能逐漸產生一種沉重而又靈活的內勁。等到輕

緩有一定基礎，再逐漸練快，快後復慢，既能慢到十分，又能快到十分。如此反覆鍛鍊，始能快慢輕重，隨心所欲。

16. 竄蹦跳躍　騰挪閃展

竄蹦跳躍為武術中不可缺少的攻防技術。平縱為跳遠，上躍為跳高。炮捶中躍步拗鸞肘、餓虎跳澗、玉女穿梭都是平縱法，意念一動，向前平縱，愈遠愈好。未縱之前，一足盡力蹬地，另足前縱，一足後隨緊跟，其進如風，手法、步法、身法、轉法，愈快愈好。翻花舞袖為上躍 360° 大轉身法，護心拳為上躍 180° 轉身法，上躍愈高愈好，如鷹捉兔，如虎撲羊，氣勢勇猛。足蹬愈重，則身起愈高。可以柔勢練，似貓之足縱躍，起落無聲；可以剛勢練，落地作金石聲。用掌則指如鋼錐之堅利，用虎爪則指如鋼鈎之銳利，用拳則似鋼錘之衝擊。

騰挪與閃展，是太極拳技術上的「心法」，是以弱勝強的技巧。「閃展空費拔山刀，騰挪乘虛任意入」兩句話，是說明以小力勝大力，避實擊虛的技術。

「騰挪」是有動之意而未動，即預動之勢。氣勢騰挪，實此以虛彼，虛此以實彼，精神團聚，一氣貫串，有預動之勢，無散漫之意，虛足與胸有相吸相繫之意，不使偏浮，是謂虛中有實。實足並不站煞，精神貫於實股，支持全身，有上提之意，是謂實中有虛。兩手前膊，內中也要有騰挪之勢，始有圓活之趣。鎖骨管兩手，兩手與胸須有相吸相繫之勢。能體會「騰挪」，則虛虛實實、實實虛虛之妙用便愈練愈細巧、精密，便能「騰挪乘虛任意入」。

「閃展」是動度極小的避實就虛之法，方向、角度、力

點突然轉換，小圈轉關，迅速發勁，謂之「閃展」，也就是富於彈性的一種抖勁。眼、身、手、腰、腿相順相隨，一氣呵成，勁向前發，迅若雷電，一往無敵，乃驚戰之法。其特點是不與來力頂撞，似挨非挨，突然一轉，避實就虛，善於以小力勝大力，使對方有力無所施其技，這就是「閃展空費拔山力」的技術。

17. 剛柔俱泯　一片神行

前輩太極拳家功夫達到「柔中寓剛」「剛柔內含」後，再從虛靜上專一鍛鍊，處處體會「空、鬆、圓、活」的意趣，練拳時看似至柔，其實至剛；看似至剛，其實極柔，以至看不出剛柔的痕跡，只見一舉一動，至虛至靈，一片神行，無跡像可尋，無端緒可指，渾然一太極圓像。技藝至此，真神品矣。

18. 培養本元　勤學苦練

在太極拳普遍推廣中，須及時繼承發揚前輩太極拳家積累的鍛鍊經驗，使太極拳技術不致失傳。拳技以精、氣、神為三寶，而尤重武德。清初黃百家述「內家拳」有「五不傳」，以「心險者」為首。擇人而傳，首重武德。愛好陳式太極拳之年輕力壯者，如能尊師愛友，勤學苦練，拳套、基本功、推手同時並進，則三年小成，十年大成。三十歲以內，即須練成過人勁力。堅持不懈，蒸蒸日上，拳藝永無止境。清心寡欲，培養本元，毋使損傷，則老而彌健。熱心指導普及，因材施教，則療病保健作用更為顯著。

（四）身體各部位姿勢要求

練習太極拳始終要保持心平氣和，「心靜用意，身正體鬆」，使大腦中樞神經靜下來，周身肌肉、關節自然放鬆，內臟器官也要保持自然舒適，思想集中在指揮動作上。太極拳是動靜結合的運動，古典拳論總結為「靜中觸動動猶靜」，就是「靜中求動，動中求靜」的意思。

身體各部位的姿勢均有特定的要求，簡述如下：

1. 頭　部

頭部要正直，頭頂百會穴（在兩頭角中間）要有輕輕上提之意，如有繩索懸起，練拳時頂勁始終不可丟失。古典拳論總結為「虛領頂勁神貫頂」。眼自然平視，眼神要照顧主要手足的移動。耳尖有上提之意，耳要靜聽身後。訓練視覺、聽覺。鼻自然呼吸，發勁的一刹那因鼻呼氣不夠用時，可以微張口，口鼻同時呼氣。口唇輕閉，牙齒輕合，舌放平，舌尖輕舐上腭，津液要咽下；下頜微向裡收。面容要自然嚴肅，但勿露緊張或粗暴之狀。頸項要自然豎直，隨目光、動向而靈活轉動，頸項後面兩條大筋間的「啞門穴」與下面「長強穴」（位於尾閭骨附近）相呼應。作為「身弓」以腰脊為「弓把」的兩把弓梢，以增加其調節度和爆發力，對推手時的纏繞蓄發、運用自如極有關係。

2. 肩臂部

兩肩平正鬆沉，不可聳起，不可後張，微向前蜷以助

「含胸」，能加強合力。肘關節要下垂並微有外撐之意，有助於「掤勁」和合力作用。肘關節微屈，「肘不貼肋」，腋下留有一立拳地位，便於推手時兩膊有回旋餘地。腕關節要求柔活而有韌性地運轉，並要「坐腕」（拓腕），成勢時沉著下塌，並有定向，促使手掌徐徐貫足內勁，腕關節柔活有韌性，能發揮擒拿和解脫擒拿而反擒拿的作用。

推手中，當控制對方勁路時也必須「坐腕」，才能「搭手和落榫」（落榫是比喻木工以斧擊榫，榫頭即吃住，牢不可移），放勁乾脆。

3. 胸背部

胸要舒鬆微含，不可外挺或內縮。背要舒展，肌肉鬆沉，兩肩中間脊骨（大椎）要隨頂勁上領而向上鼓起，使這部分皮膚有繃緊的感覺，稱作「拔背」或「氣貼背」。胸背合稱為「含胸拔背」，有外向前合之意，與合力放勁有關。脊柱要節節鬆沉直豎，虛虛對準。腹部要有鬆靜外向前合之意。隨吸氣小腹微內收，隨呼氣小腹微外凸（氣沉丹田），不可一味「氣沉丹田」，以免日久形成大肚子。腰要鬆、沉、直，旋轉要靈活，這對全身動作的變化、調整重心的穩定、推動勁力到達肢體各部位起著主要作用。古典拳論指出：「主宰於腰。」「刻刻留心在腰間。」臀部要按照生理狀態自然外凸，但不要蹶起屁股，練成凸臀，也不要故意收進，練成沒有屁股。要像坐著寫字或靜坐時的臀部自然外凸。尾閭脊骨根要對向身前中線，稱做「尾閭正中」。

4. 腿　部

兩大腿裡側兩胯中間為襠，即會陰穴。兩胯根要撐開，使襠撐開撐圓，旋轉能靈活，步幅能開大，踢腿能高。凡馬步須胯與膝平，弓蹬步的弓腿須胯與膝平，虛腿邁出時也須胯與膝平，這是發達腿肌、膝關節增強支撐力的練法。年老功淺者不可勉強仿效。

兩外股微向裡（前）合，兩膝微屈，有外撐裡合之意。小腿下部應略向外斜撐，等於下盤加大，使樁步穩當。腳踝負擔全身重量，要挺住有力又能旋動以調整重心。兩足平實踏地，足踵、足掌內側和拇趾、二趾、中趾稍用力，足尖微向外撇成外八字形（此係老架步型，新架足尖向前，不外撇成八字形）。上述要求，基本上適用於全部拳勢。

（五）基本功和輔助功

作為一般體育活動或療病保健的太極拳，不需要練習基本功和輔助功。如果要練習競技性的推手或散打，那就應該除了拳架、推手相輔相成同時並練外，還得練習基本功和輔助功，才能在推手或散打中得到好的成績。

基本功有：

1. 站　樁

大騎馬步、弓蹬步、丁八步、丁字步。練習樁步穩固、呼吸行氣，發展力量和耐力。練拳前後練習 10～20 分鐘。

2. 抖杆子

選長而重的白蠟杆每天用拿、攔、扎方法抖杆子 100 下

（分幾次練，合成 100 下）。

3. 抖鐵槍

重 20～30 斤的鐵槍，每天抖 100 下（分幾次練，合成 100 下）。

4. 雙人劃杆

如有條件，可用雙人劃杆來代替抖杆子，則兼有刺槍術的基本功。方法是互用拿、攔、扎，由輕而重，由慢而快。柔中寓剛，以力盡為度。

5. 單練發勁

抽出幾個單式來反覆練習，力量、技巧都要好，才能出成績。因此，不能不重視基本功的訓練。

輔助功有：

1.柔活腰腿法。

2.跌仆滾翻法。

3.縱躍法。

4.跳繩。

5.活步直線一足在前，連續前進，一足在後，連續後退。動作要輕快。

這些都是訓練少年、青年太極拳推手運動員的輔助功。但需視具體條件來安排進度，調整運動量。

此外，尚有鐵襠功（襠部不畏踢）、排打功、鐵砂掌、循經扣穴、穴道打法、卸骨法、練拳時骨節齊鳴之法，今俱不傳。

第三章

炮捶的特點和有關的一些問題

（一）炮捶的特點

這裡說的炮捶的特點，是和陳式太極拳第一路作對比而言。以纏絲勁為核心，以內勁為統馭，是這兩套拳的共同特點。但是，第一路太極拳在中氣貫足下，柔纏中顯出柔、緩、穩的形象，而炮捶則在中氣貫足下，柔纏中顯出剛、快、脆的形象。竄蹦跳躍、騰挪閃展的動作比第一路為多，速度比第一路為快。因此，炮捶的剛、快、脆可與第一路的柔、緩、穩互為補充，相輔相成。

早先的陳家溝著名拳家，都是兼擅炮捶的。據傳說，凡欲練炮捶者，必須先有第一路太極拳的基礎，方許學炮捶，一般以學習第一路有三年才許學炮捶，防止把炮捶練成剛而不柔或剛多柔少。

當前，愛好學習陳式太極拳者，特別是青少年對第二路炮捶更為喜愛。我認為可以在開頭一兩年內，把炮捶的速度放慢些，待動作練正確、柔順以後，再逐漸加快速度，保持「柔中寓剛，剛中有柔」的特點。

只要記住太極拳是柔中寓剛的拳，積柔成剛是鍛鍊原

則，除了剛發動作外，都是柔纏動作，落點時的剛發，僅為一剎那的極短暫時間，因之儘管炮捶的震腳、發勁動作多，但仍然是柔纏動作大大多於剛發動作。

（二）炮捶發勁與推手的關係

陳式太極拳的推手是拿、跌、擲打兼施並用，上邊在推手，下邊在推腳，雖然著重在「粘連黏隨」的「懂勁」，使拿、跌、擲打的技巧逐步提高，但是極重視速度快、爆發力強的發勁，使拿、跌、擲打的技巧憑借強大的發勁威力，愈顯示其靈巧。因此，炮捶的發勁，不僅為了增強體質，並且可以提高推手技巧。

練太極拳不練推手，只能是作為一種體育鍛鍊，不能真正體會到太極拳的精妙所在。

但練推手而不重視發勁，就容易停留於知化而不知攻的階段。因此練習炮捶，對提高推手技術是有關係的。

（三）陳式拳家和楊、武兩式前輩都擅長炮捶

陳式太極拳家自清初以來至近代的陳發科都兼擅炮捶。據沈家楨說，陳發科老師於 1928 年 10 月應許禹生等之邀去北京授拳，寓河南會館。當時練過楊式太極拳的許禹生、沈家楨、李劍華請陳老師表演了炮捶，會館內厚厚的大方磚，經陳老師震腳過的都裂開，許禹生等大為驚奇，當場拜師。

沈家楨早就請楊澄甫老師到家中授拳，後來教了發勁單練動作，為楊式太極拳中所未見，沈疑不能解。迨陳老師到

他家中授拳，學到炮捶時，始悟楊氏所教發勁動作，是從炮捶中抽出來單練的。可見楊露禪學拳於陳長興後，傳至其孫楊澄甫，仍擅炮捶發勁。澄甫兄少侯發勁剛脆，顯然與擅炮捶發勁有關。

河北永年馬印書（字同文，生於 1866 年，卒年不詳），其姨丈為李亦畬（亦畬從母舅武禹襄學太極拳，禹襄學老架於楊露禪，又學小架於陳青萍）。馬從亦畬所傳之郝為真學太極拳。1920 年馬在上海訪問唐豪，曾談及常見楊班侯、李亦畬及郝為真練炮捶，掤、捋、擠、按、採、挒、肘、靠八字，用勁帶剛，以補柔之不足，且有騰挪閃展（戰）身法。楊班侯練得最好，其姨丈及其師不能及。足證楊式前輩至楊澄甫，武式前輩至郝為真，都還兼練炮捶。但楊、武兩式至今已不傳炮捶。

（四）炮捶勢名的演變

清初陳王廷所創編的「炮捶」，原有勢名若干，今已不可考。1937 年上海出版的徐震著《太極拳考信錄》，從陳子明所藏舊抄本《陳氏拳械譜》兩冊（一為陳兩儀堂本，一為文修堂本）中錄有「炮捶」拳譜。雖無抄藏年月，仍可據以略見「炮捶」勢名的演變。今錄《陳兩儀堂本》二譜作比較：

1.「二套炮捶」十五紅、十五炮，走拳用心：

（1）懶插衣　　　（2）單鞭

（3）護心拳　　　（4）前堂拗步

（5）回頭庇身　　（6）指襠

（7）斬手炮　　　　（8）翻花舞袖

（9）演手紅拳　　　（10）拗攔肘

（11）大紅拳　　　　（12）玉女攢梭

（13）倒騎龍　　　　（14）連珠炮

（15）演手紅拳　　　（16）上步左右裹邊炮

（17）獸頭勢　　　　（18）劈架子

（19）演手紅捶　　　（20）伏虎勢

（21）回頭抹眉紅　　（22）左右黃龍三攪水

（23）前沖後沖　　　（24）演手紅捶

（25）上步轉脛炮　　（26）演手紅捶

（27）全炮捶　　　　（28）演手紅捶

（29）上步倒插　　　（30）踩二紅

（31）抹眉紅拳　　　（32）上步當頭炮

（33）變勢大掉炮　　（34）斬手炮

（35）順攔肘　　　　（36）窩裡炮

（37）井攔直入勢

此譜共 37 個勢名，其中（16）、（22）、（23）3 個勢名都可分為 2 個勢名，故應作 40 個勢名。

2. 兩儀堂本中另有四頁紙較黃而粗，字體亦與前後各頁不同，其中有「二套捶」拳譜，對照上一則「二套炮捶」拳譜，「二套捶」拳譜缺（5）「回頭庇身」（12）「玉女攢梭」（13）「倒騎龍」（20）「伏虎勢」（22）「左右黃龍三攪水」（27）「全炮捶」（33）「踩二紅」（34）「斬手炮」。共缺 8 個勢名。

按照拳譜勢名的一般發展規律，後期的勢名要比早期的增加些，從紙張的黃而粗來看，也應該是早期的。因此，可

推定陳家溝早期的炮捶譜勢名較後期的少 8 個勢名。

　　3. 1928 年陳發科老師去北京後，當時所傳「陳式太極拳第二路炮捶」拳譜（1958 年 12 月 4 日李劍華抄寄作者）如下：

（1）預備勢　　　　（2）金剛搗碓

（3）懶扎衣　　　　（4）六封四閉

（5）單鞭　　　　　（6）躍步護心拳

（7）拗步斜行　　　（8）風掃梅花

（9）金剛搗碓　　　（10）披身捶

（11）攢手　　　　　（12）翻花舞袖

（13）演手紅捶　　　（14）躍步拗鸞肘

（15）左轉肱掌　　　（16）雲手

（17）右轉肱掌　　　（18）躍步右換

（19）雲手　　　　　（20）高探馬

（21）左轉肱掌　　　（22）鳳凰展翅

（23）玉女穿梭　　　（24）轉身倒騎麟

（25）演手紅捶　　　（26）倒騎麟

（27）合身裹鞭　　　（28）轉身裡翻捶

（29）七寸靠　　　　（30）劈架子

（31）演手紅捶　　　（32）伏虎式

（33）臥虎跳澗　　　（34）右黃龍三攪水

（35）躍步轉攪　　　（36）左黃龍三攪水

（37）左沖蹬腳　　　（38）右沖蹬腳

（39）演手紅捶　　　（40）掃堂腿

（41）演手紅捶　　　（42）左穿抱捶

（43）右穿抱捶　　　（44）井攔直入

（45）海底翻花　　　　（46）演手紅捶

（47）倒插　　　　　　（48）掤連捶

（49）上步掤連捶　　　（50）左右二紅

（51）變式帶闖　　　　（52）左右二紅

（53）變式帶闖　　　　（54）回頭當頭炮

（55）勢分捶　　　　　（56）拗鸞肘

（57）順鸞肘　　　　　（58）窩底炮

（59）風掃梅花　　　　（60）金剛搗碓

（61）收勢

4.1963 年 12 月出版的《陳式太極拳》一書中「陳式太極拳第二路」拳譜如下：

（1）預備式　　　　　（2）金剛搗碓

（3）懶扎衣　　　　　（4）六封四閉

（5）單鞭　　　　　　（6）搬攔肘

（7）護心捶　　　　　（8）拗步斜行

（9）煞腰壓肘拳　　　（10）井攔直入

（11）風掃梅花　　　　（12）金剛搗碓

（13）庇身捶　　　　　（14）撇身捶

（15）斬手　　　　　　（16）翻花舞袖

（17）掩手肱拳　　　　（18）飛步拗鸞肘

（19）運手（前三）　　（20）高探馬

（21）運手（後三）　　（22）高探馬

（23）連珠炮（一）　　（24）連珠炮（二）

（25）連珠炮（三）　　（26）倒騎麟

（27）白蛇吐信（一）　（28）白蛇吐信（二）

（29）白蛇吐信（三）　（30）海底翻花

（31）掩手肱捶　　　　　（32）轉身六合

（33）左裹邊炮(一)　　　（34）左裹邊炮(二)

（35）右裹邊炮(一)　　　（36）右裹邊炮(二)

（37）獸頭勢　　　　　　（38）劈架子

（39）翻花舞袖　　　　　（40）掩手肱捶

（41）伏虎勢　　　　　　（42）抹眉紅

（43）右黃龍三攪水　　　（44）左黃龍三攪水

（45）左蹬一根　　　　　（46）右蹬一根

（47）海底翻花　　　　　（48）掩手肱捶

（49）掃堂腿（轉脛炮）　（50）掩手肱捶

（51）左沖　　　　　　　（52）右沖

（53）倒插　　　　　　　（54）海底翻花

（55）掩手肱捶　　　　　（56）奪二肱(一)

（57）奪二肱(二)　　　　（58）連環炮

（59）玉女穿梭　　　　　（60）回頭當頭炮

（61）玉女穿梭　　　　　（62）回頭當頭炮

（63）撇身捶　　　　　　（64）拗鸞肘

（65）順鸞肘　　　　　　（66）穿心肘

（67）窩裡炮　　　　　　（68）井欄直入

（69）風掃梅花　　　　　（70）金剛搗碓

（71）收勢

5.本書《陳式太極拳第二路（炮捶）》拳譜，其拳勢名
稱順序，悉依1963年版《陳式太極拳》中第二路拳譜順序，
把舊拳譜中原有勢名動作加進去的有：（17）七寸靠（18）
指襠勢（20）倒捲紅（36）閃通背〔代（30）式海底翻花〕
（48）臥虎跳澗（56）穿心炮。

原有動作可以獨立成式的，另定勢名的有：（9）鳳凰展翅（25）和（31）雙拿雙分（42）迎門鐵扇。經調整為 79 個勢名。拳勢技法上有增益而無減損。

（五）震腳與發勁時吐氣發聲對健身和技擊的作用

陳式太極拳有震腳、發勁動作，都結合腹式逆呼吸，因此當震腳、發勁時吐氣發聲，是為了增強體質和提高技擊作用。但有些人習見柔緩勻速的太極拳，認為陳式太極拳不是太極拳，而是少林拳、硬拳，有的甚至說震腳和吐氣發聲對健康不利。這種論斷是一種偏見。

陳式太極拳家歷來享高壽的為多。震腳與吐氣發聲的拳種很多，如心意拳（十大形）、形意拳（十二形）、南拳，以及少林拳等。

震腳只要鬆勁下沉，由輕而逐漸加重，並無流弊。腹式逆呼吸法在震腳和發勁時吐氣發聲對健強內臟有益，是內功拳種心意、形意、八卦、太極、南拳等的一致練法。

任何運動方法，練之不得其法、運動量過大等，都容易受傷。醫療保健性的太極拳，可以不發勁、不震腳、不結合腹式逆呼吸法，這是化武術而為療病保健服務。而保持武術化、技擊性強的太極拳，發勁、震足、腹式逆呼吸是增強體質和提高技擊作用的必要條件。

從我的親身體會來說，震腳、吐氣發聲的拳種練了數十年，從來沒有發生過足痛之病。不料於 1977 年夏起忽患足疾，先從足趾紅腫起，以至足掌不能踏地，又轉移至膝節，

一足稍痊，又轉移至另一足，愈發愈嚴重，發病期也愈來愈縮短。

1979 年 4 月 14 省市武術賽在上海舉行，我任總裁判長，但兩足忽又不能踏地，由別人背著我上汽車。此病時發時癒，有人議論是震腳引起的，我也將信將疑。1980 年 1 月經上海華山醫院確診為「痛風症」，是多食肥肉、尿素過高所引起。治以特效藥「別嘌呤」，從此未發此病。今年起我又練炮捶，照舊震腳、發勁、吐氣發聲，雖然年已 73 歲，身體越覺健壯，可見前患足疾，與震腳、發勁無關。

第四章

陳式太極拳第二路〔炮捶〕圖解

（一）拳勢名稱順序

（1）預備勢 　　　（2）起勢

（3）金剛搗碓 　　　（4）懶扎衣

（5）六封四閉 　　　（6）單鞭

（7）搬攔肘 　　　（8）護心拳

（9）鳳凰展翅 　　　（10）拗步斜行

（11）煞腰壓肘拳 　　　（12）井欄直入

（13）風掃梅花 　　　（14）金剛搗碓

（15）披身捶 　　　（16）背折靠

（17）七寸靠 　　　（18）指襠勢

（19）撇身捶 　　　（20）斬手炮

（21）翻花舞袖 　　　（22）演手紅捶

（23）抹眉紅 　　　（24）躍步拗鸞肘

（25）雙拿雙分 　　　（26）倒捲紅（三）

（27）左轉肱掌 　　　（28）右運手（前三）

（29）左高探馬 　　　（30）左運手（後三）

（31）雙拿雙分 　　　（32）右高探馬

（33）連珠炮（三次）　　（34）倒騎麟

（35）白蛇吐芯　　　　　（36）閃通背

（37）演手紅捶　　　　　（38）轉身六合

（39）左裏鞭炮　　　　　（40）右裏鞭炮

（41）獸頭勢　　　　　　（42）迎門鐵扇

（43）劈架子　　　　　　（44）翻花舞袖

（45）演手紅捶　　　　　（46）伏虎勢

（47）抹眉紅　　　　　　（48）餓虎跳澗

（49）右黃龍三攪水　　　（50）左黃龍三攪水

（51）左蹬一根　　　　　（52）右蹬一根

（53）海底翻花　　　　　（54）演手紅捶

（55）轉脛炮（掃蕩腿）　（56）穿心炮

（57）演手紅捶　　　　　（58）左沖

（59）右沖　　　　　　　（60）倒插

（61）海底翻花　　　　　（62）演手紅捶

（63）跺二紅（一）　　　（64）跺二紅（二）

（65）連環炮　　　　　　（66）玉女穿梭

（67）回頭當頭炮　　　　（68）連環炮

（69）玉女穿梭　　　　　（70）回頭當頭炮

（71）撇身捶　　　　　　（72）拗鸞肘

（73）順鸞肘　　　　　　（74）穿心肘

（75）窩裡炮　　　　　　（76）井欄直入

（77）風掃梅花　　　　　（78）金剛搗碓

（79）收勢

(二)關於圖解的幾點說明

1.為了便利讀者查對拳勢的方向，把圖照中姿勢的方向規定為：面向讀者為向南，背向讀者為向北，面向讀者右側為向東，面向讀者左側為向西。當讀者練習拳套純熟後，可以根據場地形狀，任意選定預備勢的方向，不必固定為面向南為預備勢。

2.圖照中畫有實線或虛線的箭頭，都表示手或足的動作趨向，由本圖過渡到下一圖。但動作較簡單，用文字能說明的，就不畫箭頭。中間分解動作較細的，則跳號畫箭頭。

3.實線的箭頭為右手、右足；虛線的箭頭為左手、左足。

4.腰和胸腹中線向左側或右側轉動的度數，可參照下列：左側、右側度數表。

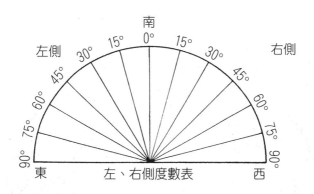

5.圖解中有吸氣、呼氣，初學者應先求動作、姿勢的準確，呼吸可任其自然，待動作熟練後，可以從一個拳勢開

始，逐漸動作配合拳勢呼吸（拳勢呼吸，即起吸落呼，合吸開呼。合、虛、蓄為吸氣，開、實、發為呼氣），一式配合好，然後再配合另一式。總以自然、舒適為原則。

6.手、肘的高低和距身軀遠近，一般都有文字說明。量遠近以握拳眼（虎口處）、拳輪（小指處），橫向拳眼向內，拳心向下，為一橫拳。拳眼向上，拳心向內為一立拳。便於自己量遠近。故凡背向讀者的圖照，一般不列正面附圖。

手的型式有三種：掌、拳、勾。如附圖。

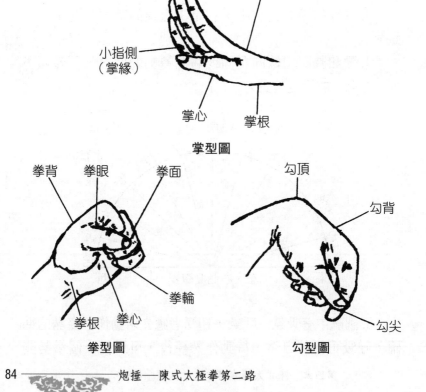

掌型圖

拳型圖　　　　　勾型圖

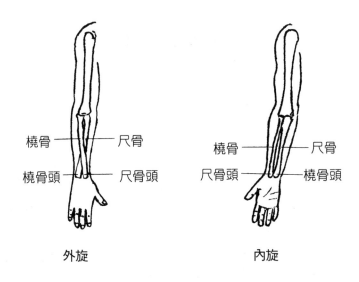

外旋　　　　　　　　　　　內旋

7.演手紅捶、運手等拳式，都有面南、面北的重複拳
式，可以互證，更不用另附正面圖。

8.步型有：騎馬步、小騎馬步、弓蹬步、丁八步（即反
弓蹬步）、丁字步、反丁字步（即跟步，後足尖點地）、獨
立步、仆腿步、磨轉步、半坐盤步。圖解中逢上述步型，都
有說明，故不另畫圖。

9.圖解中臂的外旋是拇指側向手背側外向旋轉，手心向
外翻轉。尺、橈骨並排離開。內旋是拇指側向手心側內向旋
轉，手心向內轉。尺、橈骨交叉，如上圖。

(三)動作圖解

第一式　預備勢（南　圖1～11）

動作一：站式

身體中正、自然站立，兩足跟距離與肩同寬，兩足尖微外撇，成外八字狀，距離稍寬於肩（此為老架站式，新架站式為兩足尖向前）。兩臂自然下垂，手心向裡，拇指向內合，其餘四指併攏，小指微內合，與拇指內合相呼應，以加深掌心窩形（如加上四指指尖微向手背方向外翻，意貫指尖，即成為陳式太極拳的基本手型），中指尖輕貼大腿外側中線。腋下要留有一拳地位，做到「肘不貼肋」（圖1）。

【站式其他要點】：

太極拳把神經系統的訓練放在首要地位。站式是開始動作前意識上和姿勢上的準備，因此，首先要求「心靜用意」和「身正體鬆」。內固精神，外示安逸。虛領頂勁（即頭要正直，頭頂百會穴要虛虛領起，如有懸索向上領掛之頂勁）。

眼平視前方。唇輕閉，齒輕合，舌平，舌尖抵上腭。下頜微內收。沉肩（即

圖1

兩肩鬆沉微前蜷）。含胸拔背（即胸部不內凹、不外凸，兩肩微向前蜷含，稱做含胸。背後兩肩中間大椎穴，有鼓起上提之意，這部分皮膚有繃緊的感覺，稱做拔背）。下骶部長強穴鬆沉，與拔背形成對拉拔長。氣沉丹田下達會陰穴（兩便之間的穴位）與虛領頂勁形成上下對拉拔長（靜坐功中「小周天」經絡路線），稱做「上下一線」。脊柱要節節鬆沉，又要虛虛對準。腰要鬆、沉、直豎。襠要開圓，即兩胯根要撐開撐圓，有圓而虛的感覺。

練拳時臀部始終保持生理上自然微外凸狀態，但不要練成凸臀（即撅起屁股），也不要故意往裡收進（即沒有屁股）。臀部微斂，尾閭骨節始終對向正前方，腰轉時起到舵的定向作用，兩膝微屈（練拳時兩膝始終曲而不挺直，留有餘地）。全身放鬆，內臟也要放鬆有舒適感。呼吸自然，意存丹田，耳聽身後。

上述要點，不但在站式時須用心體會，在練拳套過程中，也都須刻刻注意。

動作二：短吸短呼練習

腹式逆呼吸是吸氣時提氣上升，呼氣時沉氣下降。

1.屈膝落胯，身正直下蹲，重心落兩足，兩足有植地生根之意。（短吸氣）鼻吸氣，胸廓自然開張，小腹內收，膈肌上升，似乎內氣從小腹吸至胃部，胃部自然隆起。同時，兩手微內旋提至兩胯根前，距離約一立拳，再微上提至臍兩側，拇指根與兩側腹肌相距約一立拳，掌心向內下，指尖微向前下，肘微上提，肘尖距肋約一橫拳，腋下可容一立拳（圖2）。

2.（短呼氣）鼻呼或口、鼻同時呼氣均可，胸廓自然平

圖2　　　　　　　　　　　　圖3

復，小腹外凸，膈肌下降，胃部自然平復，「氣沉丹田」，似乎聚於胃部之內氣，漸漸下沉至丹田。同時，沉肩、垂肘、坐腕，掌根下沉至兩胯根前，相距約一立拳，掌心向下，指尖向前，指尖微上翻，這樣容易勁貫指尖；含胸拔背，氣沉丹田，在胸背部肌肉鬆沉的牽動下，脊柱節節鬆沉直豎，肋骨亦有鬆沉之意。骶部有力，胸腹兩側有外向前合的包合之勁。兩肩微前蜷，兩掌指亦有外向前合之意，力點匯合於小腹中線前三尺許。

這項練法對推手時運用接勁發人（敷、蓋、對、吞四字訣中「對」字用勁法之一）有關。頂勁領好，雙足趾用鈎勁，足跟蹬地，湧泉穴要虛，雙足似植地生根。意注雙手、雙足尖。耳聽身後，眼平視前方（圖3）。

動作三：立圓畫弧運動

放鬆、畫弧、螺旋式弧形圓運動，是太極拳內外併練的

圖 4　　　　　　　　　圖 5

基本要求之一。動作纏繞圓轉，呼吸行氣，暢通經絡，健強
內臟，以內壯為主。立圓畫弧運動，法簡用宏，老幼強弱都
可練習，容易體會出纏繞絞轉，周身內外動作細緻協調的纏
絲勁，從而可以掌握太極拳動作複雜難練的基本規律。年老
體弱和無體育運動習慣者，如果單獨反覆練習此式，亦可獲
得治病保健的效果，並為進一步學習太極拳套路打好基礎。

　　左轉、由下而上畫弧、吸氣，畫半圓：

　　1. 腰左轉 30°～45°（吸氣），重心移於左足，右足為
虛，左足為實，左胯根微外旋下沉，胸腹中線對向左前 30°
～45°；同時，兩臂肩關節微左旋，兩手向左平移至左胯前外
側，右手微內旋，左手微外旋，指尖對向左前 30°～45°；小
腹漸漸微內收，頭左轉 30°～45°（圖 4）。

　　2. 雙手向左前上提約與乳平（圖 5）。

　　3. 雙手繼續上提至掌根與肩平，手指微上揚，右手微內

圖6　　　　　　　　　　　圖7

旋，掌心向右前下，勁點在掌緣；左手微外旋，掌心斜向右前下，勁點在掌緣。沉肩、垂肘、坐腕（圖6）。

4.腰右轉 30°～45°，面向正面；雙手向右平移，掌心均向下，指尖向前；眼仍平視正前方；小腹內收，胃部隆起，沉肩、垂肘、坐腕；同時，重心落兩足，胯根撐開撐圓，脊柱節節鬆沉直豎，頭頂百會穴與襠部會陰穴上下對拉，「上下一條線」（圖7）。

右轉，由上而下畫弧，呼氣，畫半圓：

5.（呼氣）右胯根微微外旋下沉，腰右轉 30°～45°，重心移於右足，左足為虛，右足為實，胸腹中線及尾閭骨對向右前 30°～45°；同時，兩臂肩關節微右旋，兩手向右平移至右肩前外側，使指尖上揚，對向右前 30°～45°，小腹漸漸微外凸；頭右轉 30°～45°，眼光平移右轉前視；右手微內旋，掌心向右前下；左手微外旋，掌心向右前（圖8）。

圖8　　　　　　　　圖9

6. 微沉肘，雙手向下畫
弧，與乳平；脊柱鬆沉，右胯
根微下沉（圖9）。

7. 雙手繼續畫弧下按，至
右胯前外側，右手微外旋，左
手微內旋，掌心俱向右前下，
勁點在掌緣，指上揚，兩手指
尖與尾閭骨對向右前 30°～
45°；脊柱鬆沉，骶部有力，
「氣沉丹田」；眼視右前，耳
聽身後（圖10）。

圖10

8. 腰左轉 30°～45°，胸腹
中線對向正前方，重心落兩足，「氣沉丹田」，小腹外凸，
膈肌下降，胃部自然平復；同時，雙手向左平移至兩胯根

圖 11　　　　　　　　　　　圖 12

前；眼平視前方，耳聽身後（圖11）。

【說明事項】：

立圓畫弧運動，可以抽出單獨教學，對年老體弱者易學、易記、易練。先教學動作，待熟練後，再配合呼吸。可以反覆練習，時間不限。療病者如感覺疲勞，即可休息一會兒再進行練習。心靜用意、身正體鬆、內外協調、緩緩運動，療效極為顯著。由左下向上畫圓練熟後，可以練習反式，即由右下向上立圓畫弧運動。使動作對稱。

第二式　起勢（南　圖12～20）

動作一：（吸氣）以腰為軸，身體左轉約 30°；同時，兩手以中指領勁微左內、右外旋，以等距離向左前上方提起，高與肩平，兩肘尖下垂，兩臂呈淺弧形，左掌心向外下，右掌心向內下，坐腕，指尖斜向前上，意注指尖，重心

圖 13

圖 14

漸漸偏於左腿；眼平視前方，
眼神點顧兩手自下而上，小腹
微微內收（圖 12～14）。

　　動作二：（呼氣）右足尖
微外撇約至右前 45°，踏實，
腰右轉約至右前 45°，使胸腹
中線對向右前 45°，重心完全
落於右腿；左足跟提起，足尖
輕點地，左膝往裡扣，左足跟
往外旋，左膝靠近右膝裡側，
距離約一個橫拳（扣膝起護襠
作用）；同時，兩手微內旋，

圖 15

稍平移至胸前，右手距右乳約三個橫拳，左手距左乳約四個
橫拳（圖 15～16）。

圖16　　　　　　　　　附圖16

【技擊作用】：

如圖16，我粘黏來手引
進，彼如用肘擠我胸，我兩手
將彼腕節、上臂向內用急勁一
收，我胸前挺其肘節，使受創
痛（附圖16）。

右胯根下沉，右腿站穩；
兩臂沉肩、垂肘、坐腕，兩手
勁點在掌緣，設想黏住對方右
臂腕節、肘節；同時，左膝向
胸腹前中線上提，高與胃部
齊；眼神由左顧平移為右盼，

圖17

仍平視前方，耳聽身後；虛領頂勁，氣沉丹田，含胸塌腰，
骶部有力（圖17）。

附圖17-1　　　　　　　　　　附圖17-2

【技擊作用】：

　　起勢為粘黏來手，捋化使對方前傾欲跌，隨即用左膝撞擊對方前腿外側，使受創痛而打開下部門戶（附圖17-1）。我隨用左腳以蹬膝節、踢臁骨、套前足跟外側，或勾前足跟內側，我跪膝手發勁以跌人（附圖17-2）。

　　如果捋化採勁並用，對方前傾過多，我可乘勢用膝撞擊對方背脊部命門穴。起勢即體現了短打拳法手腳並用和內功拳先化後打，不主動擊人的原則。

　　動作三：（吸氣）右胯根微螺旋下沉，身稍下蹲，腰右轉，使胸腹中線對向右側 90°；兩手繼續內旋，以等距離畫弧平移，向右後斜角捋去，沉肩、垂肘、坐腕，指上揚，兩掌心向右後斜角；同時，左足落於右足跟前，相距約二個橫拳，足跟輕著地，足尖斜向右前翹起，隨即足跟輕擦地面向前鏟出，盡量前伸（但膝節須微屈），此乃套住對方前足

（單管），或套住對方後足（雙管），使用跌法之練法；眼平移視右後前方，耳聽身後；小腹內收，襠要撐開、撐圓（圖18）。

圖18

動作四：（呼氣）右胯根微下沉左轉，腰微左轉；右臂沉肩垂肘，右手微外旋向下畫弧，掌心向後下，坐腕、指上揚；左手仍內旋，掌心向下，意注指尖，橫肘漸向左平移，勁點移至腕上尺骨處；眼神照顧右手下沉，逐漸向左平移關顧左手；同時，左足掌踏實，足尖對向正前方（圖19）。

腰繼續左轉，右腰胯往前送，重心逐漸移向左足，左膝勿超出左足尖；右足尖稍內扣，屈膝，足跟蹬地，成左弓蹬步，重心負擔左弓足約七成，右蹬足約三成；同時，左手橫肘向前擠出，勁點在腕上尺骨處，但手勿超出膝尖，拇指根節距左乳約三個橫拳；右手橫掌向前按，勁點在掌根，掌根距臍二個橫拳；眼平視正前方（圖20）。

【注意事項】：

1.左手橫肘前擠，要由腰腿前移催送，才不只是手臂之勁，而是整體勁。前手去，後手跟，右掌要緊跟左手前擠而前按。

2.重心在右腿時右腰腎微下旋為實，重心移在左腿時左腰腎微下旋為實，兩腎旋動，虛實轉換，做自我按摩，腎壯

圖19　　　　　　　　　圖20

則精足、氣充、耳目聰明。太極拳套路中逢左右腰腎轉換時，都應細心體驗。

【技擊作用】：

捋化來手，如果對方往後抽逃，我即用黏隨勁，下部套住對方前足，進身橫肘勁點在尺骨處，乾脆發勁擲跌之，身、手、步須一時俱到。橫肘發勁，肘部切勿超出足尖。尤須襠勁下好，氣往下沉，勁往前發。

【說明事項】：

圖17，陳發科老師平日教此拳勢時不提膝上頂，講用法時則點明手腿並用之法。我國拳種繁多，互相保密，又互相吸收。古代太極拳家踢、打、拿、跌、摔並用，但在拳套中往往略去一些實用著法。

武術界有「日裡不怕千人看，夜晚不怕賊人偷」的諺語，這是一種保密措施的反映，不利於武術的發展。本書旨

圖 21　　　　　　　　圖 22

在挖掘前輩練拳經驗，凡學習、見聞所得，恐其湮沒，必舉例以示祖國武術的精雕細刻。

第三式　　金剛搗碓（南　圖21～25、26～31）

動作一：（繼續呼氣），左足尖外撇 45°，腰微左轉，重心在左腿；同時，左肩、肘鬆沉微旋動，左手先向前掤出，勁點在腕節尺骨處，手不超出足尖，然後微外旋收回，掌心斜向內右，勁點在掌緣，停於胃部前，拇指距胃部約一個橫拳；右肩、肘鬆沉微旋動，右手外旋向前撩，掌心向前上，意注指尖，停於襠前，腕節距襠部約四個橫拳，左掌心對向右肘節，相距約一個半橫拳；同時，右足與雙手同起同止，向前貼近地面邁出，足尖向前，意貫趾尖，有點、踢對方前足臁骨之意，落地時右拇趾點地，如釘入地似有點對方足背穴位之意；眼仍平視前方；虛領頂勁，氣沉丹田，含胸

圖 23　　　　　　　　　　圖 24

拔背，落胯塌腰（圖21）。

【注意事項】：

1.身、手、足動作要協調，同起同止。

2.始終用意識指揮動作，呼氣時，襠勁下沉，在鬆靜中逐漸有沉著之意，日久能達到由鬆入柔之階段。

3.左手微往前掤時須用腰腿勁，其根在腳，形於手，才是整體勁。

動作二：（吸氣）右手抓成拳（圖22）。

動作三：右拳以中指根節領勁向上沖，高與胃部齊，拳心向內，相距約五個橫拳；左掌沉住（圖23）。

動作四：前動不停。右拳繼續上沖，高與下頦部齊，相距約五橫拳；左掌外旋，左掌心向內上沉住；同時，右膝向上沖，高與胃部齊，右肘尖與右膝尖對齊，右足尖自然下垂；左足穩住（圖24）。

圖 25   圖 26

動作五：前動不停。（呼氣）右拳微外旋內收，以拳背向下落於左掌心，停於臍下小腹中部，相距約一個橫拳；同時，右足稍內收，下落於左足側，兩足尖俱外撇，兩足跟與肩同寬，右足落地時平實震足作聲，與右拳背部左掌心作聲同時完成，重心落兩足，脊柱節節鬆沉，頂勁、沉氣，塌腰鬆胯，襠撐開撐圓；眼光向前平視，眼神照顧兩手旋動和下落，耳聽身後（圖25）（金剛搗碓定式）。

【注意事項】：

震腳是在呼氣發勁時，全身鬆沉、氣往下沉時完成。震腳的輕重，可根據練者年齡和身體強弱而定，並須由輕而重，循序漸進，還應注意下沉的勁整而不散。也可不震腳，落地無聲。過去，老拳師根據震腳之聲便可斷定練者功夫之深淺和是否得訣。功夫深者勁整，其聲集中而直沉地下，否則其聲散而浮。

圖 27　　　　　　　　　　圖 28

【技擊作用】：

圖 21 上步踢廉或踩腳面，手撩陰。圖 22 抓成拳，對方
如果襠部往後縮，圖 23 拳上沖擊胃部。如果對方胃部亦往後
縮，圖 24 拳上沖擊下頜，同時膝上頂沖擊對方腹部或胃部。
隨即轉為呼氣，圖 25 以拳背下擊對方胸部，同時，足落地踩
對方前足。

動作六：（吸氣）胯和肩關節微微向左平移，雙手移至
左小腹側前，重心偏重於左足（圖 26）。

肘沉住，雙手隨吸氣提至胃部左側（圖 27）。

再移胃部前，胃部隆起，小腹內收，重心落兩足（圖
28）（圖 26～28 為吸氣，雙手由下而上畫半圈）。

動作七：（呼氣）胯和肩關節微微向右平移，雙手移至
胃部右側，重心偏於右足（圖 29）。

雙手下沉垂至右小腹側前，右小腹側有充實感（圖

圖29　　　　　　　　圖30

30）。

　　隨即胯和肩關節微微向
左平移，雙手微向左移至臍
下小腹正中線，重心落兩
足，保持虛領頂勁、氣沉丹
田、含胸背前，落胯塌腰狀
態（圖31）。與圖25相
同。

　　【注意事項】：

　　1. 此式前半圈（圖
25～28）為吸氣時小腹內
收，膈肌上升，胃部自然

圖31

隆起，雙手由小腹下側中線左移至左胯前，提上至胃部左
側，再微右移至胃部中線上端，畫半個立圓。然後呼氣向右

圖 32　　　　　　　　　　圖 33

側反方向下畫半個立圓（圖 29～31）。原為按摩內臟，體會全身內外緩緩旋動的協調動作。但在體療上特別對消化系統吸收營養，泌尿系統通利大小便有顯著效果。

　　凡消化不良、大小便不正常，可以在早晚或於飯後半小時之後，反覆練此式二三十下。但應先練會、練熟動作，然後結合呼吸，以舒適、輕緩為原則。

第四式　懶扎衣（南、西　圖 32～51）

　　動作一：（吸氣）腰微左轉約 30°，兩手隨移至左胯骨前，相距約一橫拳，拳心向上（圖 32）。

　　隨即兩手上纏到左肩前，右拳眼向上，拳心向內，與鎖骨相距約二橫拳，勁點在食指根節；眼向前平視，眼神關顧兩手由下而上（圖 33）。

　　右拳變掌，兩手交叉俱內旋，隨腰微右轉面向正南方，

圖 34　　　　　　　　　圖 35

右掌心向左外，左掌心向右外，沉肩、垂肘、坐腕、指上揚，右手腕節距鎖骨中線約四橫拳（圖 34）。

　　動作二：（呼氣）重心移至左足；雙掌內旋，兩手勁點在掌緣，右手漸漸向右前畫弧至右眉前，掌心向下；左手下沉畫弧至左胯骨前（圖 35、36）。

　　右手繼續向右前畫弧展開，掌心向右前，沉肩、垂肘、坐腕，意注中指尖；同時，左手沉住移至左胯外側；虛領頂勁，氣沉丹田；耳聽身後，眼從右手中指尖前視（圖 37）。

　　動作三：（吸氣）坐穩左腿，兩腹側旋轉，左腎微旋落實；右手再向下畫弧，左手向上畫弧，掌心各向外，指上揚，成兩手側平舉狀（圖 38）。

　　右手下沉，左手上纏（圖 39）。

　　右足跟漸離地，成丁字步；左手外旋向裡收到左耳側，指上揚，拇指距耳約二橫拳，意注中指，掌心向右前；右手

圖 36

圖 37

圖 38

圖 39

第四章　陳式太極拳第二路〔炮捶〕圖解 ————105

圖 40　　　　　　　　　　　圖 41

下沉外旋，往裡收至小腹中線，沉肘、坐腕、指上揚，意注中指，掌心向左後，掌根距臍二橫拳；胸腹中線對向右前30°～45°，膈肌上升，胃部隆起；眼平視右前（圖40）。

動作四：（呼氣）右足提起，足尖翹起，足跟輕貼地向前（西方）鑣出，重心仍由左腿負擔，成丁八步；同時，兩肩關節內旋，兩肘下沉內收，兩手微外旋合攏，掌心遙對，相距約二橫拳；腰微左轉，胸腹中線對向右前約30°，項左轉30°；眼平視右前（西方）（圖41）。

腰繼續左轉，兩胯根旋轉，使胸腹中線對正南方，重心漸移至右腿約七成，右膝弓出，右足尖內扣落地踏實，左足屈膝，足跟、足掌蹬地，成右弓蹬步；同時，右手外旋向前（南方）按出，掌心向左前，指尖向右前約45°，肘尖下垂；左手微內旋，合於右肘彎內側，食指尖距右肩頭約三橫拳，掌心距右肘彎約二橫拳；肩、胯對向西方靠出，但須肩

圖 42

附圖 36

與胯成垂直線；眼視右手食指尖，耳聽身後，沉氣，提肛，
勁點在右肩、右胯（圖 42）。

【技擊作用】：

1. 旋乾轉坤。圖 35、36 原名指天畫地，上護頭，下護
襠。假定對方用右順步拳擊我，我右手採其前臂，蹲身進
步，左掌下撩其襠部。隨即腰右轉，圖 37～39，右手向右後
採，左手順勢撩起其前腿向上、向右後翻，腰腿身手螺旋形
協調，把對方摔跌。乘勢借力、螺旋、抖勁為要訣（附圖
36）。

2. 進身靠打。圖 40～42 假定對方雙手按我右臂，我轉腰
旋臂向右前伸，用掤勁化開來力，同時進右步插對方襠中，
腰左轉，弓右腿，肩靠對方胸部，胯打對方襠部，身正直不
偏。柔過勁、剛落點、貼身一抖為要訣（附圖 42）。

動作五：合抱蓄勁，腰微右轉（吸氣），兩腎旋動，兩

附圖42

圖43

胯骨節亦旋動，兩肩關節旋動，兩手外旋內合交叉於胸前，右手在外，掌心俱向內，指上揚，左拇指對向鎖骨中線約三橫拳，漸漸沉肘雙手下落至胃部前；重心漸漸左移，成騎馬步（外八字樁步），兩腿平均負擔體重，樁步似植地生根，胸腹中線向正南，項右轉；眼光平移視西方（圖43、44）。

圖44

　　動作六：（呼氣）右肘尖向右前擠出，左肘尖往左後撐，左掌微外旋；落胯塌腰（圖45）。

圖 45

圖 46

右手內旋向右前畫弧展開，高不過口，掌心由轉向下逐漸轉向右前（西），沉肩、垂肘、坐腕，意貫指尖；同時，左手仍微外旋，小指貼臍下逐漸向左移；眼視右手中指（圖46、47）。

圖 47

襠勁微下沉，兩胯微左旋，腰微左轉；同時，兩肩關節微左旋，沉肘，右手外旋，掌心轉向南，左手仍微外旋，左小指移貼至左小腹側，掌心向上；右膝稍內扣，重心稍後移，成前三後七的丁八步樁；眼視南偏西（圖48）。至此，為懶扎衣定勢。

圖48　　　　　　　　　　　圖49

動作七：（吸氣）兩胯根微右轉前送，腰微右轉約
30°，右膝前弓，成右弓蹬步；同時，右手內旋往下捋回，勁
點在掌緣，掌心向前下；左手往前引，掌心斜向內，拇指上
揚，勁點在掌緣（圖49）。

腰微左轉約15°，身後坐，成左實右虛的丁八步；兩手
左採右捋至兩腹側，左手高於右手，左手採至左腹側，五指
向內上勾，虎口貼腹，掌心向左內；右手捋至右小腹，前臂
內側貼腹，掌心向左前，指尖向右前（圖50）。

動作八：（呼氣）腰右轉約15°，胸向西稍偏南，成右
弓蹬步；右腕外旋，右手外旋上翻至掌心向內；左手外旋上
翻至掌心向內，腕節貼於右腕節之內，右掌根距臍約一橫拳
（圖51）。

【技擊作用】：

近身用採拿肘擊，樁步要穩固、善變。拿跌之法，變化

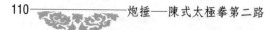
炮捶──陳式太極拳第二路

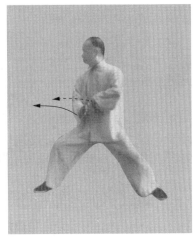

圖 50　　　　　　　　　　圖 51

多端，須於推手中互相研究，以點到為止，避免發生傷害事
故。此動作為：

　　1. 我左手反拿對
方手掌，右手捋切其
腕骨節。

　　2. 我雙手反拿對
方雙手，隨勢變化
（圖 49、50 附圖纏
拿法 1～4）。

　　圖 49、50 附圖
纏拿法 1，我兩手反
拿對方兩手，我右前
臂尺骨處並捋對方左
肘節。

纏拿法 1

纏拿法 2

纏拿法 3

　　附圖纏拿法 2，承上動作，彼如柔化反抗，我雙手反拿
不鬆勁，我腰左轉，雙手螺旋捋引，使對方更前仆欲跌。

　　附圖纏拿法 3，承上纏拿法 1 我雙手反拿對方兩手，腰
微向後轉，我雙手同時向右後旋，使對方不得不向自己左後

纏拿法 4

方跌倒。

附圖纏拿法 4，我雙手反拿對方雙手，我右手在彼左肘之下，我可邊反拿邊用右前臂震擊對方左肘。

【注意事項】：

1.右足跟鏟出要與兩手交叉於胸前的動作協調。

2.腰要鬆沉直豎，微微旋動，不可亂擺搖晃。兩手纏繞時要連貫圓活，用意不用力。

3.逢步型變換到定勢時，都要落胯塌腰，足趾用鉤勁似植地生根，意貫趾尖。使能逐漸增長功夫，內勁充沛。

【說明事項】：

「懶扎衣」勢名是戚繼光《拳經》三十二勢中的第一式，原訣曰：「懶扎衣出門架子，變下勢霎步單鞭，對敵若無膽向先，空自眼明手便。」

創造於清初的太極拳，原有太極拳五路、長拳一百零八勢一路、炮捶一路。這七個套路的第一式都是「懶扎衣」，

第二式都是「單鞭」。《拳經》三十二勢被吸收了二十九勢，說明太極拳的創造是以戚氏《拳經》為基礎。陳氏舊拳譜中此勢也有寫作「攬擦衣」可能是音誤，也可能是不理解「懶扎」二字含意而改寫（註）。

註：圓領而腰帶的衣服，自殷代一直沿用到明代，明人長服束腰，演拳時須將長服捲起塞於腰帶中，以便動步踢腿。戚氏《拳經》起勢「懶扎衣」，左手撩衣塞於背部腰帶，右拳橫舉向後，目視左前方。稱做「懶扎衣」者，表示臨敵時隨意撩衣應戰，乃武功高強，臨敵不慌不忙之意。戚氏「懶扎衣」歌訣所謂「對敵若無膽向先，空自眼明手便」是也。楊露禪學拳於陳氏，以不通文墨，默記其拳譜，音轉為「攬雀尾」，於是後人傳說中有以手掌攬雀，雀不能飛的理想化的技術。關於太極拳的神話奇談，都可作如是觀。

第五式　六封四閉 （西、西南　圖52～59）

動作一：（吸氣）腰右轉，面向西，成右弓蹬步；雙手橫掌向前引，拇指俱上揚，掌心俱向內，手勿超出足尖，右手在前與肩平（圖52、53）。

動作二：（呼氣）腰胯微右轉；同時，右手微內旋，使掌心翻向左前下；左手微外旋，使掌心翻向內上；隨即腰胯微左旋，重心稍後移，左前臂含掤勁向左平移畫弧，右手勁點在掌緣和尺骨處，向左微向下将回（似推手時對方雙手按我左前臂，我左手用掤勁走化引進，右手用将勁使對方來力落空）（圖54）。

動作三：（吸氣）腰胯繼續微左轉，重心漸後移；同

圖52

圖53

圖54

時，左手向左微向上畫弧，手與肩平，橫掌，腕節距肩四橫拳；右手微向上並向左捋；步型成丁八步，左腿負擔重量七

圖 55　　　　　　　　　　圖 56

成，右腿三成（圖 55）。

　　腰胯繼續左轉，重心偏重於左腿，成反弓蹬步；同時，
兩肩關節繼續左旋，左手繼續向左微向上畫弧，掌心向內，
拇指根節距左耳底部約三個橫拳；右手勁點在掌緣，微外旋
捋至頜部右前側，掌心向左上，掌根距頜約四個橫拳，沉
肘，肘尖距下肋約二橫拳，胸腹中線向南微偏左；眼移視南
方，耳聽身後，身法中正，落胯塌腰。此式為陳式推手中常
用的邊掤、邊捋、邊採（反關節拿法）之法（圖 56）。

　　動作四：（呼氣）腰胯微右轉，重心漸右移，胸腹中線
向南，成外八字騎馬步；同時，兩肩關節右旋，沉肘，變掌
下按，掌心遙對，勁點在掌緣，右肘尖前擠；眼平移視右前
方（西方）（圖 57）。

　　腰胯繼續右轉，重心前移，胸腹中線對向右前 45°，右
膝弓出不超出足尖，成右弓蹬步；同時，雙掌下沉前按，不

圖 57

圖 58

超出膝尖（圖 58）。

　　隨即右胯關節前送，雙掌繼續往前下按出，勁點在掌根，意貫指尖；同時，左胯根前送，左足跟離地前邁至右足跟內側，拇趾尖點地似鋼針插地，兩足跟相距約二個橫拳；雙掌按出為腕節與肘節的距離；目平視右前45°方向（圖 59）。

　　【說明事項】：

　　懶扎衣勢之後，陳氏舊

圖 59

拳譜即為單鞭。可能因為懶扎衣勢動作複雜，故又將後半部分動作定名為六封四閉。楊露禪去北京授拳，六封四閉這一

勢名，音轉為「如封似閉」。

楊學於陳長興者為老架，可以推想老架動作日久不斷增多。陳式新架動作較簡，懶扎衣與單鞭勢名間無「六封四閉」勢名。武禹襄學於楊露禪者為老架，後從陳清萍學新架。武禹襄外甥李亦畬於同治六年丁卯（1867 年）所整理的太極拳譜中，標題：十三勢架，開頭兩式為攔（懶）扎衣、單鞭，第九式為上步搬攬捶，第十式為如封似背（閉）。

此譜係河北永年人馬同文從姨丈李亦畬處抄得。而 14 年後，李亦畬序於光緒辛巳（1881 年）中秋念六日之太極拳譜，手抄三本，一自藏，一給弟啟軒，一給友人郝和。永年人稱做老三本。郝和藏本中，十三式架標題之下，第一式為懶扎衣，第二式為單鞭，第九式為上步搬攬垂（捶），第十式為如封似閉。

今陳式新架稱做小架，武禹襄所傳拳勢，亦屬小架。但武式名稱中，沒有佛教色彩的「金剛搗碓」拳勢，與陳式舊譜相同。今陳式老架、新架都有「金剛搗碓」拳勢。可能在楊、武二人學陳式拳之後陳式才列入「金剛搗碓」拳勢。足見一百多年前，陳式老架與新架的式名也不相同。動作也有繁簡的區別。

第六式　單鞭（南　圖60～68）

動作一：（吸氣）腰胯微右轉約 10°；同時，兩肩關節微旋動，右肘尖下沉內收，距右腰側約一橫拳，右手外旋內收，拇指、小指往裡合，勁點在掌緣、小指側，掌心向上（上一勢我雙按對方左臂，向其胸部放勁，彼如以右手擊我，我右手拿住對方右掌絞轉使其右肘上抬，彼右掌被我反

圖60　　　　　　　　　　　圖61

扭成掌心向上）；左手外旋向右前伸出，勁點在尺骨處，右手在左前臂之上（左手向對方右手尺骨處切去，即成為反筋背骨之纏拿手法）（圖60）。

動作二：（呼氣）腰胯左轉；同時，左手拇指、小指往裡合，手仍外旋，沉肘向左抽，肘尖距左肋約一橫拳，左手掌心向內上，拇指距右乳約二橫拳；右手變勾手（從小指起依次撮攏，小指貼拇指掌

圖62

根，拇指貼食指指甲外側為陳式太極拳的勾手手型），以腕節從左掌上向右前伸（圖61、62）（此為我左手反拿對方左

圖63　　　　　　　　　　圖64

手，右手前切之纏拿手法，並乘勢以腕節擊對方胸部）。

動作三：（吸氣）左足尖翹起，左足跟輕落地，輕輕貼地向左鏟出，成左虛步，此時胯根更撐開；胸腹中線轉向南（圖63）。

左足尖踏下，重心左移，左膝弓出，成左弓蹬步；同時，左手下沉至右腹側，小指貼腹，手心向上，沿帶脈（臍上腰部周圍一圈中醫經絡學說稱做帶脈）拉至左腰側；目平視正南方（圖64）。

動作四：（呼氣）腰胯向右移，漸成右弓蹬步；同時，左手沿帶脈移向右腰側，即向上抄起至右肩前，拇指上揚，掌心向內，掌緣腕節處距右乳二個橫拳（圖65、66）。

腰胯向左移動，右足尖微內扣，左膝漸漸弓出，成左弓蹬步；同時，左手漸漸內旋向左平移畫弧，至左肩前手內旋使掌心翻向左前，沉肩、垂肘、坐腕，意注指尖；眼視左手

圖 65

圖 66

圖 67

中指尖（圖 67）。

　　腰胯微旋動向右移，重心落兩足，成半弓半馬之步，胸

腹中線對向正南方；同時，
兩肩關節右旋鬆沉，左手外
旋，垂肘、坐腕，意貫指
尖，左掌根向前按出，掌心
向前（南）；眼平視前方，
氣沉丹田，落胯塌腰（圖
68）。

圖68

【注意事項】：

1.兩手左右纏拿之法，
須主宰於腰脊的微微左右旋
動，胯、膝、肩、肘的協調
變換，才不是單純手上之
勁。尤須於推手中互相試驗，不能單憑練拳時的想像。其他
纏繞圓轉中的拿法和跌法，都須練拳時明白其作用，並在推
手中試驗。才能逐漸練到乘勢借力，遇巧就拿就跌，不致硬
拿硬跌，光靠拙力，失去隨屈就伸、勁圓灑脫、「因敵變化
是神奇」的理論原則。

2.足跟輕貼地面鏟出時，須立身中立，不俯仰歪斜，要
求穩而不滯，輕而不浮，顯出既沉著而又輕靈。

3.單鞭勢左手向左弧形展開時，左手轉臂向左似柔軟的
鞭子甩出，將內勁運到左掌指尖和掌根上。

4.右手不是固定不動，而是隨著重心的變換而微微擺
動。

5.腰左右轉時為鍛鍊帶脈，成勢沉氣時為鍛鍊沖脈，須
逐漸認真體會。

第七式　搬攔肘（胸向南　圖69～73）

動作一：（吸氣）重心微右移，兩胯骨微右旋；同時，兩肩骨節微右旋，右勾手外旋變拳，拳心向上；左掌變拳向右平移畫弧內旋至右乳前，拳心向下，拳眼距右乳約二橫拳；眼移視右前（圖69）。

動作二：（呼氣）重心向左移，負擔重量左足六成，右足四成；同時，左拳外旋向左（東）橫擊，拳心

圖69

圖70

圖71

第四章　陳式太極拳第二路〔炮捶〕圖解────────123

圖 72　　　　　　　　圖 73

向上，勁點在尺骨處；右拳內旋向左橫擊，拳心向下，拳眼
距左乳約二橫拳，右肘微沉，肘尖距右肋約二橫拳；眼光平
移視左前（東）方，落胯塌腰，氣沉丹田（圖70、71）。

　　動作三：（短吸氣）兩肩骨節微向左鬆旋（作為欲右先
左的蓄勁動作，以加強向右的發勁動作）。

　　動作四：（呼氣）重心向右移，仍為騎馬步，右足負擔
重量六成，左足為四成；同時，肩、胯骨節微右旋，右拳外
旋，向右（西）橫擊，勁點在尺骨處，拳心向上；左拳內旋
向右橫擊，拳心向下，拳眼距右乳約二橫拳，左肘微沉，肘
尖距左肋約二橫拳；眼光平移視右前（西）方，落胯塌腰，
氣沉丹田（圖72、73）。

　　【注意事項】：

　　1.搬攔捶為發勁動作，發勁在未到目標時，須鬆柔勿用
拙力，到達目標的一刹那，周身勁力集中於尺骨處一抖而

出。鬆柔才能動作靈活快速，落點一抖，才符合用力經濟而又集中的原則。

2.此式可和其他發勁動作一樣，抽出來單獨反覆練習，練時先求慢速度來體會周身內外的協調性和呼吸行氣的自然，以後逐漸加快速度。做到能慢能快，快慢相間，柔剛相濟。

3.圖70、72為過渡動作，移至正中時，重心落兩足。向左、向右搬攔時，兩手要前手去、後手跟，前手是即化即打，後手是支援、防護。

【說明事項】：

此式另有兩種練法。

1.橫進半腳練法。左（右）足往左（右）橫行半腳，右（左）足橫行跟上半腳，可以不震腳。如果練習震腳，要自輕逐漸加重，左（右）足橫行落地時足跟沉實著地，右（左）足緊跟輕貼地面，落點前足跟緊貼地面拖至落點處一震。上部手法等與圖解相同。

2.蓋步橫進跳躍法。右（左）足向左（右）足蓋步落於平行線上，左（右）足速向左（右）橫側跳出，能遠儘管遠，成騎馬步，當蓋步時，兩拳已平移至左（右）側，當成騎馬步時，左（右）拳始一抖發勁。橫進跳躍須在平行線上進行。可以輕身跳躍，落地無聲，也可以震腳作聲。

【技擊作用】：

左右搬攔捶內勁發自腰腿，螺旋式的弧形動作，可以即化即打對方來手，要練到著人身手一抖，痛入骨裡。如果動步套腿，同時我手沾黏彼手，我手外旋以尺骨處即化即打來手，使彼疼痛，我即手外旋以橈骨處向橫側發勁，彼前腿被

圖 74　　　　　　　　　　　圖 75

我腳套住，容易被擲跌。我手上一剎那的震動力（抖勁）越大越好。

　　搬攔捶的橫行都是踩腳面或套住對方前足的作用，是跌、打並用的方法。

第八式　　護心拳（東北　圖74～78）

　　動作一：（吸氣）重心全部移於右腿，左膝上頂，高過於臍；同時，左拳稍上提至右肩前，拳眼距右肩約二橫拳；右拳微內旋，屈肘上舉，高不過頭頂，拳心向內左；右腿站穩，膝節有力支撐，右胯根往上升，頂勁領起，使身體上升，為下一動作騰身轉體做準備；眼視右拳（圖74）。

　　動作二：（呼氣）右足蹬地躍起，隨即腰胯左轉做225°的空中轉體動作，胸向東北落地成騎馬勢，落步時先左足向東北斜方落地，右足跟著向東南斜方落地，可以落地無聲，

圖76　　　　　　　　　　圖77

也可以重實蹬地作聲；同時，隨著空中轉體，左拳外旋弧形
下落於胸窩前，沉肩垂肘，拳眼向上，拳心向內，距胸窩約
二橫拳；右拳先微外旋裡收至右耳側，拳心向耳側，相距約
一橫拳多些，垂肘，肘尖距右肋約二橫拳，隨即弧形向前下
至鎖骨前中線以拳背腕節處向前掤出，拳眼向上，拳心向
內，距鎖骨約四橫拳，左拳在下在後，右拳在上在前；當右
拳掤出時，重心稍偏於右腿，落胯塌腰，氣沉丹田；眼神關
顧兩手動作，平視前方（圖75、76）。

　　動作三：（吸氣）腰胯微左旋，重心稍左移，使重心落
兩足；同時，右拳內收下沉至胸窩前，拳心距胸窩約三橫
拳；左拳上升至鎖骨前，拳心距鎖骨中線約二橫拳；（轉為
呼氣）重心稍左移使稍微偏重於左腿；同時，右拳稍下沉內
收至胸窩前，拳心向內，相距約二橫拳；左拳從鎖骨前向前
掤出，與右拳在下內收時交叉而過，左拳心向內，距鎖骨中

線約四橫拳；眼神關顧兩拳動作，平視前方，落胯塌腰，氣沉丹田（圖77）。

動作四：（吸氣）腰胯微右旋，重心稍左移，使重心落兩足；同時，左拳內收下沉至胸窩前，拳心距胸窩約三橫拳；右拳上升至鎖骨前，拳心距鎖骨中線約二橫拳；（轉為呼氣）重心稍右移使稍微偏重於右腿；同時，左拳稍下沉內收至胸窩

圖78

前，拳心向內，相距約二橫拳；右拳鎖骨前向前掤出，與左拳在下內收時交叉而過，右拳心向內，距鎖骨中線約四個橫拳；落胯塌腰，氣沉丹田；眼神關顧兩拳動作，平視前方（圖78）。

【說明事項】：

陳家溝陳氏舊拳譜太極拳十三勢有五路，第一套無護心拳勢名，第二套第三式為護心拳，第三套第十六式為「護心拳八面玲瓏」，第四套第五式為「護心拳蓋世無雙」。長拳一百零八式第三十式為「護心拳專降快腿」。

【注意事項】：

1.縱身空中轉體動作，須保持身法中正。左右足先後落地，可輕可重，輕如貓兒縱身，落地無聲，重如打樁入地，轟然作聲。

2.護心拳為一採一掤，左右連環，可以反覆單練。掤

圖 79　　　　　　　　圖 80

出，一般手不超出足尖，此為內功拳短打拳法的特點。推手時可互相練習護心拳動作，採拿絞轉，熟能生巧，內勁與技巧同時發展。

第九式　　鳳凰展翅（東　圖79～82）

動作一：雙拿絞轉。（吸氣）先右拳變掌內旋，使掌心向左前，再外旋，使掌心向內，指上揚，勁點在小指、拇指；隨即左拳變掌內旋，使掌心向右前，再外旋，使掌心向內，指上揚，勁點在小指、拇指；絞轉時，小指內扣，拇指內合，左手在內，右手在外，交叉於胸前，腕節距兩乳中線三橫拳；重心稍左移，成騎馬步（圖79）。

動作二：絞轉雙分。（呼氣）雙掌內旋，左掌心向左前，右掌心向右前；眼仍平視前方（圖80）。

重心逐漸向左腿移，右足掌輕貼地畫弧回收；同時，雙

圖 81　　　　　　　　圖 82

手向左右分開，弧形下落至上腹兩側，掌心向外，垂肘，勿抬肘（圖81）。

雙掌繼續分開畫弧而上，手與肩平，掌心向下，手型保持拿法的小指內扣、拇指內合，沉肩垂肘；同時，右足掌畫弧收回至左足跟前側，足尖輕點地，兩足跟相距約二橫拳，成丁字步；虛領頂勁，氣沉丹田，含胸拔背，落胯塌腰；眼向東平視，耳聽身後（圖82）。

【注意事項】：

1.雙拿雙分須發展臂力、腕力、指力，身法、步法尤須注意。拿法的練指法有摔棒、抓壇。推手時彼此互餵、互拿，可提高懂勁程度，拿法自然靈巧。

2.絞轉雙分，既是拿法，須黏隨不離，又可變成邊將邊打的散打著法。例如，左手指如鋼鉤，急將脈道，掌緣急採之勁；右掌急按對方胸部。出手要柔活，要用勁恰當，著人

　　　　　　炮捶——陳式太極拳第二路

身手，震動力要大，其勁如鑽入骨內，方見功夫。

3. 此式主要作用為將對方雙手交叉反拿（反筋背骨），乘勢絞轉，黏隨不脫，為下一式反拿上托、進步進身、用膝撞擊造成有利機勢。

4. 此式變著方法亦妙。對方雙拳齊出並同時擊來，或在推手時以雙掌按我，我雙掌在上，粘其腕節，內旋

附圖 79

急向左右分敘其手，身稍後坐使對方前傾挺胸，我急進身以胸迎擊其胸，震彈使其岔氣後跌。此係前輩太極拳家近身貼靠方法之一，於此也可見太極拳是剛柔相濟的、忽柔忽剛的。古代太極拳家，練成虎背熊腰、膀闊腰圓、內氣充沛的健壯體格，故亦能以胸、肋貼靠打人。

5. 附圖79，雙拿雙分舉例，我兩手纏拿對方兩手，絞轉反拿，並以我左上臂震擊對方右肘節。

第十式　拗步斜行（東南　圖83～94）

動作一：斜引雙採。（吸氣）腰胯微右轉，兩肩骨節內旋下沉；兩手畫弧向右下採，兩掌根距兩胯前上方各約三橫拳，沉肘、坐腕，腋下可容一拳，肘不可貼肋（圖83）。

動作二：反捌進膝。（呼氣）腰胯左轉，兩肩骨節左旋；左手內旋向左上畫弧，掌心向左前，高與肩平，沉肩垂

圖 83　　　　　　　　　　圖 84

肘；右手外旋，弧形上托，掌心向上，指尖向右前（東南），沉肩垂肘；同時，左腿站穩，右膝往上頂，高過於臍，足尖自然下垂，肘尖與膝尖對齊；氣沉丹田，眼視右前（東南）（圖 84）。

【技擊作用】：

1. 兩手畫弧向下斜採，到定點時須突然一抖。

2. 將對方雙手交叉反拿往上托起，隨起右膝撞其襠部或胃部。

動作三：上拿下踩。腰胯右轉下沉（吸氣），右足尖外撇，足向右前方橫斜踩地，用意踩地不作聲或震足作聲；同時，右手微內旋畫弧下落至胸窩前中線，掌根距胸窩約四橫拳，掌心向左，四指尖向右前，保持拿法手型，隨即內旋向右下畫弧至右腹前，掌心向下，掌根距右腹側約一個半橫拳，再外旋停於右胯上側小腹前，掌心向內，掌根距小腹側

圖 85　　　　　　　　　　　圖 86

約一個半橫拳，沉肘、坐腕，意貫掌指；左手外旋隨腰胯右轉向右側水平畫弧，至面前中線，指上揚，高不過鼻，掌心向右，沉肘，肘尖距左肋約一個半橫拳，坐腕，掌根距胸窩約四橫拳；眼從左手中指尖前視，重心落右足（圖85）。

　　動作四：沉肘頂膝。（呼氣）右足站穩膝微屈；左肘沉住，勁點在尺骨處，右手掌指用意貫勁，隨即提起左膝向上頂，高過於臍，肘尖與膝尖對齊，左手中指尖與鼻尖對齊；頂勁、沉氣（圖86）。

　　【技擊作用】：

　　右手反拿對方右手，我左手尺骨處前切其臂，使其身斜，露出右腰或背部，即用左膝撞擊。

　　動作五：管臂管足。（吸氣）右腿屈膝漸漸下蹲，左足向下落，足跟輕著地；同時，左手稍向前伸，右手稍向右展。

圖 87　　　　　　　　　　圖 88

　　動作六：（呼氣）左足跟輕輕貼地面向左（東方）鏟
出，成右弓步；同時，左手沉肘前伸（南方），手與肩平，
掌心向右，坐腕，指上揚，中指尖對準鼻尖，掌根距兩乳中
線約五橫拳，肘尖距左下肋約二橫拳；右手內旋向右（西
方）伸展，沉肘坐腕，掌心向右外，指上揚；右腿落胯站
穩，左足、左手、右手同時分向三個方向（前、左、右）伸
展；頂勁、沉氣，含胸拔背，塌腰落胯，以意行氣，以氣運
身，柔和協調，節節貫串，勁貫指尖；目視前方，耳聽身後
（圖 87）。

　　動作七：左挒按掌。（吸氣）腰胯左轉，重心逐漸向左
移；同時，左手內旋畫弧向左下挒至左小腹側前，相距約一
橫拳，掌心向下；右手外旋內收至右耳側，掌心向內，指上
揚，掌根距右耳垂約一個半橫拳，肘尖距右肋約二橫拳；眼
向左前平視（圖 88）。

圖 89

圖 90

　　腰胯繼續左轉，重心移左腿，左膝弓出，成左弓蹬步；同時，左手捋至左膝之上，勁點在掌緣；右手微內旋稍向左推出，掌心向左（圖89）。

　　動作八：左提右按。（呼氣）腰胯繼續左轉至面向東；同時，左手成勾手，腕向上提至與肩平，沉肘，手尖對膝尖；右手向左微弧形推至肩前，沉肘、坐腕，勁點在掌根，意注指尖；眼視左前（東方），頂勁、沉氣，脊柱節節鬆沉，落胯塌腰，勁起腳跟，節節貫串注於右掌根（圖90、91）。

圖 91

【技擊作用】：

1.短打拳法，須步動快速，手到身到步到，上部管對方肘、肩，下部管對方足、膝，以足管足，以膝管膝。管足有單管、雙管，都屬外管，即以我左（右）足管住對方右（左）前足跟外側，使其不易抽退變動，我用擠、按勁向前發勁，或用捋勁、肘勁向右側發勁，或用敫勁向左側發勁。

圖92

2.圖87承上一動作反拿對方右手，我左手尺骨切其前臂，使對方反筋背骨走背勁，我走順勁，我得用膝撞之法，並隨即左足伸出管住對方右前足以至左後足，我腰胯前移用肩靠、肘擊（成左弓蹬步）。隨即左手下捋對方右胯根，動作螺旋，一抖勁使之倒地。加上左腕上擊對方胸窩、下頜，右手猛發一掌，使之受創跌出。

動作九：（吸氣）腰胯右轉，重心右移至騎馬步；同時，右手微內旋向右水平畫弧，掌心向外，指斜向前上，至拇指距右肩前側約六橫拳，沉肘；眼平移前視（圖92）。

腰胯繼續右轉，重心右移，成右弓蹬步；同時右臂沉肘，右手向右畫弧至右前（西方），掌心向外（西方）；眼視右前（圖93）。

動作十：（呼氣）落胯塌腰，頂勁沉氣，沉肩、垂肘、坐腕，勁貫指尖，有氣往下沉，勁往前發之意；左勾手在鬆

圖93　　　　　　　　　　圖94

肩沉肘帶動下腕節微向左後伸展；小腹充實，胸廓開闊；眼從右手中指前視（圖93）（註：上圖92為吸氣，這裡為呼氣）。

　　腰胯微微左轉向右旋，重心稍向左移成半馬半弓步；右肩骨節微左轉向右旋，肘尖微向左下沉，右手外旋，掌心由西轉向南，意貫指尖，掌根有勁往前發之意；眼視正前方，耳聽身後（圖94）。

　　【注意事項】：

　　1.動作須連貫圓活，逐漸體會內動領先，內動合外形。右手向右畫弧時，帶脈之氣自左向右行。右掌向右前貫勁時，小腹充實，帶脈和沖脈之氣有前湧之勢在領先。右掌外旋向身前（南方）貫勁前按時，腰胯的螺旋運轉，在於帶脈、沖脈之氣的貫注和領先。內動合外形的練法，須循序漸進，以鬆靜舒適為原則。此拳初練要慢，可以細心體會，逐

漸求得一動全動，增進功夫。然後求快，才能快而不亂、細緻協調。拳論所謂：「由開展而漸趨緊湊，乃可臻於縝密矣。」

2.練太極拳是在身正體鬆的前提下，內外徐徐運轉，呈現大小不等的螺旋式弧形動作。圖 93 轉至圖 94，為小圈轉關，內勁猝發，用乾脆直射的按勁。勁起腳跟，注於腰間，形於掌指。

3.圖 93、94 表示向前按勁微外旋變為向左按勁，即「小圈轉關」「陡然一轉人不曉」。在陳式稱做纏絲勁的作用之一。凡掤、捋、擠、按、採、挒、肘、靠八法八勁，都有這種纏絲勁的作用。武禹襄氏所說的「往復須有折疊」，折疊就是「小圈轉關」。應該認真的在推手時體會「陡然一轉」「折疊」的技術。

第十一式　煞腰壓肘拳（西南　圖95～97）

動作一：（吸氣）左勾手變掌，手微外旋，掌心向前，坐腕，與右掌成對稱；重心稍左移，左腿負擔六成，右腿負擔四成；同時，兩肩骨鬆沉內收，沉肘，雙手勁點在掌緣，向下內收畫弧，掌心向下，掌根各距兩小腹側約一個橫拳，坐腕，指尖微上翹；小腹微內收，內氣上升聚於胃部，胃部自

圖 95

圖96　　　　　　　　　　圖97

然隆起，胸廓自然開闊（圖95）。

　　襠部微下沉；兩肩骨節微內轉，兩肘尖微旋下沉，兩手成拳邊外旋，勁點在尺骨處，上升至兩乳前，拳心斜向內，拳根各距乳約兩橫拳（圖96）。

　　動作二：（呼氣）兩胯骨節前送，重心移右腿成弓蹬步，襠勁下沉（此動作可在原地，也可右足先上半腳，左足跟上半腳）；同時，勁點在兩拳背中指、食指根節處，兩拳外旋，右拳向右下沉，拳心向上，停於右膝上，相距約一個半橫拳；左拳往左後上擊，屈肘，拳心向左耳側；眼神關顧右拳；肩鬆沉，肘沉住，兩拳到落點時，同時一震，內勁猝發之意，亦即內勁到此貫足；頂勁、沉氣，含胸拔背，落胯塌腰，襠部開圓，膝節有力，兩足之勁，如深入地中，脊柱節節鬆沉，帶脈、沖脈之氣，似乎運至四梢（兩足、兩手尖端）（圖97）。

【注意事項】：

1. 此式涉及內動運氣，初學拳者宜先從練正確動作入手，切勿追求內動運氣。俟動作熟練後，再研究內動運氣，以自然舒適為原則，可避免出偏差。

2. 鬆柔圓轉，不用拙力，到落點時用意貫勁，叫做暗勁，一貫之後，立即鬆開。如果落點時內勁猝發，意遠、動短、勁長，周身力量集中在一點，突然爆發，叫做明勁，亦即發勁。一發之後，隨即鬆開。

3. 兩拳外旋上升，可化解對方擒我雙腕，使其五指不能配合起擒腕作用。擒腕無論單、雙手，取其拇指自然鬆。我以尺骨處向其拇指旋壓，彼自然鬆握。我隨即以拳背骨節猛擊其脈道。但應知皮膚觸覺靈敏者，對方才欲擒手時即化解黏隨還擊，不使擒住，以免遇到指如鋼鈎、按脈截脈者不易解脫。

第十二式　井欄直入（西南　圖98～103）

動作一：（吸氣）腰胯微左轉，重心移向左腿，成右丁八步（即右弓蹬步之反式）；同時，左拳變掌，內旋，掌心向右內下，下按至左肩前，掌根距肩約四橫拳，肘低於手；右拳變掌，內旋，微內收，掌心向左外下，兩手遙對有內合抱裏之意；胸腹部亦有內合抱裏之意，此即所謂「合為虛、為蓄、為吸」；兩膝亦有內扣之意（圖98）。

腰胯微左轉；左手微內旋，掌心向下，勁點在掌緣，向左側畫弧捋去；同時，右手向左上畫弧捋去，勁點在掌緣至左乳前，拇指尖距乳約三橫拳，沉肘、坐腕；眼平視身前，眼神關顧兩手移動（圖99）。

圖 98

圖 99

圖 100

圖 101

　　動作二：（呼氣）腰胯微右轉；右手內旋畫弧至右乳
前，掌根距乳約二橫拳，勁點在掌緣小指，手心向右前下；

圖102　　　　　　　　　　　　圖103

左手外旋內收至左耳側，拇指距耳約一橫拳，掌心向右前下
（圖100）。

　　腰胯繼續右轉；右手外旋，掌緣、拇指內扣向下按至胃
部前，掌根距胃部約一橫拳，掌心向內，指向左前，沉肘、
坐腕；同時，左手向前上撲出，高與頭齊，再向下沿胸前中
線下按，掌指向右前，剛下按時勁點在指尖，按至頸下時勁
點在掌根，距胸窩約二橫拳（圖101）。

　　腰胯右轉，左膝向前上提起，高過於臍，左足向右足前
（西南方）踏下，兩足距離與肩同寬，重心在左足；同時，
兩手繼續下按，右手在小腹前，掌心向內，掌根距小腹約一
橫拳；左手下按至左胯前，掌根沉住勁，距胯約一個半橫
拳；眼視左前（圖102）。

　　右腰胯微內旋後抽，左腰胯微外旋前送；右手抽至右胯
前，左手掌根螺旋往左後下一抖（圖103）。

【說明事項】：

井欄直入為戚繼光《拳經》三十二勢中之第十五式，其歌訣曰：「井欄四平直進，剪臁踢膝當頭，滾穿劈靠抹一鉤，鐵樣將軍也走。」

【技擊作用】：

右手反拿對方右手，我左手向其面部抓打，其頭必後閃，我仍拿住不放，左手勁點在掌根下按其胸部，乘勢肘擊其胸胃部。左手直下按其胯根，落點時一抖，動作螺旋，容易使對方跌倒。下部我左足上步，或踢臁，或踏膝，或踩彼前足或套住其前足。乘勢直下按胯根時，我左手尺骨處可滾切對方肘關節。又可乘勢「俯肩一靠破銅牆」。

第十三式　風掃梅花（右轉南　圖104～107）

動作一：（吸氣）腰胯右轉，面向北，右足掌外撇，左足尖內扣，右腿弓，左足蹬；同時，右肘往北擠，肘與肩平，手內旋，掌心向下，拇指尖距右乳約二橫拳；左手坐腕，勁點在掌緣，意注指尖；身正直，肩與胯垂直，落胯塌腰；眼平視前方（圖104）。

動作二：（呼氣）左足尖內扣，腰胯右後轉，右足輕貼地面，勁點在足後跟，往右後畫圓掃轉約180°，

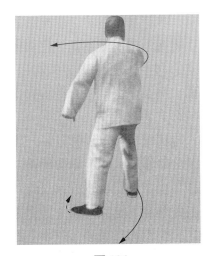

圖104

圖105   圖106

左足尖隨著再內扣，重心仍在左腿；右手隨著展開向水平線
畫弧，手與肩平，肘低於手，勁點在掌緣；眼平移視右前，
耳聽身後（圖105）。

　　腰胯繼續右轉，右足跟繼續向右後掃轉，至面向南；右
手畫弧上舉於頭右側，指與頭頂平，指尖向前，沉肩垂肘，
掌心向前，意注指尖；右足踏實，左足尖輕點地，足尖向
前；左手掌根沉住，指尖向前，兩手指尖向前有向身前中線
包合之意；頂勁、沉氣，落胯塌腰，骶部有力，尾閭正中
（尾閭骨尖對向正前方），眼平視前方（圖106）。

　　動作三：（吸氣）腰胯左轉，重心左移，左足跟稍裡收
踏下坐實，足尖向左前45°；右足跟提起，足跟微外撇，足
尖輕點地，足尖向前，與足跟對直；同時，右手下落至右胯
側，相距約二橫拳，左手上舉至頭部，兩手指尖向前，有向
身前中線包合於一點之意；坐實左腿時，轉為呼氣，頂勁、

沉氣，落胯塌腰，骶部有力，尾閭正中；眼關顧兩手移動，平視前方（圖107）。

圖107

【注意事項】：

1.轉身要圓轉，不僵不滯，右足跟貫勁向右後掃轉，要一氣呵成，不可停斷。足到定點踏實，要如釘入木，極為牢固。

2.立身中正安舒，以意行氣，以氣運身，內外、上下協調、和諧，才能旋轉自如。

3.兩手纏繞，做螺旋勢的弧形動作，要鬆柔不顯僵硬，有剛強之勁。

4.定勢時，帶脈、沖脈有氣旺湧出之意，小腹兩側有下收前合之意。兩手一上一下，在上者，勁點在腕節之上，以意行氣有向身前中線合住之意，在下者，勁點在腕節之上，以意行氣有向身前中線合住之意。此為推手時之發勁動作，須於推手實踐中仔細體驗，並糾正拳架動作。

第十四式　金剛搗碓（南　圖108～112）

動作一：（繼續呼氣）右膝稍提起，帶動足跟、足尖離地，足跟上提時稍裡收，即前伸以足尖踢出，意注拇趾尖；同時，左手向面前中線畫弧而下按，勁點在掌緣，停於胃部前，拇指距胃部約一橫拳；右手外旋，向前上中線畫弧，掌

圖 108

圖 109

心向前上，意注指尖，停於
襠前，腕節距襠部約四橫
拳；足與兩手同起同止，足
掌貼近地面踢出，意注拇趾
尖，到定點時拇趾尖點地，
意注趾尖，如釘入地；眼平
視前方，耳聽身後（圖
108）同圖 21。

　　動作二：（圖 109）同
圖 22。

　　說明參閱第三式動作
二。

圖 110

　　動作三：（圖 110）同圖 23。
　　說明參閱第三式動作三。

圖 111　　　　　　　　　　　圖 112

動作四：（圖 111）同圖 24。

說明參閱第三式動作四。

動作五：（圖 112）同圖 25。

說明參閱第三式動作五。

第十五式　披身捶（南　圖 113～125）

動作一：（吸氣）右拳變掌，兩手分向左右微內旋展開，指下垂，掌心向內（圖 113）。

兩手繼續上舉，手與肩平，指仍下垂（圖 114）。

動作二：（呼氣）腰胯微下沉；沉肩、垂肘、坐腕，掌心翻向上，指尖向外（左右兩側）；眼視右手食指（圖 115）。

動作三：（吸氣）重心移至左腿；兩手內旋，沉肘，抱合至兩肩前，手心相對，指上揚；同時，左腿稍屈膝落胯，

圖 113

圖 114

圖 115

圖 116

身下蹲，右足尖翹起，足跟輕貼地面；眼視右前（圖
116）。

圖117　　　　　　　　　　　圖118

　　左胯根微內旋，繼續下沉，身微右轉，右足輕貼地面向
右前方鏟出，足尖微上翹；同時，兩手外旋，右手推至左肩
前，掌心向左後；左手推至右肩前，掌心向右後，右手在
內，兩手交叉於胸前，右掌根距胸窩約三橫拳，沉肘，指上
揚，指尖與肩平；重心全部在左腿，右足跟虛貼地；眼平視
右前（圖117）。

　　動作四：（呼氣）腰胯微右旋，重心右移，成騎馬步；
同時，兩手微內旋，掌心向兩側外方；眼向前平視（圖
118）。

　　隨即落胯沉肘，兩手外旋抓成拳，拳心斜向內，拳眼斜
向上（圖119）。

　　動作五：（吸氣）襠勁微下沉，重心微右移；同時，右
拳內旋往右拉開至右下頜前側，拳心斜向內下，再外旋畫
圈，使拳心向右，拳面與右下頜相距約四橫拳，肘沉住；左

圖 119　　　　　　　　　　　圖 120

拳內旋，往左拉開至左下頜前側，拳心向內下，再外旋畫
圈，使拳心向右，拳面與左下頜相距約六個橫拳，肘沉住；
當右拳向右拉開時，重心稍右移，腰胯微右轉，當右拳與左
拳同時外旋，畫圈沉肘時，重心稍左移，身轉正，仍成騎馬
步；眼從左拳前視，耳聽身後（圖 120）。

　　動作六：（呼氣）腰胯微左轉，重心左移，弓左腿，蹬
右腿，成左弓蹬步，胸腹中線對向左前約 30°；同時，兩拳
外旋，右拳移至面前，高與鼻平，拳心向內；左拳向左外展
開，由外旋變內旋畫圈，高與鼻齊，拳心向內右；兩拳以等
距離左移，沉肘，遙對合住勁，落胯塌腰（圖 121）。

　　動作七：（吸氣）腰胯右轉，重心右移，成騎馬步；同
時，右拳外旋畫弧下落至胃部前，拳心向內上，相距約二橫
拳；左拳向右平移至左面前，高與鼻齊，拳心向內，拳面距
鼻約四橫拳（圖 122）。

圖 121

圖 122

動作八：（呼氣）腰胯
繼續右轉，弓右腿，蹬左
腿，成右弓蹬步，胸腹中線
對向右前 30°～45°；同時，
右拳外旋下沉至右胯前，掌
緣距胯約一個橫拳，拳心向
上，肘不貼肋，腋下容一拳
地位；左拳微外旋，向右平
移至右前，高與鼻齊，拳心
向內，拳面與鼻相距約四個
橫拳；鼻尖、左拳面、右足
尖成三尖相對，沉肩垂肘，

圖 123

襠勁下沉；眼從左拳前平視（圖 123）。

動作九：（吸氣）襠勁微下沉，腰胯微左轉；同時，右

圖 124　　　　　　　　　　圖 125

拳微內旋舉至右面前，高與鼻齊，拳心向內，拳眼向右後上
方；左拳微外旋，從右腕內側下落於右胯前，拳心向上，拳
輪距胯約一橫拳；眼微左移視右前（圖 124）。

　　動作十：（呼氣）腰胯左轉，重心左移，成騎馬步；同
時，左拳內旋左移上提至胃部前，拳心向內上，相距約二橫
拳；右拳內旋左移至右面前，高與鼻齊，拳心向內，拳面距
鼻約四橫拳（參考圖 122，兩拳動作相反）。

　　腰胯繼續左轉，重心左移，弓左腿，蹬右腿，成左弓蹬
步，胸腹中線對向左前 30°～45°；同時，左拳外旋下沉至左
胯前，拳輪距胯約一橫拳，拳心向上，肘不貼肋，腋下可容
一拳地位；右拳微外旋，向左平移至左前，高與鼻齊，拳心
向內，拳面與鼻相距約四個橫拳；鼻尖、右拳面、左足尖成
三尖相對，左肩與左胯、右肩與右胯上下對直，頭頂百會穴
與襠部會陰穴上下對拉成一條垂直線，沉肩垂肘，襠勁下

沉，腳跟之勁，節節貫串於拳；眼從右拳前平視（圖
125）。

【說明事項】：

「披身捶」在陳式太極拳套路中較多，亦名「庇身
錘」。長拳一百零八勢中有「庇身拳」，太極拳頭套十三勢
中有「庇身打一錘」，三套有「庇身」，四套有「庇身拳勢
如壓卵」，五套拳歌有「回頭庇身」，二套炮捶第五式為
「回頭庇身」。

但另一「二套捶」拳譜中無此勢名，可見陳式「炮捶」
傳習中後來才有「披身捶」一勢。陳發科老師於1928年10
月去北京授拳後，所傳「二路炮捶」拳譜第十式為「披身
捶」，但無「撇身捶」勢名。

【注意事項】：

1.雙掌抓拳時，要意注指尖，指勾攏要柔順，指尖似有
鋼鈎之意，雙手外旋絞轉。勁自腰腿發出，脊柱節節鬆沉，
氣貼脊背，沉肩垂肘，含胸拔背，手上之勁，自然柔順中有
剛勁。兩拳向左右分開對拉時，胸廓自然開張，背肌、胸肌
自然鬆沉。

2.抓拿翻腕可兩人互練，或在推手時順勢抓拿翻腕，日
久則熟能生巧，手柔活且指如鋼鈎，才有實用價值。

3.意、氣、勁在整個拳勢中同時並練，須細心體會，逐
漸配合，使能協調、和諧。

4.披身捶，又名庇身捶，兩拳上下左右纏繞轉折，襠步
左右旋轉，衛護周身，轉折擊人。對手依我何處，即從何處
轉折擊之。拿法、打法、跌法，兼施並用。

圖 126　　　　　　　　　　圖 127

第十六式　背折靠（圖 126～128）

動作一：（吸氣）腰胯微左轉約 10°，身中正不前俯；右拳稍向左前伸展，鬆肩沉肘（圖 126）。

隨即腰胯右轉，重心右移，成騎馬步，胸腹中線向南；同時，兩肩骨節右旋，右拳內旋弧形下落於左肩前，拳心向內，相距約二橫拳，肘沉住；左拳內旋微上提於左小腹側前，拳心向內下；眼平視左前（圖 127）。

動作二：（呼氣）重心繼續右移，弓右腿，蹬左腿，成右弓蹬步；同時，右肩骨節右旋，右肘尖向右後上方擠出，右拳內旋畫弧向上提至頭頂前，拳心向內下；左拳內旋，以拳面緊貼於左腰側，肘尖向左前下沉住；當右拳向右上提時，頭頂帶領右拳右移，當右拳上提至頭頂時，右肩背向右後一抖，叫做背折靠；弓足右腿，右臀外旋，右肘一擠，右

拳一領，左肘一沉，腰胯一
擰，與背折靠同時完成，等
於全身一抖；眼視左足尖，
耳聽身後（圖128）。

【說明事項】：

1. 靠勁是用肩、胯、
背、胸發勁擊人的一種抖彈
勁。靠勁來源於腰腿，以纏
絲勁（螺旋弧形動作）纏繞
運轉，節節貫串於發勁部
位，一般在貼近對方身體時
使用，黏隨不脫，乘勢進半

圖128

腳以占機勢，靠出宜快不宜慢，並須立身中正，襠步穩固。

2. 背折靠是兩人接手，或彼将我手使我前傾，我臂、肩
正貼近彼胸前，或我臂、肩進擠貼近彼胸前，我均可小圈轉
關，腰胯肩一轉，以肩背部貼身靠打彼胸部。氣向下沉，內
勁突然以抖彈勁爆發。

第十七式　七寸靠（圖 129～133）

動作一：（吸氣）身稍左移，似八字騎馬步；同時，左
拳伸至右小腹前，拳心向下，拳眼距右小腹約一橫拳；右拳
下落變掌，橫按於左前臂上；眼視左前下（圖129）。

身稍右移，右腿屈膝下蹲，右胯落下去，右膝節有力，
支撐全身重量，左胯往下沉，腰稍向左前彎；左肩、左肘往
下沉，愈低愈好，但頂勁要領起，身法要斜中寓正；左腿撲
下去，膝微屈不挺直；眼視左前下（無圖）。

圖 129　　　　　　　　　　　圖 130

　　動作二：（呼氣）兩胯根前送，重心向左移至左腿弓，右足蹬，成左弓蹬步；肩、肘在下由頭帶領向左前擠，左足前弓，肩再往上挑起；頭頂往左前斜領頂勁，身體向左前俯；眼視左前下方（圖 130）。

　　腰胯右轉，右手抓成拳，頭頂向右上轉正，身正直，襠撐圓，襠勁下沉；同時，兩拳外旋向左前上方摔去，至手與肩平，拳眼向上，兩肘微屈沉住，胸向南；眼視左前（圖 131）。

　　腰胯右轉，重心右移至成外八字騎馬步狀；兩拳以等距離向右上經頭頂面前往右下摔去至右拳在右肩前，左拳在左耳前；眼移視右前（圖 132）。

　　上一動作氣勢不停。腰胯繼續右轉，右膝前弓成右弓蹬步；兩拳外旋，乘勢摔下，右拳置右胯前，拳心向上，拳根距胯約一橫拳；左拳置右乳前，拳心向內上，相距約三橫

圖 131

圖 132

拳；襠勁下沉，沉肩垂肘，
腰和脊柱鬆沉直豎；眼視右
前（西方）（圖133）。

【說明事項】：

1.七寸靠先將身稍後移
下蹲，以化解來力。古法為
身體前俯，左肩離地七寸
許，再往前上挑起，似挑對
方小腹，轉腰胯，兩手似抓
住對方兩手，或左手挑襠，
右手抓住對方右臂，向右後
下摔去。近於摔跤法中的

圖 133

「倒口袋」。相傳楊露禪（1799～1872年）練此式時，試以
制錢置襠前地上，俯身而下，再往前抄起時，嘴能含起地上

圖 134　　　　　　　　圖 135

制錢，說明其腰腿柔軟。

2.七寸靠肩往上挑時，頂勁領先向前上擠。古代拳法，頭為拳法之一。現代陳式拳法中還保持頭為一拳之法。

第十八式　指襠勢（東南　圖 134～140）

動作一：（吸氣）腰胯微左轉，重心微左移，胸漸轉向南；同時，右拳微內旋上舉至頭右側，高與頭齊，拳心向下，下與右足尖對齊；左拳微內旋稍向右上移，拳心向內，與右肩平，相距約三橫拳（圖 134）。

腰胯繼續左轉，成騎馬步；左拳微外旋左移至胸前中線，拳心向內上，距胸約三橫拳；右拳下落內收至右耳側，拳面向內，相距約兩橫拳；眼視左前約 30°。

動作二：（呼氣）襠勁下沉；同時，左拳外旋，向左前30°以拳背擊出，沉肘，拳心向內，拳面向上；右拳下落微外

圖 136

圖 137

旋至右肩前，沉肘，拳心向內；眼平視左前 30°（圖 135）。

　　左拳背乘勢向下劈去，至拳與腋窩平，拳心向上，下與左足尖對齊，肘尖內收下沉，距左下肋約二橫拳；同時，右拳外旋下沉至胸窩前與乳平，拳心向內上，拳眼向外上，距胸窩約一個半橫拳；眼平視左前，耳聽身後（圖 136）。

　　動作三：（吸氣）腰胯微向左轉，左膝弓出，右膝內扣，襠勁下沉，成左弓蹬步；同時，左拳勁點在尺骨處，隨肘尖內收下沉，向內似刮刀向右內捲轉一刮，拳心向內上，距胸窩約三橫拳；右拳微外旋稍內收，拳心斜向內上，距胸窩一橫拳，兩拳合住勁（圖 137）。

　　動作四：（呼氣）腰胯左轉，左膝內扣；同時，右拳內旋，向襠中前方下擊，拳心向內，距襠約二橫拳；左拳弧形下沉至右小腹前側，拳輪貼住腹側；轉腰胯、扣膝、右拳下擊、左拳後抽，須一時俱到，右拳到定點，盡力一擊，一擊

圖138　　　　　　　　　圖139

圖140

之後，立即鬆開；眼視前下（圖138）。

動作五：（吸氣）腰胯右轉，重心右移；同時，右拳外旋上提至胸窩前，相距約二橫拳，拳心向內，沉肘；左拳向前上沖，高與臍平，拳心向內上（圖139）。

腰胯右轉，成騎馬步；同時，右拳下沉收至胃部右側，相距約一橫拳，拳心向內上；左拳上沖至胸窩前，拳心向內，相距約五橫拳；沉肩垂肘，肘不貼肋，頂勁領起，襠勁下沉；眼視左前（圖140）。

圖 141　　　　　　　　　　　　圖 142

【說明事項】：

1.指襠勢在戚繼光《拳經》三十二勢中是第十七式，歌訣說：「指襠勢是個丁法，他難進我好向前。踢膝滾躦上面，急回步顛短紅拳。」

2.指襠勢右拳下擊對方小腹後，螺旋上提收回，同時，左拳螺旋上沖對方胃部，這個沖擊著法叫做「滿肚痛」。

3.動作二，左拳背向前下擊去，要像皮鞭抽擊，柔順而下，落點時猛然一震，一鞭一條血痕，勁透骨內。

第十九式　撇身手（胸南、面東　圖 141～146）

動作一：（吸氣）腰胯右轉，重心右移，成右弓蹬步；同時，兩肩關節右旋，兩拳內旋向右下鬆沉至右胯前，左拳在內，右拳在外，拳心俱向內；落胯塌腰，吸氣蓄勢，眼視右前約 30°（圖 141）。

圖143　　　　　　　　圖144

　　腰胯左轉，身向正南，成騎馬步；同時，右拳外旋上提
至胸前，拳心向內上，沉肘；左拳上提至臍前，拳心向內，
相距約一橫拳；眼從右拳面前平視（圖142）。

　　腰胯微右旋；右拳內旋下落於胸窩前，拳心向內，相距
約三橫拳，與左拳上下相對，兩肘有分向左右擠出之意；氣
聚胃部，胸廓開張；眼視右前約30°（圖143）。

　　動作二：（呼氣）右拳內旋下落，左拳微外旋上提，拳
與肘平，拳心向內微向上，右拳在左拳之外，稍低於左拳，
拳心向內下（圖144）。

　　腰胯微左轉，身向正前（南）；同時，左拳外旋掤出至
胸窩前，拳心向內上；右拳內旋向右下畫弧至腰側，相距約
一橫拳；襠勁下沉，兩肩鬆沉；眼向前平視（圖145）。

　　襠勁下沉，腰胯左轉，左腿弓，右腿蹬，成左弓蹬步；
同時，左拳外旋以尺骨處向左橫擊，拳心向上，肘稍屈沉；

圖145　　　　　　　　　圖146

右拳向右下擊出，拳心向後；轉腰胯，左弓右蹬，左拳橫擊，右拳下擊，須同時發動、同時完成，頂勁、沉氣、含胸、塌腰；眼視左前（圖146）。

【說明事項】：

披身捶（庇身捶）與撇身捶作用不同之處，前者著重在「披」與「庇」，即纏繞轉折以化解來力，雙手衛護頭部、軀幹，乘勢乘隙還擊；後者著重在轉折反射發勁。訓練全身突然發出抖勁。

【注意事項】：

1.欲左先右，蓄而後發，纏繞轉折要柔順，不犯剛硬、凹凸、斷續之病，發勁一剎那之間，要周身勁集中到主攻方向。

2.此式主攻方向為左拳橫擊發勁，同時左胯一旋，右肩一轉，右拳下擊，同時發勁。發勁能健強內臟。每天單練此

圖 147   圖 148

式數十下，能提高爆發力的質量。

第二十式　斬手炮（胸北、面東　圖 147～151）

動作一：（吸氣）腰胯右轉，重心移右腿，落胯屈膝，胸腹中線對向左前約 30°，左足收回，足尖輕點地，成丁字步；同時，左拳內旋，勁點在尺骨處，向裡下畫弧挒去，拳心向內，置於左胯根前，相距約一橫拳；右拳向裡收，拳眼距胯骨約二橫掌；眼平視左前（東方）（圖 147）。

左拳向右上畫弧，至胸窩前變掌，拇指距肩約三橫拳，肘屈沉，掌心向右內下；同時，右拳上舉至右耳前，拳心向耳，肘屈沉（圖 148）。

動作二：（呼氣）左腰胯向左轉，左足跟向裡旋，踏下，足尖對向左前 45°；同時，左手外旋，掌心向上，掌根距胃部約二個半橫拳；右拳外旋內收至右耳側，拳心向內

圖 149

圖 150

右，相距約一橫拳；眼視左前（圖 149）。

　　腰胯左轉，至左前60°，左足屈膝站穩，右膝提起與臍平；同時，右拳外旋，拳心向內，至右頜前，相距約二橫拳；左拳微外旋，收至胃部前，拳心向上，掌緣與胃部相距約一橫拳；目視右前（東南）（圖150）。

圖 151

　　左足跟微外旋，下蹬地作聲（或輕落地不作聲），足尖對向左前（東南）約為60°；同時，右拳自胸前中線以拳背下擊，落於左掌內作聲，

拳輪距臍約半橫拳，與右足蹬地同時完成；頂勁領起，氣沉丹田，含胸拔背，落胯塌腰；眼平視右前（圖151）。

【注意事項】：

1.此式右旋左轉，以腰為軸，纏繞圓轉，一氣呵成。運轉時極為柔和，落點發勁時剛脆。上中下一氣把定，定勢時柔中寓剛。

2.斬手炮在長拳譜中為第二十二式，炮捶舊譜中為第七式。另一練法為右肘高舉在右頭前側，高與眉齊，右拳小指高與乳平，拳眼距乳上約一橫拳，上步肘打下，前臂中部落在左掌心中。

【技擊作用】：

1.左拳內旋以尺骨處往後捋，如以刮刀旋捲對手肌肉骨節，痛入骨內。

2.左手反拿對方左手，我手指柔活且如鋼鉤，腰左轉用膝撞擊，隨即落足踩對方足背，右拳背下擊對方腕骨或肘節。發勁剛脆，傷人骨節。故名「斬手炮」，以示爆發力之強。

第二十一式　翻花舞袖（胸東北、手東南　圖152~154）

動作一：上勢蹬腳落地，即（吸氣）右腿沉住，右胯根、右肩節微沉而旋；同時，右小腹下旋，左小腹上旋，左膝上提，左肘帶動左手上提，掌心向下，右拳向右側展開；項左轉，眼視左前（西北）上（圖152）。

動作二：左腰胯向左後翻轉，左足落地，足尖向南，右足當左足將落未落時已躍起；同時，右拳變掌向左上經頭頂

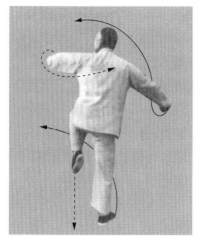

圖152

圖153

前劈；左手內旋，勁點在掌緣指尖，再外旋使掌心向內右；身向南，眼視左前（圖153）。

動作三：（呼氣）左足尖外撇，足尖向左前 45°（東北），腰左轉；右足向右前邁出，落於左足前方，可出聲，也可不出聲；同時，左手往左下採按，掌心向內右，指尖向右前，掌根距臍約一橫拳；右手從上劈

圖154

下帶挒勁，勁點在掌緣或尺骨處；右足尖向右前，與右手尖方向一致，襠勁下去，頂勁領起，沉肩、垂肘、坐腕；眼平

視右前（圖154）。

【注意事項】：

1. 向左轉身時，兩肩不可一高一低。

2. 向左翻身騰空跳躍要輕靈圓轉，練出氣勢來。手劈下要練出風聲來，這是「舞袖」含意。

3. 左足落地可以作聲，也可如靈貓縱下，落地無聲。

4. 右足落地似有踩人腳面之意，可作聲，也可不出聲。

5. 抓人腕節，或抓人衣袖，使用劈、捋兼用之法。

6. 抓劈之法，要形似虎相。古人有辮子，則一手抓住辮子，一手臂捋，可使對方頭部著地。抓人腕節，可先從前臂中段脈道抓起，乘勢沿脈道而下，指如鋼鉤，方有按脈、截脈之作用。

【說明事項】：

「長拳譜」第十二式為「翻花舞袖」。

兩儀堂本十三勢第四套用「翻花舞袖妙長虹」一勢。另有「小四套亦名紅拳」，無「翻花舞袖」勢名。末兩句為「要知此拳出何處？名為太祖下南唐」。據此，小四套即為「紅拳」，非陳式十三勢第四套。唐豪從陳省三處抄得之譜，四套下注：此名紅拳。是把紅拳作為陳式太極拳第四路。三套下則注：「此名大四套捶。」可見當時在陳家溝所傳並不一致。

第二十二式　演手紅捶（東　圖155～164）

動作一：（吸氣）左足尖裡扣，對向右前45°，左腿屈膝站穩，兩胯根右旋內收，腰右轉；右膝上提與臍平，或高過於臍；同時，右手微外旋，微向左畫弧至胸窩前抓成拳，

圖 155　　　　　　　　　　圖 156

拳心向內；左手弧形上提合於胸窩前，掌心向下，與在下之
右前臂交叉而過，再右拳內旋向右側伸展，左掌內旋，勁點
在掌緣向左側捯去，兩手到落點時用意貫勁，左掌心橫向左
前下方，右拳心向下，兩手與肩平，兩肘微屈；眼視左前
（圖155）。

　　右膝微上提裡扣；兩肘往裡收，左掌右拳合在面前兩
側，高與鼻齊（圖156）。

　　動作二：（呼氣）右足往下鬆沉蹬地，左膝即提起；同
時，右拳向左下沉；左掌向右下按，掌心向右外，指上揚，
腕節尺骨處合在右前臂橈骨之上，交叉在胸窩前，兩手交叉
點距胸窩約二橫拳，兩肘尖各距肋約一橫拳；右腿屈膝落
胯，站立穩當，含胸塌腰（圖157）。

　　左足落下，離地面約半尺許時，向左側橫伸，勁點在足
掌外緣，盡量伸展鏟出，右腿穩住，身法端正，不俯仰、不

圖 157　　　　　　　　　　圖 158

歪斜，左足落地平實踏下，重心仍落在右腿，然後兩胯根往
左送，腰左移，成騎馬步，重心落兩足間；同時，右拳勁點
在尺骨處，手微外旋，用意向襠中下沉，右拳心向內上，意
勁貫於尺骨處；左手微內旋貼住右手橈骨處下按，掌心向右
內下，指尖斜向右前上，意注指尖；雙手交叉點距小腹中線
約一橫拳，落胯塌腰，頂頸領起；眼平視左前，眼神關顧兩
手移動（圖 158）。

【技擊作用】：

1. 右手在胸前中線將來手（不論左手或右手）抓住（或
用掌緣捯）往右畫弧抖出（腰要右轉），左手向對方手臂或
胸部用急勁捯拍，動作弧形螺旋，曲中求直，向左右鞭開，
著人身手如刀砍削，震動力要強大，方能出手驚人。同時起
右膝頂撞對方身前痛處。

2. 雙手合攏，似抓拿來手脈道、關節之後，急勁一抖如

圖 159　　　　　　　圖 160

刀砍削，使人痛入骨內。

　　3.邁步出腿，大多含有剪臁、踢膝、套腳、襯腳（走中門）、點踏腳面等作用。此式出腿成騎馬步，包含剪、套、踏作用。我右手抓對方右手向右下方反拿下沉，左手下按滾切其前臂，使其疼痛而失去反抗力量，我隨用圖 149～150 向左捯旋其左肩，我向左摔腰變臉，下部套腳扣膝，使其跌出。若我左手向其面部捯去，即成為「抹眉紅」跌打之法。

　　動作三：（吸氣）右拳內旋向右上移至右腰前側，拳心向內，相距約一立拳；左手內旋向上畫弧至胸鎖骨中線前，掌心向下，再內旋向左展開至左肩前，掌心向外前，掌根距肩約六橫拳（圖 159）。

　　右拳繼續向右展開，拳眼距腰側約二橫拳；左手繼續向左外展開，掌心向左前（東），勁點在掌緣（圖 160）。

　　動作四：（呼氣）襠勁下沉，兩胯根撐開撐圓；兩肩骨

圖 161　　　　　　　　　　圖 161A

節鬆旋，右拳內旋上舉，將與肩平時，左掌、右拳面同時向前後上方展開抖發，左掌指上揚，掌心向左前（東），右拳心向下，兩手與肩平，肘微屈沉；右拳上舉時，項鬆豎右轉；眼平移視右拳前方（西），頂勁沉氣，拔背、吊襠（即肛門微緊一下）（圖 161）。

　　動作五：（吸氣）兩肩骨節內旋，兩手外旋上舉，手與肘垂直，拳心、掌心向內；眼視右拳；右足跟微提起（此時身法、眼法與圖 161 同），隨即右足跟微外扭蹬地作聲；腰胯左轉，胸腹中線對向左前約 30°，右膝微前弓，左膝微內扣；兩肘向內下沉，距兩肋前側各約兩橫拳，肘不貼肋，腋下可容一拳，同時，兩手向內面前合，至高與眉尖齊，相距各約兩橫拳；眼視左前（圖 161 A）。

　　兩肘下沉內收，肘尖距兩下肋前側各約一橫拳，兩手再經面前外旋下沉，合攏於胸窩前，左掌心向內上，指尖向右

圖 162

圖 163

前上，勁點在掌緣；右拳在內在上，與左掌相距約一橫拳，拳心斜向內左上，勁點在尺骨處；眼視左前，合為吸、為蓄（圖162）。

重心向左移，腰胯左轉，成左弓蹬步（此時作為轉東），胸腹中線向左前（東南）約 45°；兩手急向內下合攏，成吸、蓄之勢；眼視左前（圖163）。

圖 164

動作六：（吸氣）襠勁

下沉，左足踵用力蹬地，腰微向左一擰；右足尖稍向內一扣，右膝稍向內一合，勁起腳跟；同時，右拳內旋，拳輪從

左掌勞宮穴擦過，向右前約 60°抖發擊出，到定點時拳一攏，拳心向下，一抖發勁，鼻、口（微張口）吐氣發聲；左肘向後抽擊，一抖一抽，前後對拉，左掌向左下畫弧，掌指貼於左小腹前側，指尖和胸腹中線對向右前（東南）約60°，與右拳一致；眼平視右前（圖164）。

【說明事項】：

1.演手紅捶在楊、吳二式中叫做「搬攔捶」。陳式炮捶中演手紅捶向東擊出的共出現 4 次，即 22 式、45 式、57式、62 式。向西擊出的共出現 2 次，即 37 式、54 式。這表示演手紅捶是炮捶中重要的拳勢。稱做「紅捶」有兩種含意：一是「出手似紅爐出鐵，人不敢摸」。二是「出手見紅」，如炮轟，著人身要害，頓時見紅。

2.陳式二路（炮捶）中有「十五紅」，演手紅捶占有「六紅」。居於首位。學者可抽出此式單練，作為基本功之一。單練時可以竄蹦跳躍，繞場圓轉。

3.永年縣故老相傳，楊露禪自溫縣陳家溝返鄉後，初次受聘去外縣某富翁家教拳，當時陋習，拳師初去設宴時，由徒弟推選一人與老師比手，老師勝者留下，若負，則辭去。露禪初出茅廬，一伸手即用演手紅捶將一青年打倒，嘔血而死。富翁為青年料理善後，露禪亦不敢留而回。露禪吸取教訓，去北京教拳，善於勝人而不傷人。

【注意事項】：

1.演手紅捶兩手合攏，蓄而後發，有兩種練法。

（1）右拳從左掌勞宮穴擦過擊出，如圖解。

（2）右拳背下擊左掌心作聲，蓄而擊出。

右拳屈肘，拳心向內，距胸窩約四橫拳，拳背向前一

圖 165　　　　　　　　　圖 166

抖。左掌抓成拳回收，拳心向內，距胃部約二橫拳，勁點在
尺骨處，往內下一收一旋沉住。第一種練法為遠距離發勁，
第二種練法為近距離發勁。陳氏拳家認為出不如蓄，長打不
如短打。因為短打蓄勁，觸著何處，即從何處發勁。

2. 發勁為開、為呼，須勁起腳跟，注於腰間，通於脊
背，形於拳（掌、指）。

3. 蓄勁為合、為吸，周身勁力集中。混身合下力千斤，
捶去何能不見紅？不是別有妙方，只因中氣貫足。

4. 右膝右手上提時，可以縱身躍起，帶動左右足躍起，
雙足落地時可以重實作聲。練習蹦跳勇猛。

第二十三式　抹眉紅（東　圖 165、166）

動作一：（吸氣）右腰胯微左轉再右轉，重心後移，成
前三後七的左虛步；同時，右拳外旋使拳心向左內上，沉

肘，勁點在尺骨處，再內旋回收，拳心向下，距胸窩約二橫拳；左胯內旋前送，左手內旋上提至胃部前，從右前臂下向前穿擊，掌心向下，指尖向前，意注指尖，兩肘屈沉，肘不貼肋；蓄勢待發，胸腹中線對向右前（東南）約60°；眼視前方（圖165）。

動作二：（呼氣）腰胯右轉前送，重心前移，成前七後三的弓蹬步；同時，左掌內旋，指前伸，掌心向左，肘微屈不直，意注指尖；右肘往後擠出，拳眼距右乳約一橫拳，一前伸，一後擠，成對拉發勁；胸腹中線對向右前約90°（南方）；眼視前方（東方）（圖166）。

【說明事項】：

1.陳家溝舊拳譜中，十三勢有五路，都無「抹眉紅」的拳勢。長拳一百零八勢中第四十式為「抹眉紅蓋世無雙」。炮捶架子中有「回頭抹眉紅」「抹眉紅拳」兩勢。

【技擊作用】：

上步踩腳面或套住對方前足，反掌（手外旋或內旋，掌緣在上者，都叫做反掌）向對方面部眉眼插去，腰左轉，手向左捌去，用螺旋剛脆之勁，使對方倒地。須技法純熟，不傷對方眼睛。抹眉紅為跌法之一。

第二十四式　躍步拗鸞肘（東轉南　圖167～175）

動作一：（吸氣）左腰胯微向左轉，左掌指稍向左捌，胸腹中線對向右前約60°，左胯根微下沉，左腿著力，蓄勢待發（無圖）。

動作二：（呼氣）右足向前（東）躍出（能遠盡量遠），左足隨著離地緊跟前去，身左轉；同時，右拳向前擊

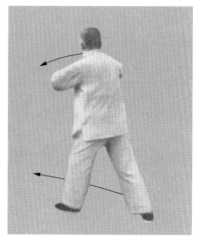

圖167　　　　　　　　　圖168

出，拳心向下；左手沉肘收至胃部前，掌心向下，指向前，
拇指距胃部約一橫拳，左肘距左下肋約一橫拳；當右足落地
時，右拳剛好落點，左足剛好跟上落地，右足實，左足虛，
成右拳前擊，左手護心護腰之勢；眼向右拳前平視（東），
胸向北，耳聽身後（圖167）。

　　動作三：腰胯左轉，左足向左前（西北）邁出，左足尖
外撇踏實，右足尖內扣，成左弓步；同時，右拳外旋向左
移，拳眼向上，右拳與右足尖上下對齊，左手隨腰左轉；眼
視右方（北方）（圖168）

　　動作四：腰胯繼續左轉，右足尖內扣對向南方，左足向
前踏下，足尖對向西南，成左弓蹬步；同時，左前臂勁點在
尺骨處向左下畫弧挒去；右拳微外旋向左挒，拳面向西；胸
向南偏西（圖169）。

　　腰胯再微左轉，右足上一腳，足跟帶拖勁震腳作聲（或

圖 169   圖 170

不作聲）；同時，左手捋至左小腹前側，掌心向下，指尖向前；右拳外旋勁點在尺骨處，向胸前捋截，肘屈沉，拳心向上；胸向正南，眼向前平視；右足拖勁作聲、左手捋至落點、右手橫截一刮，三者須一時俱到，頂勁、沉氣，落胯塌腰，耳聽身後（圖 170）。

　　動作五：（吸氣）右胯、右肩內旋後抽，右足退後半步，成右實左虛丁八步；同時，腰胯右轉，胸腹中線對向右前約 45°；右拳內旋畫弧落至臍上右腹前，拳心向內下；左手弧形向前上舉，指尖向前，稍低於右拳，手尖、鼻尖、足尖三尖對齊（圖 171）。

　　右腿坐實，落胯塌腰，左足跟提起，收回半步，足尖輕點，成丁字步；同時，左手弧形上舉，向右上方橫攔，高與胸窩齊，掌心向下，掌緣、尺骨向前，左肘與左膝對；右拳外旋往後抽至右腰肋側，拳心向上，肘尖向後擠；眼向前平

圖 171

圖 172

視（圖172）。

動作六：（呼氣）左足上半步，足尖向前，右腿坐實，左足虛踏地，成右實左虛的丁八步；同時，右胯根沉住，左手內旋，掌心翻向外，指尖向右，勁點在掌緣、小指一側（圖173）。

動作七：腰胯左轉，右胯前送，左胯微左旋，左膝弓出，成前七後三的左弓蹬步；同時，左手外旋，沉

圖 173

肘，掌心翻向內，拇指、小指合住，指尖斜向右前上（圖174）。

圖 174　　　　　　　　圖 175

　　動作八：右足前跟小半步，落點時足跟拖地作聲；同時，腰胯左轉，身向正南，左手向內合，右前臂往前平擊，臂掌合住作聲，並與右足落點作聲一致，兩足沉住，腰腿之勁，貫於手臂，發勁剛脆，發聲清脆；眼向前平視，耳聽身後（圖 175）。

　　【說明事項】：

　　1. 戚氏《拳經》第二十九式「拗鸞肘」訣曰：「拗鸞肘出步顛剁，搬下掌摘打其心，拿鷹捉兔硬開弓，手腳必須相應。」

　　2. 拗鸞肘勢名，在陳氏舊譜長拳一百零八勢中為第十三式。長拳在陳家溝失傳。乾隆年間外傳至山西，改名通背拳，所造此勢歌訣為：「拗鸞一勢最為佳，左右虛身有妙法，右拗左合彼難架，翻身肘上拗步斜。」

　　3. 在舊譜太極拳十三勢五路中，僅第五套第十一式為

「拗攔肘」，當係「拗鸞肘」。

4.躍步拗鸞肘的另一種練法是右足前躍，右拳同時前衝，左足後隨但不落地，隨即以右足跟為旋轉中軸，腰胯左轉，右足做 270° 的大轉動，落於西南角（即西南時右側 45°）成騎馬步。同時左手內旋，從胸窩前向左下畫弧至左膝前，掌心向下，指尖向左前；右拳內旋下落，以拳面貼於右腰側。然後左足前弓成左弓蹬步，腰胯左轉，身向南，左手外旋內合，右肘向前平擊，前臂合於左掌心之內，發勁作聲。沈家楨、顧留馨合著的《陳式太極拳》中即採用上述練法。

【技擊作用】：

此式有跳躍，有閃轉騰挪，有前進、後退、左顧、右盼、中定，是實戰經驗中提煉出來的拳勢練法。

1.躍步踩腳沖拳之後為後移躲閃。

2.轉身左攔右截為背後來拳，我轉身以前臂攔截，防中有攻。左採右截，下部我腿插入對方襠中前足側，轉腰採手截頸，是跌打兼用之法。

3.反拿對方左手，右肘發勁。左足套住對方前足，是肘擊跌人之法。

第二十五式　雙拿雙分（東南　圖176～179）

動作一：（吸氣）右拳變掌，左右手同時內旋翻腕，成反掌，分向左右兩側，拇指在下，各距乳約四橫拳。兩手似有採拿對方兩手之意。

動作二：（呼氣）隨即兩手外旋合攏，交叉於胸前，右手在內，左手在外，右掌根距胸窩約二橫拳，掌心俱外向兩

圖176　　　　　　　圖177

側，指尖俱斜向上，似有將對方雙手絞轉之意；兩胯根、兩肩節隨著兩手的開合而旋動；眼平視前，眼神關顧兩手的開合（圖176）。

動作三：（吸氣）兩手再同時內旋翻腕，成反掌，分向左右兩側，拇指在下，各距乳約四橫拳，兩手似有採拿對方兩手，隨著對方掙扎而再分開之意。

動作四：（呼氣）隨即兩手再外旋合攏，交叉於胸前，右手在外，左手在內，左掌根距胸窩約二橫拳，掌心俱向內，指上揚，指尖俱斜向上，似有採對方兩手加強絞轉之意；兩胯根、兩肩節隨著兩手的開合而旋動；眼平視前，眼神關顧兩手的開合（圖177）。

動作五：（吸氣）雙手再同時內旋翻腕，分向左右兩側，隨即再外旋合攏，交叉於胸前，右手在內，左手在外；同時，左足尖外撇45°，腰胯左轉，左腿站穩；右足向前

圖 178 圖 179

（西南）邁出一大步，重心右移，成騎馬步，身向東南（圖
178）。

動作六：（呼氣）襠勁下沉，兩胯撐開撐圓；兩手內
旋，沉肩垂肘，掌心翻向左右斜角，分向左右水平線畫弧如
撕絲棉，反掌，掌心橫向兩側，意注指尖；頂勁、沉氣，落
胯塌腰，含胸拔背，沉肩垂肘，兩足如釘入地，樁步穩固；
眼平視前（東南），耳聽身後（圖179）。

【說明事項】：

雙拿雙分，原有此動作，今以其動作可獨立運用，故定
名為「雙拿雙分」。含意明確，不易遺漏此動作，並可免隨
便畫弧。

【注意事項】：

此式著重拿法絞轉，須落胯塌腰，沉肩垂肘，勁起腳
跟，主宰於腰，周身節節貫串，合為整體勁，不是單純恃手

臂之勁力。尤須於推手應用熟練，隨人之動而圓轉自如，加上基本輔助功練手腕手指，使柔韌且又指如鋼鉤，腕堅如鐵鉗，才能充分發揮擒法、拿法之作用。

第二十六式　倒捲紅（三次　東北、東南、東北　圖180～191）

(一)左倒捲紅

動作一：（吸氣）兩胯根微向左旋，重心稍向左腿移動；同時，兩肩骨節微左旋，右手外旋，左手內旋，自右往左畫一小半圈，肘屈沉，兩掌心翻向左前，指上揚，意注指尖，手與肩平，兩手各下對足尖。此乃欲右先左，為下一動作做手法上纏綿的「折疊」和腰腎的左右轉換，對健身和技擊作用關係很大，學者宜仔細研究，慎勿滑過（無圖）。

腰胯右轉，重心右移，成右弓步；同時，右手外旋，向胸前中線弧形下落，隨轉腰下落至右腰前，掌心向內上，再向後，弧形上舉，高與耳齊，掌心向右耳，肘屈沉；左手外旋，勁點在尺骨處，向胸前中線橫截，掌心向上，指尖向前；眼平視前，眼神關顧手在身前移動（圖180）。

右腿站穩，左足跟提起，足尖貼地向右、向內畫半圓收至右足側，足尖輕點地，成丁字步；同時，右手微內旋收至右耳側，掌心向耳，拇指距耳約一橫拳；左手微外旋收至胸前，掌心向上，掌跟距胸窩約四橫拳，兩肘屈沉；腰微左轉，兩手和左足的動作要同起同止，動作要三合一（圖181）。

動作二：（呼氣）左胯微向左下旋，腰稍左轉，右腿落

圖180   圖181

胯站穩；同時，左肘下沉裡
收，帶回左手，掌心向內
上，掌根距胸窩約三橫拳；
右肘向前下移，帶動右手向
前下合，掌心向左前下方，
兩掌心斜對，左手在內在上
（無圖）。

圖182

　　左足尖貼地向左後退半
步（不停），腰胯左轉；同
時，兩手內旋，手心向下，
兩手交叉而過，右手勁點在
掌緣，向右前按，臂成環
形，右拇指距右乳約三橫拳；左手勁點在掌緣，向左下捋至
左腹前，與臍平，掌根距左腹約一橫拳（圖182）。

左足繼續向左後退半步，成右弓蹬步；同時，右手前按，手與肩平，掌心向下，掌緣向前，不超出右足尖，手的方向與足尖一致；左手向左下捋至左膝之上，掌心向下，指尖向前，食指尖下與膝對，兩肘微屈；右腿弓，左足蹬，前後足橫向距離與肩同寬；眼從右手中指前平視，頂勁、沉氣，含胸拔背，落胯塌腰（圖183）。

圖183

(二)右倒捲紅

動作一：（吸氣）兩胯根微向右旋，重心仍在右腿；同時，兩肩骨節微右旋，右手內旋，左手外旋，自左往右各畫一小半圈，兩掌心翻向右前，指上揚，意注指尖，右手與肩平，右手尖下對右足尖，左手在左小腹前，掌根距小腹約一橫拳。這亦是欲左先右轉小圈練習法（無圖）。

腰胯左轉，重心左移，成左弓步；同時，左手外旋，向腹前中線畫弧，隨轉腰下落於左腰前，掌心向內上，再向後，往上舉至與耳齊，掌心向左耳，肘屈沉；右手外旋，勁點在尺骨處，向胸前中線橫截，掌心向上，指尖向前；眼平視前，眼神關顧手在身前移動（圖184）。

左腿站穩，右足跟提起，足尖貼地向左、向內畫半圓收

圖184　　　　　　　　　　圖185

至左足側，足尖輕點地，成丁字步；同時，左手微內旋收至
左耳側，掌心向耳，拇指距耳約一橫拳；右手微外旋收至胸
前，掌心向上，掌根距胸窩約四橫拳，兩肘屈沉；腰微右
轉，兩手和右足的動作要同起同止，動作要三合一（圖
185）。

　　動作二：（呼氣）右胯微向右下旋，腰稍右轉，左腿落
胯站穩；同時，右肘下沉裡收，帶回右手，掌心向內上，掌
根距胸窩約三橫拳；左肘向前下移，帶動左手向前下合，掌
心向右前下方，兩掌心斜對，左手在內在上（無圖）。

　　左腿站穩，右足尖貼地向右後退半步（不停），腰胯右
轉；兩手內旋，手心向下，兩手交叉而過，左手勁點在掌
緣，向左前按，臂成環形，左拇指距左乳約三橫拳；右手勁
點在掌緣，向右下捋至右腹前，與臍平，掌根距右腹約一橫
拳（圖186）。

圖 186　　　　　　　　圖 187

　　右足繼續向右後退半步，成左弓蹬步；同時，左手前
按，手與肩平，掌心向下，掌緣向前，不超出左足尖，手的
方向與足尖一致；右手向右下捋至右膝之上，掌心向下，指
尖向前，食指尖下與膝對，兩肘微屈；左腿弓，右足蹬，前
後足橫向距離與肩同寬；眼從左手中指前平視，頂勁、沉
氣，含胸拔背，落胯塌腰（圖 187）。

(三)左倒捲紅

　　動作一：（吸氣）兩胯根微向左旋，重心仍在左腿；同
時，兩肩骨節微左旋，左手內旋，右手外旋，自右往左各畫
一小半圈，兩掌心翻向左前，指上揚，意注指尖，左手與肩
平，右手在右小腹前，掌根距小腹約一橫拳，左手尖下對左
足尖。這是欲右先左轉小圈的練法（無圖）。

　　動作二：動作過程與要求參見左倒捲紅（一）動作一

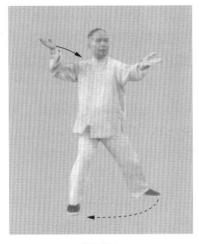

圖 188

圖 189

圖 190

圖 191

（圖 188、189）。

動作三：動作過程與要求參見左倒捲紅（一）動作二（圖 190、191）。

【說明事項】：

1.勢名「倒捲紅」，因其左右足輪流向後退行，左右手輪流倒轉圈。紅者，出手如紅鐵出爐，人不敢摸；發勁剛脆，出手見紅，故名「倒捲紅」。

2.李劍華老先生曾說陳發科老師練炮捶時，有時有「倒捲紅」。今為補入，合演手紅捶六次，抹眉紅二次，跺二紅二次，適為舊譜「十五紅」之數。

【注意事項】：

1.倒捲紅是太極拳套路中惟一連續倒退的拳勢，但不是單純的躲閃、後退，而是邊退邊攻。前手前足以螺旋勢的弧形動作後退，起到前手的挒勁、採勁是使對方手臂受牽引、震動疼痛，身向前傾不穩等作用；前足畫弧後退，是輕勾對方前足，使之倒地的作用；後手向前按勁，是向對方喉部、胸部發勁進擊的作用，後足變前足，弓膝為攻勢防禦的姿態。這是以退為進的拳勢。前輩太極拳家說：此拳進固進，退亦進。

2.練拳勢時，兩手纏繞，一手挒、採，一手橫向前按，運勁似撕絲棉。在畫弧過程中，隨時可以轉為突然發勁。不但此式如此，其他各式也都如此，這是太極拳「因敵變化」的特點。

3.此式到落點定勢時，可以發勁、震足。兩手一抖勁，後足用挫勁蹬地作聲。

4.倒捲紅另一變著用法為破敵人從後抱我身臂（附圖1）。我即轉腰，一手前沖，一肘向後擊其胸，敵人必鬆手（附圖2）。我乘勢一手撩其襠，一手抓住其一臂（附圖3）。彼被我撩襠，樁步必浮，我乘勢轉腰，一手扯，一手

附圖1

附圖2

附圖3

附圖4

挑，將彼從我肩背上向我身前摔倒（附圖4）。

圖 192　　　　　　　　　　圖 193

第二十七式　左轉肱掌（南　圖 192～196）

動作一：（吸氣）腰胯微微向左後旋轉，重心後移至左腿，成右丁八步；同時，兩肩骨節也微微向左後旋轉，兩手微向右前畫弧，即向左下畫弧採、挒，左掌在胯上左小腹前，掌心向下，指尖向前，掌根距腹一橫拳；右手掌根下與膝對，指尖向前上，掌心向前下，與右足尖方向一致；頂勁領起，落胯塌腰，沉肩垂肘，兩足支持重心為後七前三；右手尖、右足尖對向右前約 45°，胸腹中線對向左前約 45°，鼻尖、右手尖、右足尖三尖相對；眼從右手中指尖向前平視（圖 192）。

動作二：（呼氣）腰胯右轉，重心右移，右腿弓，左足蹬，成右弓蹬步，胸腹中線對向右前約 30°；同時，兩肩骨節右旋，右手內旋上提與肩平，肘屈沉，手心向右外下方

　炮捶——陳式太極拳第二路

| 圖 194 | 附圖 194 |

（採拿對方右手）；左手外旋向前上撩，掌心向前上（撩陰掌）；眼平視前方（圖193）。

　動作三：（吸氣）腰胯右轉，右足尖外撇約 45°，右腿站穩；左膝內扣，靠近右膝彎內側，左足跟提起外旋，成磨轉步；同時，右肩鬆沉，右肘下沉，右手外旋使掌心向內左下；左肩骨節右旋，手內旋，掌心向內右（無圖）。

　動作四：（呼氣）前動不停。腰胯右轉，左足向前邁出，足尖向東南，成騎馬步；同時，右手外旋，沉肘橫臂，掌心向內，距胸窩約三橫拳，指橫向左；左手內旋，掌心向內，指尖下垂，勁點在左前臂向前掤出，手勿超出足尖；腰向左前擰轉，右掌向裡收轉，左前臂向前掤轉，須同時完成，身向南；眼視左前（圖194）。

圖195　　　　　　　　　圖196

附背肘按胯跌法

【技擊作用】：

右手採拿，左手撩陰。進步按膀擠靠，柔過勁、剛落點，纏繞輕靈圓轉，黏隨不脫，我左膀反背其右肘節，左掌按其胯根，突然剛脆發勁，令人不防而跌倒受創（附圖194）。

動作五：（吸氣）腰胯微右轉，重心稍移於右腿；同時，右手內旋稍向右上提，掌心向下，沉肘，掌根距胸窩約四橫拳；左手向右上提至右腕內側，掌心向下，沉肘，肘尖距左下肋約一個半橫拳；眼視東南（左前）（無圖）。

動作六：（呼氣）腰胯左轉，重心左移，胸向南；同時，左掌內旋向左前橫掌，掌心向左下，沉肘；右手沉肘，手外旋，掌心向左前，指上揚；眼視左前（圖195）。

腰胯繼續左轉，重心左移，成左弓蹬步，胸腹中線對向

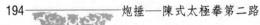

左前 45°；同時，左手內旋，掌心向左微向上畫弧捌去，高與鼻齊，意注指尖；右手外旋，跟緊左手向左橫按，掌心向左，指尖向南；沉肩垂肘，落胯塌腰；眼從左手平視左前（圖196）。

【說明事項】：

左轉肱掌是炮捶原有動作，陳發科老師因其著法可以獨立成拳勢，故定名為左轉肱掌。正如戚繼光《拳經》三十二勢的第一式為「懶扎衣」，太極拳吸收此式就分為「懶扎衣」「單鞭」為第一式、第二式。

【技擊作用】：

承上動按膀擠靠震擊對方右肘節之後，欲左先右地黏隨對方右手，我雙手向左橫擊向對方面部、肩、胸部發勁剛脆，下部早已管住對方前足，施用跌、打並用的方法。

第二十八式　右運手（前三　南　圖197～210）

右運手（一）

動作一：（吸氣）腰胯右轉，重心右移，成騎馬步，身向南；同時，右手內旋，勁點在掌緣，微向右上畫弧，至下頜前中線，掌心向下，掌根距下頜約四橫拳；左手外旋，向右、向下畫弧至臍前，掌根距臍約二橫拳，勁點在掌根，掌心橫向右前，指尖向左前，沉肩垂肘；眼平視前方（圖197）。

圖197

圖198 圖199

　　動作二：（呼氣）腰胯繼續右轉，重心右移，成右弓蹬步，胸腹中線對向右前約45°；同時，右手內旋，向右上方畫弧捯去，反掌，小指在上，指尖高不過眉，掌心向右斜角；左手外旋，勁點在掌根，向右上方按去，掌心向右上，意注掌指，高度在臍上、胃下水平線，掌根距肋約二橫拳；眼平視右前（圖198）。

　　動作三：（吸氣）右足站穩，右胯沉住；左足提起向右移，落在右足左邊，成小開立步馬襠，寬與肩齊，兩足尖對向前方，稍外撇；同時，兩肩骨節向左下旋，右手外旋，向下、向左將至右腹前，掌心向前下，指尖向前上；左手內旋，向左上畫弧至右肩前，掌心向下，掌根距右鎖骨約四橫拳；眼向右平移視右前（圖199）。

　　動作四：（呼氣）腰胯微左轉，重心落兩足；同時，左手內旋，向左微向上捯去，至左下頜前，掌心向左前下，反

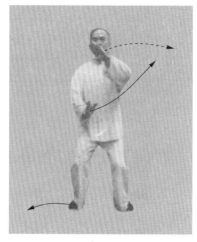

圖200　　　　　　　　圖201

掌，小指在上；右手外旋，向左橫掌按至臍前偏右，掌根距臍約一個半橫拳，掌心橫向左，指尖向右前，沉肩垂肘，落胯塌腰；眼平視前方，耳聽身後（圖200）。

　　腰胯左轉，身向左前約45°，左腿站穩，右足提起向右橫側邁出，平實踏地，左腿弓，右足蹬，成左弓蹬步；同時，左手內旋，掌心向左微向上畫弧捋去，高與鼻齊，意注指尖；右手外旋，緊跟左手向左橫按，掌心向左，指尖向南，沉肩垂肘，落胯塌腰；眼從左手平視左前（圖201）。

右運手（二）

　　動作一：動作過程與要求參見右運手（一）動作一（圖202）。

　　動作二：動作過程與要求參見右運手（一）動作二（圖203）。

圖 202

圖 203

圖 204

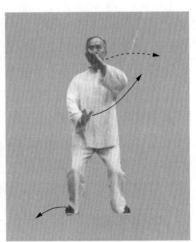

圖 205

動作三：動作過程與要求參見右運手（一）動作三（圖204）。

圖206

圖207

動作四：動作過程與要
求參見右運手（一）動作
四（圖205）。

右運手(三)

動作一：動作過程與要
求參見第二十七式左轉肱
掌的最後定勢（圖206）。

動作二：動作過程與要
求參見右運手（一）動作
一（圖207）。

圖208

動作三：動作過程與要
求參見右運手（一）動作二（圖208）。

動作四：動作過程與要求參見右運手（一）動作三、動

圖 209　　　　　　　　　　　圖 210

作四（圖 209、210）。

【說明事項】：

1.運手，象形兩手旋轉運行如雙環纏繞形狀，又叫做雲手，象形兩手來往旋轉，似雲之旋繞，變化無常。

2.右運手是向右橫行，左運手是向左橫行。

3.陳式太極拳第一路中運手，橫行是用倒插步。二路炮捶中運手，橫行是用跟步。

【注意事項】：

1.兩手轉圈要柔和，速度要均勻。以腰襠勁帶動手足徐徐運轉，熟練後再加快速度。同時，要注意上下相隨，內外相合。

2.兩腎的虛實轉換形成橫∞字形狀的腰部轉動，帶動上肢左右圓形旋轉，下肢的左右橫行，「主宰於腰」。進一步形成右手與左足、左手與右足的斜 8 字形狀，再加上頭頂百

會穴與襠部會陰穴之間的小周天圓形行氣運動，形成上下內外錯綜複雜的圓弧運動，對健身和技擊都有很大的作用。

3. 左手管左半身，右手管右半身，兩手運轉各自不超過身前中線。左手向右去，右手向左去，全憑轉腰移動身前中線，使兩手不越過中線。

【技擊作用】：

1. 如對方以兩手按我手臂，我手臂畫弧引之近我身，待其力盡，我手臂一轉便還擊。原則是「化而後打」和「但依著我何處，便從何處還擊」。

2. 彼以左順步拳打我，我雙手邊採邊捋，如刀砍斧削，勁帶螺旋，使其手臂創痛，並前傾失去平衡，我右足套住其前足，我兩手螺旋橫打其身手。是進步進身，跌打兼用之法。

3. 如彼以左拳擊我，我左手粘其前臂，彼又急起左足踢

右運手　附圖1　　　　　　右運手　附圖2

右運手　附圖3　　　　　　右運手　附圖4

我中部，此時我速腰左轉，右手抄其小腿，同時我左手黏抓其左手脈道（一變），我速起右足蹬彼右膝節，同時我右手前送，彼必跌出，而膝節受創。以腿還腿，來的凶，去的猛（右運手附圖1～3抄腿蹬膝跌法）。

　　（一變）我左手黏抓彼左手脈道，右手抄其左小腿，隨即進右足套住彼右足跟，我右膝前挺，撞其膝節，兩手前送，彼必橫跌於我身前（右運手附圖4）。

第二十九式　左高探馬（右轉　面西胸北　圖211～214）

　　動作一：（吸氣）承上圖210，動作不停。左腿站穩，右足向右前（西）邁出一大步，輕著地，足尖向西南；同時，左手外旋，掌心向右；右手內旋，掌心向下；項右轉，眼視右前（無圖）。

圖211　　　　　　　　圖212

　　動作二：（呼氣）兩胯根右旋前送，腰右轉，重心前移，成右弓蹬步；同時，右手內旋，向右上畫弧捌去，高不過眉，反掌，小指在上，掌心向右前，意注指尖；左手外旋，向右前按去，勁點在掌緣，掌心向上、向右前，意注指尖，沉肩垂肘，落胯塌腰；眼平視前（西方）（圖211）。

　　動作三：（吸氣）左足尖內扣，足尖向西南，腰胯右轉，重心移左腿；右足尖點地後移，成丁字步，身向正西；同時，右手外旋，沉肘，掌心翻向左前上，指尖向前（西）；左手內旋，掌心翻向右前下；右手在前在下，左手在後在上，兩掌心前後遙對，左掌根距胸窩約二橫拳，右掌根距胃部約六橫拳；眼視前（西）（圖212）。

　　動作四：（呼）左腿站穩，腰胯繼續右轉，身向北，右足跟貫勁向右後上方勾挑，膝高於臍，膝尖距右乳下約三橫拳，右足尖自然下垂；同時，右手內旋，掌心翻向下，從胸

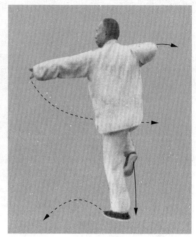

圖 213　　　　　　　　圖 214

前中線畫弧捋回，再內旋向右後捯去，肘尖後擠與肩平，右手反掌，小指在上，食指在下，距右乳約四橫拳；當右手在胸前捋回時，左手內旋，掌心向下，從右手上交叉而過，邊捋邊按，向左前（西）橫掌按出，小指在上，掌心向左前，高與胸窩平；頂勁、沉氣；眼平視左前（圖 213、214）。

【技擊作用】：

1. 高探馬拳勢，比喻馬四足高大，不易使之倒地，要用一手探按馬頭眼部，向內旋，一手托住馬下頷，向外旋，使馬頸疼痛而翻身倒地。是旋頭扭頸的跌法。

2. 我前足跟勾挑對方前足向右後挑勾，使其失去平衡而倒地。我右手採、捋、捯對方之手，左手捋按對方胸部，是跌、打兼施的方法。動作要螺旋，發勁要乾脆。

【說明事項】：

1. 戚繼光《拳經》三十二勢中第三式歌訣說：「探馬傳

自太祖，諸勢可降可變。進攻退閃弱生強，接短拳之至善。」是說明「探馬」拳勢傳自宋太祖趙匡胤，是長拳類的拳勢。

2.據陳氏兩儀堂本舊拳譜，太極拳長拳一百零八勢中第四式為「探馬拳，太祖留傳」。太極拳十三勢頭套中「高探馬勢」兩見（第二十一式、四十八式）。四套中第一式為「太祖立勢高強」，末兩句為「要知此拳出何處，名為太祖下南唐」。五套第二十五式為「高探馬」。但該舊譜中「炮捶架子」勢名中，無「高探馬」。

3.陳家溝所傳長拳一百零八勢，至陳長興（1771～1853年）時期已失傳，故楊露禪、武禹襄都未知有長拳。陳式長拳於乾隆年間由河南郭永福鏢師傳於山西洪洞賀家莊，稱做通背一百零八勢。1936年由樊一魁編印成《忠義拳圖稿本》，每勢有圖、有歌訣。以非陳式舊傳，概不引證。

第三十式　左運手（後三　北　圖215～228）

左運手㈠

動作一：（吸氣）右足落地，震足或不震足，屈膝站穩，左足提起，稍離地面；同時，兩手外旋，沉肘，兩手合在右胸前，左掌根距胸窩約二橫拳，指斜向左上，掌心向右；右手掌根距右乳約五橫拳，指斜向右前上，掌心向左；眼平視前（北）（無圖）。

動作二：（呼氣）右胯下沉，左足向左橫側邁出平實踏地，膝微屈內扣，腰胯右轉約45°，右膝弓出，成右弓蹬步；同時，右手內旋向右斜角捌去，掌心向右前，勁點在拇

圖215   圖216

指側，反掌，小指在上；左手外旋，向右斜角按去，勁點在
掌緣，掌心向上，指尖向右前；眼平視右前，沉肩垂肘，落
胯塌腰（圖215）。

　　動作三：（吸氣）兩胯根左旋，腰胯左轉，重心左移，
成騎馬步，身向北；同時，左手內旋，勁點在掌緣，微向左
上畫弧，至下頜前中線，掌心向下，掌根距下頜約四橫拳；
右手外旋，向左、向下畫弧至臍前，掌根距臍約二橫拳，勁
點在掌根，掌心橫向左前，指尖向右前，沉肩垂肘；眼平視
前方（北）（圖216）。

　　動作四：（呼氣）腰胯繼續左轉，重心左移，成左弓蹬
步，胸腹中線對左前方約45°；同時，左手內旋，向左上方
畫弧捌去，反掌，小指在上，指尖高不過眉，掌心向左斜
角；右手外旋，勁點在掌根，向左上方按去，掌心向左上，
意注掌指，高度在臍、胃之間水平線，掌根距肋約二橫拳；

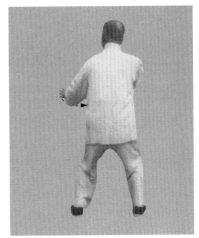

圖 217   圖 218

眼平視左前（圖217）。

　　動作五：（吸氣）左足站穩，左胯沉住；右足提起向左移，落在左足右邊，成小開立步馬襠，寬與肩齊，兩足尖對向前方稍外撇；同時，兩肩骨節向右下旋，左手外旋，向下、向右捋至左腹前，掌心向前下，指尖向前上；右手內旋，向右上畫弧至左肩前，掌心向下，掌根距左鎖骨約四橫拳；眼向左移平視左前（圖218）。

　　動作六：（呼氣）腰胯微右轉，重心落兩足；同時，右手內旋，向右微向上捌去至下頷前，掌心向右前下，反掌，小指在上；左手外旋，向右橫掌按至臍前，掌根距臍約一個半橫拳，掌心橫向右，指尖向左前，沉肩垂肘，落胯塌腰；眼平視前方，耳聽身後（圖219）。

　　腰胯右轉，身向右前約45°，右腿站穩，左足提起向左橫側邁出，平實踏地，弓右腿，蹬左足，成右弓蹬步；同

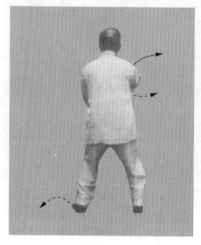

圖219　　　　　　　　　圖220

時，右手內旋，掌心向右微向上畫弧捌去，高與鼻齊，意注指尖；左手外旋，緊跟右手向右橫按，掌心向右，指尖向南，沉肩垂肘，落胯塌腰；眼從右手平視右前（圖220）。

左運手（二）

動作一：參見左運手（一）動作三（圖221）。
動作二：參見左運手（一）動作四（圖222）。
動作三：參見左運手（一）動作五（圖223）。
動作四：參見左運手（一）動作六（圖224）。

左運手（三）

動作一：參見左運手（一）動作二（圖225）。
動作二：參見左運手（一）動作三（圖226）。
動作三：參見左運手（一）動作四（圖227）。

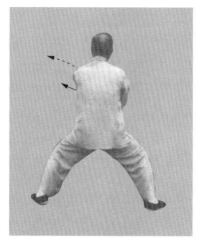

圖 221

圖 222

圖 223

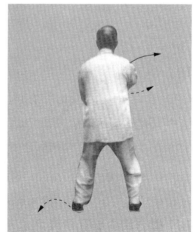

圖 224

圖 225

圖 226

圖 227

圖 228

動作四：參見左運手（一）動作五（圖 228）。

說明事項、注意事項和技擊作用，參見第二十八式「右

圖 229   圖 230

運手」。

第三十一式　雙拿雙分（西北　圖229～231）

動作一：（吸氣）右手先外旋翻腕；左手外旋翻腕，經右前臂之上交叉於胸前，掌心均向內；同時，左足尖外撇45°，腰胯左轉，左腿站穩，右足提起（圖229）。

右足向右前斜角邁出，落地踏實，腰胯右轉，重心右移，成騎馬步，身向西北；同時，兩肘下沉，兩手絞緊，左手在內，腕節對向胸窩約二橫拳；眼平視西北方（圖230）。

動作二：（呼氣）襠勁下沉；兩手內旋，分向左右水平線畫弧伸展，沉肘，坐腕，指尖與肩平，反掌，小指在上，掌心向外，意注掌指，兩虎口遙對；頂勁、沉氣，落胯塌腰；眼神關顧兩手分出，平視西北方，耳聽身後（圖231）。

圖 231　　　　　　　　　　　　圖 232

隨接沉肘、坐腕，兩掌心轉向前，指尖上揚（無圖）。

　　說明事項和注意事項參見第二十五式，圖 176～179。

第三十二式　右高探馬（胸南面西　圖 232、233）

　　動作一：（吸氣）右胯骨節右旋下沉，重心右移，右腿站穩；左足跟提起，左足尖貼地向右內畫弧至右足旁，成丁字步；同時，右手外旋，掌心向上，收至右耳側，掌心向耳，拇指距耳約一橫拳，沉肘，肘尖距右肋約二橫拳；左手外旋，掌心向上，沉肘，肘與膝對，手尖與足尖對，方向一致，肩與胯對，成肩與胯合、肘與膝合、手與足合的「外三合」，左手小指側內扣，拇指側內合，似採拿狀；眼視左前（西）（圖 232）。

　　動作二：（呼氣）腰胯左轉約180°，身向南；右腿屈膝落胯，右足尖內扣，左足尖畫弧向後勾退於右足跟旁，成

圖 233　　　　　　　　　　圖 234

左丁虛步；同時，左手隨轉腰，後收至胃部前，掌心向上，
掌緣距胃部約一橫拳，左肘尖距左肋約一橫拳，腋下可容一
立拳；右掌向前與左掌交叉而過，推向右前，掌心向前，指
上揚，高與鼻齊；頂勁、沉氣，含胸拔背；眼平視右前（圖
233）。

第三十三式　連珠炮（西　三次　圖 234～248）

連珠炮（一）

　　動作一：（吸氣）左足向後退半步，重心後移，落胯塌
腰，成騎馬步；同時，右手向左下捋，再向上而右畫一小
圈，仍回原處；左手微外旋，向右前上掤出，掌心向右乳，
拇指上揚，沉肘橫前臂；身向南，眼平視西方（圖 234）。

　　右手微外旋向左外捋，勁點在掌緣，掌心轉向南，指上

圖 235　　　　　　　　　　圖 236

揚，沉肘；左手勁點在掌背，微左上掤旋；腰胯微左旋，眼
稍向左平移前視（圖 235）。

　　兩胯骨節向左旋，腰胯左轉，重心左移，成左弓蹬步，
落胯塌腰，胸腹中線對向左前約 30°；同時，兩手向左橫側
畫弧，左手掤，右手将，左手在左耳前，掌心向耳，手背用
掤勁，拇指距耳約四橫拳；右手掌根在鎖骨中線前，相距約
四橫拳；頂勁、提氣，落胯塌腰；眼神關顧兩手移動，眼視
右前（圖 236）。

　　動作二：（呼氣）右足上半腳，兩胯骨節右旋前送，重
心右移，腰右旋約 30°，成騎馬步，身向南；同時，兩手內
旋下按於兩乳前，右掌心向左前下，左掌心向右前下，虎口
遙對，掌根各距乳約二橫拳，兩肘尖各向外擠撐；頂勁、沉
氣，落胯塌腰，含胸拔背，沉肩垂肘；眼平視右前（圖 237）
（右足上步可震足，也可不震足）。

圖 237　　　　　　　　238

　　兩胯骨節繼續前送，腰胯右轉，重心前移；右腿站穩，
左足上半步，落地時足跟用前拖勁震足作聲，或不震足作
聲；同時，雙手右前左後向右前方按出，右手做內旋，按至
定點成反掌，小指在上，手與右足尖對齊；左手亦內旋，按
至定點，掌心向前，指上揚，勁點在掌根，掌根距胃部約二
橫拳；頂勁、沉氣，落胯塌腰，胸腹中線對向右前約 45°；
眼平視右前（西）（圖 238）。

連珠炮（二）

動作一：參見連珠炮（一）動作一（圖 239～241）。

動作二：參見連珠炮（一）動作二（圖 242、243）。

連珠炮（三）

動作一：參見連珠炮（一）動作一（圖 244～246）。

圖 239

圖 240

圖 241

圖 242

圖 243　　　　　　　　　圖 244

圖 245　　　　　　　　　圖 246

第四章　陳式太極拳第二路〔炮捶〕圖解——————217

圖247　　　　　　　　　圖248

動作二：參見連珠炮（一）動作二（圖247、248）。

【說明事項】：

1.戚繼光《拳經》三十二勢中第六式歌訣說：「倒騎龍
詐輸佯走，誘追入遂我回沖，憑伊力猛硬來攻，怎當我連珠
炮動。」

2.陳氏舊譜中長拳譜第二十六、二十七式歌訣為：「倒
騎龍、連珠炮打的是猛將雄兵。」「炮捶架子」舊譜第十
三、十四式為倒騎龍、連珠炮。但太極拳十三勢五套中都無
此二式名稱。

【技擊作用】：

左手掤，右手将，身後坐，化解來力，然後前足進半腳
（或插襠占勢，或踩對方足背，或套住其前足）黏隨進右肘
還擊，乘勢兩手向其身手發勁。符合太極拳「以柔克剛」
「避實就虛，以實破虛」的原則。

連珠炮為練習發勁的拳勢之一。

連珠炮和白蛇吐芯的（二）、（三）重複動作，都可以練成後足退半步，前足再退半步；然後前足進半步，後足跟進半步。這樣可以在原地進行發勁練習，在技擊作用上也富於變化。

第三十四式　倒騎麟（西轉東　圖249～251）

動作一：（吸氣）兩胯骨節右旋，腰右轉約 45°，左胯骨節前送，身向西；同時，右手外旋內收，沉肘，肘尖距右肋一橫拳，掌心向上，指尖向前；左手外旋前伸，當左手前伸時從右手上交叉而過，勁點在掌緣，向前切出，掌心向右上，指尖前伸，左手在前，右手在後；左膝向右內扣，沉肩垂肘坐腕，以助兩手螺旋抱合之勁；眼視前方（圖249）。

動作二：（呼氣）腰胯左轉約 30°；右手微內旋前伸，指尖向前，掌心向左，意注指尖，右手指尖與右足尖一致對向前方；左手內旋，從右手上交叉而過，向裡收至右前臂中段，橫掌，掌心貼於右前臂；頂勁、沉氣，落胯塌腰，沉肩垂肘坐腕；眼平視前方（圖250）。

動作三：（吸氣）腰胯右轉至胸腹中線對向右前約45°，右足尖外撇約 45°，兩胯骨節右旋，右腿站穩；左

圖249

圖 250

圖 251

膝向右內扣，左足跟離地外旋，成磨轉步狀；同時，兩肩骨節右旋，右手內旋隨轉腰往後捋，勁點在拇指側，掌心向下，掌根距胃部約一個半橫拳，右肘尖距右肋約一橫拳；左肘隨轉腰向右前橫擠，肘尖有前頂之意，左掌心仍向下，下對右腕關節，掌根距胃部約一橫拳；小腹內收，膈肌上升，提氣至胃部，胃部自然隆起，兩肘尖前後對拉各向外擠撐，沉肩垂肘坐腕，胸廓自然開張；眼平視左前（西）（圖251）。

動作四：（呼氣）右腿落胯站穩，左膝向前上提起，高與臍平，腰胯再右轉約15°；兩肩平、鬆沉，兩肘沉住（圖252）。

左足向前上橫蹬，足掌緣、足跟貫勁，蹬出至落點時有往下踩之意；同時，左手內旋，向前橫掌捌出，勁點在拇指側，反掌、小指側在上，掌心橫向左前，手足方向一致；右

圖 252　　　　　　　　圖 253

手勁點在拇指與小指，往右後採挒，肘尖向右後擠擊，右手
掌根距右側前肋約一個半橫拳；頂勁、沉氣；眼向左前平視
（圖 253）。

【說明事項】：

1. 戚繼光《拳經》三十二勢中第六式歌訣曰：「倒騎龍
詐輸佯走，誘追入遂我回沖，憑伊力猛硬來攻，怎當我連珠
炮動。」

2. 陳氏兩儀堂本拳械譜中的長拳譜，第二十六、二十七
式為「倒騎龍、連珠炮，打的是猛將雄兵」。譜中太極拳十
三勢共五套，都無倒騎龍、連珠炮勢名。但譜中「炮捶架
子」中第十三、十四式，是倒騎龍、連珠炮。可以證明「倒
騎麟」的原名是「倒騎龍」。

3. 圖 253 拳勢之後，另有一練法。右轉身 180°，身向
東，左腳向上、向右經面前以足底橫掃，至正東面前，右手

外旋自右上向左以掌迎拍左腳底，聲響乾脆，叫做掛面腳。然後成圖254拳勢，右轉身左足高舉跨下，故叫做「倒騎龍」。

【技擊作用】：

此式纏拿法用一手反拿，一手前切，與金絲手拿法不同。左右手可以連續使用，反覆互餵實驗，可以提高拿法技巧，輕靈制人而不犯硬。在纏拿中用肘壓拿、用肘打擊，並起腿踢、踩對方膝節、膝蓋骨和蹬腰部。

第三十五式　白蛇吐芯（三次　東　圖254～262）

白蛇吐芯（一）

承上253圖。（吸氣）以右足跟為軸，身向右轉，身向東，右足尖稍外撇；同時左足向上、向右橫跨，至東提膝（完成倒騎麟勢）。

動作一：（繼續吸氣）右手隨腰右轉，手微外旋，勁點在掌緣，向右畫弧至東下沉按至胸窩前，掌心斜向左前下，指尖向手背方向彎，指尖向前，沉肩垂肘坐腕，掌根距胸窩約二橫拳，右肘距右肋約一橫拳；同時左手外旋向右畫弧至東，掌心向右，指上揚，高與鼻齊，坐腕，掌根距鎖骨中線約五橫拳，左肘距左肋一橫拳；右腿落胯站穩，頂勁領起；眼從食指尖前平視（圖254）。

動作二：（呼氣）腰胯右轉約30°，左足向前大步邁出落下；同時，左手內旋往下按，掌心斜向右前下；右手外旋，掌心向內上，指尖向前上，伸於左肘彎裡側，兩手俱管住胸前中線；眼平視前方（圖255）。

圖 254

圖 255

腰胯左轉約 30°，身向東，重心移左腿，右足上半步，稍離地面前邁，落地時右足跟用拖勁蹬地作聲，或落地無聲；同時，左手下沉畫弧用按、採勁落於左胯前側之上，掌心向下，指尖向前，掌根下距胯根約一橫拳；右手向前上掤出，意注指尖，掌心向內，指尖高與下頜齊，相距約四橫拳，沉肘，肘尖距肋約一橫拳，右

圖 256

前臂伸出時含掤勁；頂勁、沉氣，含胸拔背，落胯塌腰；眼平視前方，耳聽身後（圖 256）。

圖257　　　　　　　　圖258

白蛇吐芯（二）

動作一：（吸氣）腰胯右轉約 30°，身向右前約 30°，重心移於右腿，左膝稍提起，足尖自然下垂；同時，右手內旋，掌心向下；左手上提至與肩平，掌心斜向右前（無圖）。

左膝上頂，足尖對向正前，腰左轉約 30°，身向東；同時，右手下沉按至胸前，掌心斜向左前下，指尖向前，掌根距胸窩約二橫拳，右肘距右肋約一橫拳；左手向右上橫推，掌心向右，指上揚，高與鼻齊，掌根距鎖骨中線約五橫拳，左肘距左肋約一橫拳；眼從食指尖前平視（圖257）。

動作二：參見白蛇吐芯（一）動作二（圖258、259）。

白蛇吐芯（三）

動作一：參見白蛇吐芯（一）動作一（圖260）。

圖 259

圖 260

圖 261

圖 262

動作二：參見白蛇吐芯（一）動作二（圖 261、262）。

【說明事項】：

在陳氏兩儀堂本舊拳譜中，太極拳七個套路（太極拳五路、長拳一路、炮捶一路）都沒有白蛇吐芯勢名。陳發科老師初去北京教授陳式太極拳時，炮捶中也沒有這個勢名，顯然是陳老師後來加進去的。

【注意事項】：

1. 動作一，右手按，左手推，稍有先後之分，但都須管住中線，沾黏不脫，方能管住來手。

2. 動作二，左足上半步與左手橫按動作要一致，右手前掤與右足跟半步要一致。上下相隨，節節貫串，使勁起於腳跟，形於手指。

3. 此式練時要象形蛇之纏繞，柔活而氣勢逼人。身法有起伏，側身化解，前足進半步時身法要低，後足跟半步、後手前掤時身法要高，但兩肩須平齊，不可一高一低。

【技擊作用】：

白蛇吐芯和連珠炮都是連續進攻的拳勢。動作快而猛，極柔順又極剛猛，足踩中門而進，搭手如鋼鉤，發手如鋼銼，勇往直前，敏捷如蛇之吐舌，猛烈如炮之轟炸。

第三十六式　閃通背（右轉退右足　西　圖263～265）

動作一：（吸氣）腰胯右轉；右手內旋向右上畫弧，掌心向南，舉於頭右前側，掌根距頭約四橫拳。

動作二：（呼氣）在腰右轉同時，左足上半步橫踏，右足尖外撇，兩足站在平行線上，落胯塌腰，成騎馬步；同時，左掌力點在掌根外側，往左胯外側一挒；右手配合向右上一採，成右上、左下對拉式；眼視左前下（圖263）。

───────炮捶—陳式太極拳第二路

圖 263　　　　　　　圖 264

　　動作三：（吸氣）腰胯右轉，左足尖內扣，重心移左
腿，胸腹中線對向右前約 45°，右足跟貫勁輕貼地向內畫弧
收到左踝內側，相距約二橫拳；同時，右手外旋向右前採
下，手與肩平，肘屈沉；左手向左上畫弧，舉至左耳側，掌
心向右前，拇指距耳約一橫拳，指上揚，肘屈沉；眼移視右
前（圖 264）。

　　動作四：（呼氣）右足繼續向右後畫弧一大步，落點時
用拖勁震足作聲或用意貫勁於足跟足掌，落地無聲，落胯塌
腰，成前三後七的左丁八步；左胯與右胯同時沉住，胸腹中
線對向右前約 45°；同時，右手向右下畫弧採按，掌根沉住，
掌心向下，指尖向前，掌根距右小腹前側約一橫拳；左手勁
點在掌根，向前下按切，沉肘坐腕，掌心向下，指尖向前，
掌根距左小腹前側約四橫拳；前後足的橫向距離約與肩同
寬；眼平視前（圖 265）。

【說明事項】：

1.陳氏兩儀堂本拳械譜中，長拳有「回頭閃通背」，頭套有「閃通背」，二套有「通背」。

2.炮捶中原來沒有「閃通背」。陳發科老師所傳有三個「海底翻花」，餘將「白蛇吐芯」後之「海底翻花」改為「閃通背」，以豐富炮捶之拿、跌方法。

圖265

【注意事項】：

1.動作一、二為擰腰變臉，猛按對方胯根之跌法，動作須柔活，身、手、步要協調，一時俱到。

2.動作三、四轉身要柔活圓轉、不僵不滯，左腿支撐要穩固，兩肩鬆沉，但不可有高低。在腰襠勁的主宰下，右足落點與右左手的採按要一時俱到。

3.動作輕靈而不飄浮，沉著而不僵滯。看似極柔，其實極剛。看似極剛，其實極柔。行氣運勁，達於四梢（即兩手尖、兩足尖）。

【技擊作用】：

1.動作一、二為插襠按胯跌法，須動作螺旋，猝然發勁，動短勁長，方能伸手見跌。

2.動作三、四為「閃通背」拿摔之法，近似摔跤中之倒口袋摔跌法。「閃通背」擒拿摔跌法，進步插襠，拿住對方手腕，肩挑其肘節，臀一蹶，身一俯，兩手下摔，使對方從

我背上摔跌下去。古法實戰中，這一背摔將對方腕節、肘節、肩節都折裂，這是決死生於俄頃的技法，不可輕用。今天宜採用摔跤中「倒口袋」法，以摔人而不傷殘對方肢體為原則。

第三十七式　演手紅捶（西　圖266～275）

　　與第二十二式演手紅捶動作相同，惟方向相反。第二十二式方向為東，此式方向為西。動作說明相同，但說明中「東」應讀作西，「東南」應讀作西北，故不另寫。

　　（圖266～275）同圖155～164。惟方向相反，故背向南（讀者）。以下九圖均背向南（讀者），不另註明。

圖266

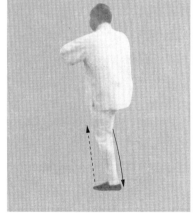

圖267

圖 268

圖 269

圖 270

圖 271

圖 272

圖 273

圖 274

圖 275

第四章　陳式太極拳第二路〔炮捶〕圖解—————231

圖 276　　　　　　　　　　圖 277

第三十八式　轉身六合（北　圖276～280）

動作一：（吸氣）承演手紅捶右拳向西擊出，腰胯右轉，重心漸漸向右移，身向左前約45°；同時，右拳外旋畫弧收至左肩前，拳心向內，相距約二橫拳；左手變拳，內旋下伸於襠前，拳心向內，距襠約一橫拳；眼視左前（圖276）。

腰胯繼續右轉，重心右移約為左六右四，落胯塌腰；同時，右拳下沉於左拳手腕之上，兩手腕骨處交叉，拳心向內，左拳向右下，右拳向左下；眼向左平移前視（圖277）。

動作二：（呼氣）腰胯繼續右轉，重心右移，右足尖外撇，左足尖內扣，成騎馬步；同時，兩拳勁點在拳背，拳眼向上，向左右分開；眼平視前方，耳聽身後（圖278）。

動作三：（吸氣）以左足跟為軸，腰胯右轉180°，身向

圖 278

圖 279

南，右膝乘勢提起，高於臍，左足獨立站穩；同時，兩拳隨轉身向內合抱交叉於臍前，相距約一橫拳，拳心向內上，左拳在內在上；眼平視前方（圖279）。

動作四：（呼氣）右足向左足旁下蹬，獨立站穩，左膝上提，高於臍；頂勁、沉氣；眼平視前方，耳聽身後（圖280）。

圖 280

【說明事項】：

六合指內三合、外三合。內三合是心與意合、意與氣合、氣與力合；外三合是肩與胯合、肘與膝合、手與足合。

是內外並練、身手端正的意思。轉身六合這個拳勢，著重在行氣運勁，樁步穩固。

【注意事項】：

由弓蹬步變騎馬步，注意腰襠的變換，與呼吸行氣協調。兩拳分開時，襠勁下沉，樁步穩固，帶脈、沖脈有充盈勃發之感覺。獨立有不可搖撼之氣勢。

第三十九式　左裹鞭炮（南　二次　圖281～286）

動作一：（吸氣）右腿屈膝下蹲，左足落下稍離地面，向左側橫伸，落地不踏實，重心仍落右腿；當左足落下時，左肘和左拳即向左微展，右肘和右拳同時向右微展，沉肘，兩拳拳面相對，相距一橫拳，兩拳拳眼向上，拳距臍上兩側各約一橫拳；眼平移左視，眼神關顧左拳外展（無圖）。

兩胯根左旋向左前送，重心向左移，成騎馬步；兩拳內旋向內合攏交叉於臍前，但左拳改為在下在外；眼平移視正前方（南），是為合、為蓄、為吸（圖281）。

動作二：（呼氣）襠勁下沉，兩足蹬地似下沉入地；兩拳外旋分向兩側上舉至乳前，拳心向內，各距乳約二橫拳，沉肘坐腕，即分向兩側以拳背橫擊，拳眼向上，肘微屈沉；頂勁、沉氣，含胸拔背，落胯塌腰；眼向左平移視左前，是為開、為發、為呼（圖282）。

動作三：（吸氣）重心移至左腿，兩胯根內收，右足提起，經左膝蓋前，落於左足之左側，可以震足蹬地作聲，也可以落地無聲；同時，兩拳向內合攏交叉於胃部前，拳心向內，左拳在下在外，右拳在上在內，拳眼距胃部約一個半橫拳；眼視左前（圖283、284）。

圖281

圖282

圖283

圖284

當右足剛落地，左足隨即向左前伸出踏下，重心左移，
成騎馬步；兩拳內旋交叉下沉於臍前；眼向前平視（圖

圖 285　　　　　　　　圖 286

285）。

　　動作四：（呼氣）襠勁下沉，兩足蹬地似下沉入地；兩拳外旋分向兩側上舉至乳前，拳心向內，各距乳約二橫拳，沉肘坐腕，即分向兩側以拳背橫擊，拳眼向上，肘微屈沉；頂勁、沉氣，含胸拔背，落胯塌腰；眼向左平移視左前，是為開、為發、為呼（圖 286）。

　　【說明事項】：

　　裹鞭炮勢名的含意是，發勁前先要蓄勢裹緊，發勁如鞭子甩出柔順快速，落點一剎那又像炮彈猛烈爆炸。左右裹鞭炮是陳式太極拳練習發勁的勢法之一。據沈家楨同學語我：20 年代初，他在北京，曾請楊澄甫老師到家中教楊式太極拳，動作舒展、柔和、均勻，但教的發勁式子很猛烈，不似楊式風格。後陳發科老師到北京教陳式太極拳，又請陳老師到家中教拳，學到炮捶後，才明白楊氏所教發勁動作，是從

炮捶中抽出來的單練方法。

【注意事項】：

1.左裹鞭炮動作一、二，右腿屈膝下蹲要求做到胯與膝平，身體正直，不犯俯仰歪斜之病。左足橫伸要柔順輕靈，邁步如貓行。蓄勢吸氣裹緊，身體不顯蜷縮，全身大小骨節隨吸氣而一齊緊縮，所謂「百骸筋骨一齊收」，身形仍端正，顯得凜然不可侵犯，這是太極拳行氣蓄勢方法。發勁動作，勁起腳跟，注於腰間，形於兩拳，落點時一抖鞭開，如炮彈爆炸。

2.動作三、四，右足向左蓋步，左足向左跳出，能遠儘管遠，此係竄蹦跳躍動作，須如貓竄之輕靈迅速，虎撲之威武勇猛，方顯剛柔相濟，虛實互換之妙用。

【技擊作用】：

我左手尺骨處粘著來手即一捲如刀刮斧削，出手即使對方一驚，手痛步搖。我迅即橫身進左足套住其前足，左拳向左橫擊其身，使之受創倒地。全憑在平日推手時多做發勁實驗，日久自能隨手而發，一哼一哈，勝負立判。

第四十式 右裹鞭炮（北 二次 圖287～293）

動作一：（吸氣）右足尖內扣，重心移右腿，以右足跟為軸，腰胯向左轉；左足跟用意貫勁，向左後畫弧掃轉半圈（180°），身轉向北，仍為騎馬步；同時，兩拳隨轉體逐漸合攏交叉抱合於胃部前並內旋下沉於臍前，右拳在下在外，左拳在內在上，掌根距臍約一橫拳，肘不貼肋；眼平視正前（圖287、288）（圖288可參考圖281正面圖）。

動作二：（呼氣）襠勁下沉，兩足蹬地似下沉入地；兩

圖 287　　　　　　　　　　圖 288

拳外旋分向兩側上舉至乳前，拳心向內，各距乳約二橫拳，沉肘坐腕，即分向兩側以拳背橫擊，拳眼向上，肘微屈沉；頂勁、沉氣，含胸拔背，落胯塌腰；眼向右平移視右前（圖289）（可參考圖282正面圖，動作相同，惟方向相反）。

　　動作三：（呼氣）重心移至右腿，兩胯根內收，左足提起，經右膝蓋前，落於右足右側，可以震足蹬地作聲，也可以落地無聲；同時，兩拳向內合攏交叉於胃部前，拳心向內，右拳在下在外，左拳在上在內，掌根距胃部約一個半橫拳；眼視右前（圖290、291）（可參考圖283、284正面圖，動作相同，惟方向相反）。

　　當左足剛落地，右足隨即向右前伸出踏下，重心右移，成騎馬步；兩拳內旋交叉下沉於臍前；眼向前平視（圖292）（可參考圖281正面圖）。

　　動作四：（呼氣）襠勁下沉，兩足蹬地似下沉入地；兩

圖 289

圖 290

圖 291

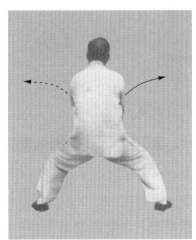

圖 292

拳外旋分向兩側上舉至乳前，拳心向內，各距乳約二橫拳，
沉肘坐腕，即分向兩側以拳背橫擊，拳眼向上，肘微屈沉；

| 圖 293 | 圖 294 |

頂勁、沉氣，含胸拔背，落胯塌腰；眼向右平移視右前，眼神關顧右拳橫擊（圖 293）（可參考圖 282 正面圖，惟方向相反）。

說明事項、注意事項和技擊作用，均可參考第三十九式左裹鞭炮。

第四十一式　獸頭勢（東　圖 294～298）

動作一：（吸氣）左足內扣，兩胯根內旋，腰胯右轉，重心後移於左腿，胸腹中線對向東北（左前 45°），右足跟稍提起，足尖輕貼地向內、向後畫弧半步；同時，右拳外旋，勁點在尺骨處，微向左畫弧，收至胸前中線，高與鎖骨齊，沉肘，拳心斜向內左；左拳內旋向下、向內收至左腰外側，拳心向後，拳眼距腰約一橫拳，再外旋而上至胸窩前中線掤住，拳心向內，相距約二橫拳，右拳心與左拳背相距約

圖 295　　　　　　　　　圖 296

二橫拳；眼平視前方（圖 294）。

　　腰胯繼續右轉，右足收至左足跟側，足尖輕貼地，與左足相距約一橫拳；同時，右拳內收至胸窩前，拳心向內，相距約二橫拳；左拳向前上掤出，高與鎖骨齊，相距約三橫拳；身向正東，眼平視前方，眼神關顧右拳移動，左拳掤出（圖 295）。

　　動作二：（呼氣）腰胯繼續右轉，右足繼續往後偏右退半步，踏實，重心移於右腿，胸腹中線對向東南（右前 45°）；左足跟提起，足尖輕點地；同時，右拳繼續內收，距胸窩約一橫拳；左拳繼續向前掤出，與鎖骨相距約五橫拳，意注拳背；頂勁、沉氣，含胸拔背，落胯塌腰；眼平視正前方（東）（圖 296）。

　　動作三：（吸氣）右腿站穩，兩胯根內旋，腰胯左轉，左足輕貼地往後退半步至右足跟側，兩足跟相距約一橫拳，

圖297　　　　　　　　　　　圖298

身向東；同時，左拳外旋，勁點在尺骨處，往內下收至胸窩
前沉住，拳心向內上，相距約二橫拳；右拳微外旋向前上掤
出，高與鎖骨齊，拳心向內，相距約三橫拳；眼平視正前
方，眼神關顧兩拳移動（圖297）。

　　動作四：（呼氣）腰胯繼續左轉，左足繼續後退半步，
踏實，重心移於左腿；右足跟提起，右足尖輕點地，胸腹中
線對向東北（左前45°）；同時，左拳繼續內收，拳心向
內，距胸窩約一橫拳；右拳繼續前掤，拳心向內，與鎖骨相
距約五橫拳，意注拳背；頂勁、沉氣，含胸拔背，落胯塌
腰；眼平視正前方（圖298）。

　　【說明事項】：

　　1.《紀效新書・拳經》第十八式為「獸頭勢」，訣曰：
「獸頭勢如牌挨進，憑快腳遇我慌忙，低驚高取他難防，接
短披紅沖上。」陳氏兩儀堂本「長拳譜」第七式為「獸頭勢

如牌挨進」；「炮捶架子」第十七式為「獸頭勢」。太極拳十三勢五套中，都沒有「獸頭勢」。

但《拳經》和「長拳譜」都作「獸頭勢如牌挨進」，動作是前進的，今炮捶內此式動作是後退的，有可能是陳氏後人臆改。因不讀戚氏《拳經》而臆改勢名、拳勢者不獨陳氏太極拳如此，某些著名拳種也有此現象。余當二十多歲時在上海精武體育會學吳式太極拳，有寄寓該會的四川人林濟群，精松溪派內家拳，余與同學吳雲倬與林君談拳技甚歡洽，遂教余二人拳、劍、槍、棍。林君拳法勢勢相承，勢名多與《拳經》同，但林君雖識文字，而不知有戚氏《拳經》，余遂購贈一部。內家拳授拳擇人甚嚴，故不絕如縷。四川南充人王維慎君，得內家拳真傳，年逾花甲，今在上海，罕有知其精技擊者，余願其將內家拳法整理公布，使流傳六百年許之古拳法不致失傳耳。

2.獸頭勢含意面容怪模怪樣似凶獸形狀，使人望而生畏。

【注意事項】：

1.兩拳回護胸部，不離中線，邊化邊打，邊退邊攻。動作要圓轉柔和，上下協調，內外相合。

2.以意行氣，以氣運身，勁起於腳跟，貫於兩手。短打拳法，著重在近身發勁，落點時，落胯塌腰，沉肩垂肘，突然一抖。忌手伸直。

【技擊作用】：

對方沖打勇猛，我兩手管住中線，邊退邊打，邊化邊打。也可一手抓拿其手腕，扭轉反拿，另一手擊其肘節。打法與拿法結合使用。

圖 299　　　　　　　　　圖 300

第四十二式　迎門鐵扇（東　圖 299、300）

動作一：（吸氣）兩胯根右旋，腰右轉，身向正面
（東）；同時，兩肩骨節右旋，兩拳變掌，右手內旋，沿中
線往下捋，落於胸窩前，掌心斜向下，指尖向左前，掌根距
胸窩約三橫拳；左手外旋，向前上伸於右手背之上，掌心斜
向內，指尖向右前，掌根距胸窩上約二橫拳；眼平視前（無
圖）。

動作二：（呼氣）腰胯繼續右轉，身向右前約 45°；同
時，右手繼續內收下沉，掌心向下，指尖向左前，拇指根距
胃部約一橫拳；左手繼續向前上掤出，掌心向內，指上揚，
意注手背、四指，高與眉心齊，掌根距下頜約五橫拳；眼平
視前（圖 299）。

動作三：（吸氣）兩胯根左旋，腰左轉，身向正面

（東）；同時，兩肩骨節左旋，左手內旋，沿中線往下捋，落於胸窩前，掌心斜向下，指尖向右前，掌根距胸窩約三橫拳；右手外旋，向前上伸於左手背之上，掌心斜向內，指尖向左前，掌根距胸窩上約二橫拳；眼平視前（無圖）。

動作四：（呼氣）腰胯繼續左轉，身向左前約45°；同時，左手繼續內收下沉，掌心向下，指尖向右前，拇指根距胃部約一橫拳；右手繼續向前上掤出，掌心向內，指上揚，意注手背、四指，高與眉心齊，掌根距下頜約五橫拳；眼平視前（圖300）。

【說明事項】：

迎門鐵扇動作原屬於獸頭勢內，因其動作技法以掌背擊對方面部，可以獨立成勢，不易遺漏，故定名為迎門鐵扇。原來僅為左手背擊面，今加右手背擊面，使此式連環應用，動作對稱，也便於連接下勢「劈架子」。

【注意事項】：

兩手回環，不離中線，要三尖相對（手尖、足尖、鼻尖對齊）。兩手一收一放要同起同止，並與腰胯轉動相互協調。動作熟練後，還須注意呼吸與動作協調，行氣運勁與呼吸、動作協調，最後達到「內外相合」「無內無外，融為一體」。

第四十三式　劈架子（東　圖301～307）

動作一：（吸氣）腰胯左轉，胸腹中線對向左前約60°；同時，右手內旋，向下捋至臍前，經左腹側轉為外旋，向上捋至左肩前，掌心斜向左後下，指尖向左上，掌根距左乳約二橫拳；左手下捋至左胯前，畫弧上舉至耳後外側，掌

圖 301　　　　　　　　　　　　圖 302

心向前，指上揚，指尖距左耳尖約五橫拳（圖 301）。

　　右膝向中線提起，高與臍平，腰胯右轉，身向正前方；兩手隨轉腰，右手抔至胸前中線，掌心斜向左下；左手前按至下頷前，指上揚，掌心向右前，食指尖距下頷約五橫拳；眼平視正前方（圖 302）。

　　動作二：（呼氣）右胯根外旋，腰右轉，右足尖外撇 45°，向前踏下，足跟與左足跟站在一條線上，相距約三橫拳，屈膝，重心移於右腿；左足跟離地外撇，左腿屈膝，足掌輕著地，足尖對正前方，膝尖貼於右膝節彎內，成半坐盤步，身向右前約 45°；同時，兩肩骨節右旋，左手向前下中線按，指尖向前，掌心向前下，沉肘坐腕；右手向中線往下抔按收至上腹部（臍上一橫拳），掌心向下，指尖向前；眼視正前方，眼神關顧兩手抔按（圖 303）。

　　左膝上提，高過於臍，足尖向前；同時，左手外旋，勁

圖 303　　　　　　　　　圖 304

點在尺骨處，往下捋劈，距襠約二橫拳，掌心向右，指尖向前；右手外旋，勁點在橈骨處，向前上挑至左肩前，掌心向內，指上揚，拇指根距左乳約一個半橫拳；頂勁、沉氣，含胸拔背，落胯塌腰，沉肩垂肘，屈膝裹襠；眼平視前方，眼神關顧兩手移動（圖304）。

　　動作三：（吸氣）右胯根稍落下，左足稍落下，足尖向前，勁點在足尖，向前邁出一步，足跟輕著地，膝微屈；同時，右手稍下沉，左手稍前伸，有進步蓄勢待發之勢；眼仍平視前方（圖305）。

　　動作四：（呼氣）兩胯根前送，腰微右轉，重心前移，弓左腿，蹬右足，成左弓蹬步，身軀前移時，勁點在左肩頭，身向正南；同時，右手上移仍在左肩頭前；左手後移，仍在襠前（圖306）。

　　襠勁下沉，左手從襠中向前上掤挑，手心向右，指尖向

圖305

圖306

前，手與肩平，肘節微屈，
意注指尖；同時右手從左肩
前向下、向後畫弧採按，於
右胯外側，掌根沉住，掌心
向下，食指尖向前，掌根距
右胯骨約二橫拳；眼平視前
方（圖307）。

【說明事項】：

戚氏《拳經》三十二勢
第十一式為「拋架子」，訣
曰：「拋架子搶步披掛，補
上腿哪怕他識，右橫右採快
如飛，架一掌不知天地。」

陳氏兩儀堂本《拳經總歌》（陳氏文修堂本下有「一百

圖307

零八勢」副題，兩儀堂本無此副題）第十式為「拋架子短打休延」。唐豪從陳家溝陳省三處抄得之「長拳譜」，第十式為「拋架子短當休延」。查「短當休延」見戚氏《拳經》第二十五式雀地龍，有「沖來短當休延」句。

兩儀堂本有「二套炮捶」，勢名中「獸頭勢」下有「劈架子」，另有「二套捶」，勢名中「獸頭勢」下有「劈架子」。

陳發科老師所傳「炮捶」，「獸頭勢」下亦為「劈架子」，其動作與戚氏《拳經》中「拋架子」動作近似。

陳氏所傳「炮捶」中「劈架子」勢名，似應改稱為「拋架子」。至於乾隆年間傳至山西洪洞的一百零八勢（改稱通背拳）其第十圖作「拋架子當頭按下」，勢名與戚氏《拳經》同，但動作作用與《拳經》訣語不同。足證傳久而誤。

【注意事項】：

1.此勢手、腿、肩、身並用，動作須連貫圓活，起、轉、落、翻分明。兩手纏繞，不離中線。移步進身，一足須落胯屈膝，身法低而正，方能兩手披掛得勁，採劈得勢；膝撞、足踢、肩靠，輕捷勇猛如意。

2.要訣云：「發步進入須進身，身手齊到是為真。」步進須手管住而後進；手進須步進而發用。手足俱進而身不進則摧迫不靈，身手足一時俱到始可言發用。

【技擊作用】：

粘手即進身披、掛、採、劈，進膝撞腹，發腳踢臁、踩腿、靠胸，挑打擲跌。

圖 308 　　　　　　　　　　圖 309

第四十四式　翻花舞袖（東　圖308～311）

動作一：（吸氣）兩胯右旋往後抽，重心移於右腿，左足尖輕貼地退至右足跟前，成丁字步，兩足跟相距約二橫拳；同時，左手內旋，勁點在尺骨處，往下捋劈至左小腹前，掌心向內右下，指尖向左前；右手稍向後移，食指仍向左前，掌心向下；眼平視前（圖308）。

左膝上提，高過於臍；同時，左手向右上畫弧舉至右肩前，掌心向下，指尖向右，掌根距右乳約二橫拳；右手向右上畫弧舉至頭右側外，指上揚，掌心向左，手高過於頭，肘尖沉住與肩平；右膝節隨兩手上舉之勢而挺起，但仍微屈不挺直；眼平視左前（東）（圖309）。

動作二：（呼氣）兩胯根左旋，腰柔活左轉，左膝向外撇，左足尖向左前，左足橫踩落下踏實，重心移於左腿；

圖310　　　　　　　　　　圖311

右足跟離地，足掌輕著地，右膝內扣跪膝，右足跟外撇，此時，身向東；同時，兩手隨轉腰，左手向左下採按，掌心向下，指尖向前，掌根距胃上部約一橫拳；右手內旋向左前劈下，掌心向前，指上揚，手高與眉齊；眼平視前（圖310）。

　右足提起，向前偏右跨出一步落地，可以震地作聲，也可以落地無聲，腰左轉，身向東北（左前45°）；同時，左手向左下採按至臍前，掌根與臍相距約一橫拳，掌心向內右，指尖向右前；右手劈下帶捋動，勁點由四指移至掌緣或尺骨處；眼平視前方，眼神關顧兩手移動，耳聽身後（圖311）。

　注意事項和說明事項，可參閱第二十一式翻花舞袖。

第四十五式　演手紅捶（東　圖312～322）

動作一：（吸氣）兩胯根內收後移，重心移左腿，右足跟稍離地，足掌輕貼地，足跟往後勾回，至左足跟內側，兩足跟相距約二橫拳；同時，左手繼續向左下採按至小腹側，掌根距左小腹約一橫拳，掌心向內右，指尖向右前；右手沉肘抒回，指尖向前，與右足尖方向一致；身稍上升，眼平視前（圖312）。

以下動作說明同第二十二式演手紅捶（圖313、314）同圖155、156。

動作二：（圖315、316）同圖157、158。

動作三：（圖317、318）同圖159、160。

動作四：（圖319）同圖161。

圖312

圖313

圖 314

圖 315

圖 316

圖 317

第四章　陳式太極拳第二路〔炮捶〕圖解———253

圖318　　　　　　　　　　圖319

圖320

圖321

動作五：（圖320、321）同圖162、163。

動作六：（圖322）同圖164。

圖 322　　　　　　　　　圖 323

說明事項和注意事項，均見第二十二式演手紅捶。

第四十六式　伏虎勢（東　圖 323～326）

動作一：（吸氣）兩胯根左旋內收，腰左轉約 30°，重心稍後移；同時，右拳外旋，勁點在尺骨處，向胸前中線捋，拳心向內上，肘沉住，拳高與鎖骨中線齊；左手抓成拳，拳心向內上，掤出於左小腹前外側；眼平視前方（圖323）。

動作二：（呼氣）兩胯根右旋，腰右轉，胸腹中線仍對向右前 60°，重心再稍後移，成前六後四的左弓蹬步；同時，右拳內旋向後畫弧收至胸窩前，拳心向內，沉肘坐腕，尺骨處沉住，拳心距胸窩約二橫拳，拳背用意掤住，與前臂成垂直，勿內凹外凸；左拳內旋，向前上方掤出，高至與口平，拳心向內右；眼平視正前方，眼神關顧兩拳移動（圖

圖 324　　　　　　　　　　　圖 325

324）。

　　動作三：（吸氣）小腹內收，膈肌上升，提氣聚於胃
部，胃部自然隆起，襠勁微下沉；同時，左拳內旋，向右微
向下收至鎖骨中線前，拳心向內下，拇指距鎖骨約二橫拳，
左肘屈沉，肘尖距左下肋約二橫拳；右拳內旋隨右肘上提至
左拳外下；眼仍平視前方，眼神關顧兩拳移動，頂勁領好，
兩肩鬆沉（圖 325）。

　　動作四：（呼氣）兩胯右旋，腰右轉，右腳尖向外撇，
重心右移落兩足，成騎馬步，襠撐開撐圓，兩足尖外撇，兩
膝微內扣，落胯塌腰；同時，邊呼氣邊胃部之氣下沉，膈肌
下降，小腹外凸，肛門微提（即括約肌微收緊），一緊之
後，立即鬆開（每勢逢呼氣將盡，貫勁或發勁的一剎那，須
肛門微提，術語叫做「提肛」或「吊襠」。「提肛」「吊
襠」之練法，不每勢作說明）；同時，右拳內旋，上舉至頭

上前面，拳心向外，食指根節距前額約二橫拳；左拳內旋向襠中插下，拳心向內，距襠約一橫拳；上下對拉，頂勁、沉氣，正身向東南，面向正東；眼平視左前（圖326）。

圖 326

【說明事項】：

太極拳十三勢五套，都無「伏虎勢」。「長拳」譜有「上山伏虎」一式，「炮捶架子」譜有「伏虎勢」。

伏虎勢左手抓拳按至襠下，象形抓住虎項下按使其不能反抗。據馴虎者說：虎雖勇猛，但最怕項中部被抓，立即四肢無力，聽人拳打腳踢。繪「武松打虎」也都是左手抓虎項下按，舉右拳做打擊狀。「伏虎勢」亦做此形狀。

【注意事項】：

此式結合腹式逆呼吸的練法，作為舉例。學者先須熟練動作路線及其技擊作用，然後結合腹式逆呼吸，以自然舒適、不胸悶、憋氣為原則。學太極拳以醫療保健為目的者，可以不結合腹式逆呼吸。若旨在強壯身體，發揮技擊作用，而不結合呼吸行氣，熟練推手，那就等於緣木求魚，終無所得。

【技擊作用】：

動作一可作為截擊來手的防中有攻、化中有打的著法，也可作為右鈎拳使用，與動作二的左鈎拳可以作為基本著法

圖 327　　　　　　　　　　　　圖 328

來單獨反覆練習。

第四十七式　抹眉紅（東　圖 327、328）

動作一：（吸氣）右胯微左旋後移，腰微左轉，重心稍移右腿，左足輕貼地退回一腳，成前三後七的反弓蹬步，胸腹中線先左轉 90°向正東，再右旋對向右前（東南）約 30°；同時，右拳變掌，隨腰左轉時向面前中線捋下，至指尖齊喉，隨腰右轉時沉肘後抽帶回至胸窩前，掌根距胸約一橫拳，掌心向前下，指尖向前；左拳變掌，當腰左轉時，左掌上提至胸窩前，掌心向下，當腰右轉時，左掌從右掌下交叉而過，向前上按出，掌心向前下，指尖向前，高與喉齊；眼平視前，眼神關顧兩手移動，是為合、為蓄、為吸氣（圖327）。

動作二：（呼氣）右腿站穩，左足前進一腳，腰胯前

送，重心前移，成左弓蹬步；同時，左手內旋，反掌向前上伸，高與眉齊，掌心向左，指尖向前，意注指尖，小指在上，左掌指到落點時兩胯根、兩肩節同時一旋，左掌指向左一敘；右肘向後一撐，與前手對拉，是為開、為發、為呼氣（圖328）。

說明事項和技擊作用，參見第二十三式「抹眉紅」圖165、166。

第四十八式　餓虎跳澗（東　圖329）

動作一：（吸氣）兩胯根左旋，腰左轉；左肘沉下向內收，肘尖距左前側下肋約一個半橫拳，左手外旋帶回，手低於肩，掌心向下，手指向前，下與足尖對齊；右手稍向前伸，掌根距胸窩約一橫拳；眼平視前（無圖）。

動作二：（呼氣）左足穩住，右足向前躍出，愈遠愈好，左足緊隨躍出，右足落地踏實，左足落在右足後，足掌著地，相距約二橫拳；同時，右手前按，指尖上揚與眉齊，掌心向前，與右足尖方向一致；左手移至右肩前，掌心向前下，掌根距右乳約二橫拳，指尖向前上；身向左前45°，眼從右手中指前視（無圖）。

動作三：（吸氣）左足跟落地，左腿坐實，右足跟提起，足掌輕著地；右手下捋稍向右下畫弧至乳下水平線；左手向左下畫弧至胃部左側，掌心向前下，指尖向前，拇指尖距胃部中線一橫拳（無圖）。

動作四：（呼氣）襠勁下沉；同時，右手指尖向前上中線畫弧推出，至指尖與肩平；左手向前上推至右乳前，掌根距右乳約二橫拳；頂勁、沉氣，含胸拔背，落胯塌腰；眼平

視前方（東方）（圖329）。

圖329

【說明事項】：

餓虎跳澗係陳發科老師所傳炮捶中勢名。陳氏舊拳譜七套拳套（太極拳五套，長拳一套，炮捶一套）中均無這一勢名，當係後來增入，或係從原有某一拳勢中，抽出動作，另立勢名。原抄本作「臥虎跳澗」，我以為餓虎跳澗較為合理。

【技擊作用】：

虎撲抓面而下，經胸窩乳側畫弧而下繞向外側軟肋再向上、向乳部推去，這是古代決死生的打法。這種纏繞、折疊的方法用於友誼競賽性質的推手中，可以牽動對方重心，用長勁把人擲跌而不致傷殘。這不但可以增強體質、提高技巧，還可以進一步研究太極拳的拳理和拳法。

第四十九式　右黃龍三攪水（南、西　圖330～341）

右黃龍（一）

動作一：（吸氣）兩胯根左旋，重心移至左腿，腰左轉，胸腹中線對向左前45°，左足尖從東北外撇至西北，右足掌貼地向左畫弧至左足前，足尖對正北方，兩足跟相距約二橫拳；同時，兩肩節左旋，右手外旋，向左下畫半圓至與乳齊，掌心向左，勁點在掌緣，再向左畫弧平移，至指尖對

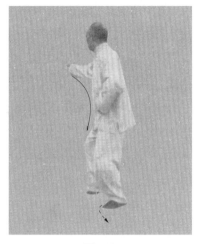

圖330　　　　　　　　　　　圖331

向正北方，右足尖、右手尖與鼻尖成三尖相對；左手向左下
畫弧，微外旋，掌指貼於左小腹外側；眼隨右手移動平視右
前（正北方）（圖330）。

前動不停。左足尖繼續外撇對向正南方，左腿落胯站
穩，腰繼續左轉至胸向南；右足稍後收，足尖輕點地，對向
右前（西），足跟提起，成右丁字步；同時，右手內旋往下
捋採至右胯前，掌心向左下，指尖向右前（西），與足尖同
一方向；眼亦平視右前；頂勁、沉氣、含胸拔背，落胯塌
腰，沉肩垂肘，屈膝、圓襠（圖331）。

動作二：（呼氣）右足向西邁出約半步，兩胯根俱下
沉，身稍下蹲；右手內旋，掌心向下，掌緣稍向外掤（圖
332）。

兩胯根前送，重心前移右腿，身形稍高起，左足跟上，
足尖輕點地，置於右足之後，兩足跟前後在一條直線上，相

圖 332　　　　　　　　　　　圖 333

距約二橫拳，身向右前約 60°；右手內旋往前上畫弧，高與
眉齊時，勁點在掌緣，掌心向前，意注掌指；頂勁、沉氣，
眼視前方；眼神關顧右手畫弧（圖 333）。

右黃龍 (二)

動作一：（吸氣）左足向後退至原地，兩胯根左旋內
收，重心移左腿；同時，右手外旋下沉，手尖與肩平，掌心
向外，指上揚，沉肩垂肘（圖 334）。

兩胯根繼續左旋內收，右足輕貼地，勁點在拇趾側，向
內畫弧勾回至左足前，足尖輕點地，對向右前成右丁字步；
同時，右手繼續外旋，勁點在掌緣，繼續向下、向內捋採，
至右胯前，掌心向左下，指尖向右前（西），與足尖同一方
向；眼亦平視右前（圖 335）同圖 331。

動作二：（圖 336、337）同圖 332、333。

圖334

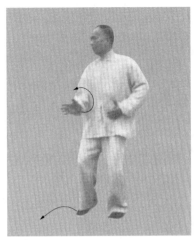

圖335

圖336

圖337

動作說明參閱右黃龍（一）動作二。

圖338　　　　　　　　　　圖339

右黃龍（三）

動作一：（圖338、339）同圖334、335。

動作說明參閱右黃龍（二）動作一。

動作二：（圖340、341）同圖332、333。

動作說明參閱右黃龍（一）動作二。

【說明事項】：

「長拳譜」（一百零八勢）中涉及「龍」的勢名有「倒騎龍」「下海擒龍」「雀地龍」「二龍戲珠」「青龍獻爪」「羅漢降龍」「蒼龍擺尾」「雙龍抹馬」（抹，一作探）「蛟龍出水」9個勢名。太極拳十三勢頭套有「青龍出水」「青龍戲水」「黃龍絞水」3個勢名。四套（一名紅拳）有「二龍戲珠」「雀地龍」「蛟龍出水」3個勢名。「炮捶架子」中有「倒騎龍」「黃龍左右三攪水」2個勢名。據此，

圖340　　　　　　　　　圖341

陳氏舊拳譜中，只有四套拳和「炮捶架子」中有「黃龍絞水」勢名。

【注意事項】：

1.右足收回成丁字步，身宜稍高，右足上步時身宜稍低；左足跟步時身又宜稍高，左足後退時身又稍低。身法起伏似波浪。但仍須立身中正，兩肩不可有高低。身法的起伏，手法的上下纏繞，如龍在水中絞轉之形狀。

2.右足拇趾側須貼地用勁勾回，這是將對方前足往裡一勾，將對方前手往裡一捋一採，使之跌仆倒地。動作「上下相隨」地協調。

3.右足邁出有踢、踩、套之意，並須與右手向前上橫按發勁動作協調。接著使用勾腳跌法，術語所謂「上驚下取一跌」「拳去不空回，空回不為奇」。

4.足前邁落地似斧劈，足跟震地作聲，後足緊跟上步足

圖342　　　　　　　圖343

跟用拖勁震地作聲，後足退步用足跟往後銼勁震地作聲。前足後退也可用銼勁足跟震地作聲。但也可前進、後退，落地無聲。

第五十式　左黃龍三攪水（北、西　圖342～357）

過渡動作一：（吸氣）兩胯根左旋內收，左足向後退至原地，成右弓蹬步；右手外旋下沉至手尖與肩平，掌心向外，指上揚，沉肩垂肘，落胯塌腰；眼平視前（圖342）。

過渡動作二：（呼氣）兩胯根左旋內收往後移，腰微向左轉，重心移左腿，身向正南，面向正西，左足尖外撇對向正南；右足收回至左足前，屈膝，足尖、膝尖對向西南，落胯塌腰；同時，右手外旋，勁點在掌緣，向下畫弧至與胃部齊，掌心向右前下，坐腕，指尖稍向右前上揚，再外旋向左前橫按，掌心橫向南，意注掌指；眼神關顧右手移動，仍平

圖 344

圖 345

視右前方（西），耳聽身後（圖343）。

　　過渡動作三：（吸氣）左膝稍挺起，微屈不直，右膝隨著上提，高過於臍；左手內旋向後、向上提至高與肩平，肘微屈沉，掌心向下，指尖向左前；右手內旋向左上畫弧至胸窩前，掌心向下，指尖向左，肘屈沉；眼平視右前（西）（圖344）。

　　過渡動作四：兩胯根右旋內收，腰大幅度右轉，右足右膝外展向左腿內側前落下，在將踏未踏之際，左足即提起，左膝高過於臍，當右足落地時，身向西北；同時，兩手向前上畫弧而下，右手經面前鼻部而下至兩乳中間，掌心向下，指尖向前，掌根距胸約一個半橫拳；左手向上高舉，肘微屈，向前、向下劈至高與頭齊，掌心向前，指尖向前上（圖345）。

　　上動不停。左足向前大步邁出，足尖向前，成左丁八

圖346　　　　　　　　　　　圖347

步；左手連劈帶按至與胸窩齊，意注指、掌；右手向右下
按、捋，至右小腹外側，掌心向下，指尖向前，掌根距腹一
橫拳，肘尖往後撐，與左手前按成對拉；身向西北（右前
45°），眼平視西方；頂勁、沉氣，含胸拔背，落胯塌腰，左
手尖、左足尖與鼻尖三尖相對（圖346）。

　　以上是右黃龍三絞水向左黃龍三絞水轉換的過渡動作。
須注意動作的連貫圓活、周身協調。右足落地與左足邁出落
地，都可以震足作聲，但右足是用鬆沉勁直下震腳，左足是
與左手劈按之勁相應，足跟著地如斧劈，一震作聲。也可練
成兩足落地無聲，用暗勁沉住。

左黃龍（一）

　　動作一：（吸氣）兩胯根右旋內收，腰右轉，重心移右
腿，身向北，左足勁點在拇趾外側，足跟稍離地，足掌輕貼

圖 348　　　　　　　　圖 349

地向裡勾回至右足跟內側，兩足跟相距約二橫拳；同時，左手外旋，勁點在掌緣，向下、向右畫弧內收至左胯前，掌根距胯約二橫拳，掌心向北，指尖向西，與足尖方向一致；右手外旋稍向右內移，掌指貼於右小腹外側，指尖向前；眼平視左前（圖 347）。

　　動作二：（呼氣）兩胯根俱左旋下沉，左足向左前邁出約半步，身稍下蹲；左手內旋，掌心向下，掌緣稍向外掤（圖 348）。

　　兩胯根前送，腰左旋，重心移左腿，右足上半步，足掌輕著地，也可以足尖輕點地，兩足跟相距約二橫拳；同時，左手內旋向左上畫弧，勁點在掌緣，舉至高與眉齊，掌心向前，意注掌指；身向左前（西北）約 60°，頂勁、沉氣，落胯塌腰；眼平視左前（西方）（圖 349）。

圖 350　　　　　　　　　　圖 351

左黃龍(二)

動作一：（吸氣）兩胯根右旋，右足向後退至原地，腰微右轉，重心稍向右移；同時，左肩節右旋，左手內旋往下捋，沉肘，手尖與肩平，掌心向前下，指尖向前上；眼視左前（西），眼神關顧左手旋動（圖 350）。

兩胯根右旋內收，腰繼續微右轉，重心移至右腿，身向西北，左足勁點在拇趾外側，輕貼地面向內畫弧勾回至右足前，足尖輕點地，對向左前（西），成左丁字步；同時，左手繼續外旋，勁點在掌緣，繼續向下、向內捋採至左胯前，掌心向右下，指尖向左前（西），與足尖同一方向；眼亦平視左前（西）（圖 351）。

動作二：（圖 352、353）同左黃龍（一）動作二，同圖 348、349。

圖 352

圖 353

圖 354

圖 355

左黃龍(三)

動作一：（圖 354、355）同左黃龍（二）動作一，同圖

圖356　　　　　　　　　　　圖357

350、351。

動作二：（圖356、357）同左黃龍（一）動作二，同圖348、349。

說明事項和注意事項參閱第四十九式右黃龍三攪水。

第五十一式　左蹬一根（西　圖358～366）

動作一：（吸氣）兩胯根右旋內收，左胯根稍下沉，右足輕貼地，勁點在足跟，向右後退步，重心稍後移，腰微右轉，成左弓蹬步；同時，左手外旋，沉肘，至手尖與肩平，掌心向前（西），指上揚，手尖與足尖同一方向；眼平視前，眼神關顧左手旋動（圖358）。

右足尖外撇對向正北方，腰胯右轉，重心移右腿，身向北偏西；同時，左手繼續外旋，向右挒至胸窩前，掌根距胸窩一橫拳，掌心向右，指尖向前上；右手往左上伸，尺骨交

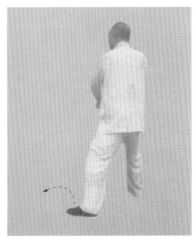

圖 358   圖 359

又於左腕尺骨之上，掌心向左，指尖向前上；眼視左前（圖
359）。

　　動作二：腰胯繼續右轉，面向正北方，右腿站穩，左足
提起，向前、向左橫邁落下，與右足並行成騎馬步；眼向前
平視。

　　（呼氣）落胯塌腰，兩手內旋，向兩側下方弧形抨按，
至兩膝彎外側，食指尖距膝彎各約一橫拳，掌心向下，指尖
向前；兩足足掌足跟沉住，意注趾尖，頂勁領起，氣往下
沉；眼平視前方（圖360、361）。

　　動作三：（吸氣）兩胯根外旋內收，重心移右腿，腰左
轉，胸腹中線對向左前 30°～45°，左足收至右足前，足尖輕
點地，對向左前，左足跟對向右足跟內側相距約二橫拳；同
時，兩肩節外旋內收，兩手外旋向內、向上收至兩小腹外
側，掌根距小腹約一橫拳，掌心相對似抱球，指尖俱斜向前

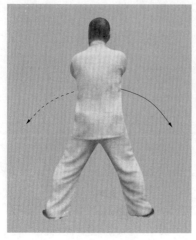

圖 360

圖 361

外；眼平視左前（圖362）。

　　動作四：（呼氣）右胯根稍下沉，身稍降低，左足向左前邁出約半步，踏實，重心前移於左腿，右足隨著跟上踏實，兩足跟相距約二橫拳；同時，兩手勁點在掌根，意注指尖，向前按出，與右足上步「上下相隨」，同起同止，兩肘尖各距肋約一橫拳，腋下可容一立拳；頂勁、沉氣，落胯塌腰；眼平視左前（圖363、附圖363）。

圖 362

　　動作五：（吸氣）兩胯根右旋左轉，腰右轉，重心移左

圖 363　　　　　　　　　附圖 363

腿，身向北，面向西，右胯
下沉，身稍蹲下，左腿站
穩，右足移至左足跟後方，
足掌輕著地，右膝尖貼左膝
彎內，成半坐盤步；同時，
兩肘分向兩側稍外撐，兩手
內旋抓成拳，右拳向左下
方，左拳向右下方，交叉在
腹中線臍前，左拳心距臍約
一橫拳，兩拳心俱向內，拳
眼向上，左拳尺骨處沉住，
似壓住對方手臂，右拳勁貫

圖 364

拳面，似逼近攻擊；眼平視左前（圖 364）。

　　動作六：（呼氣）右足跟落下踏實，右足對向正北面，

圖 365　　　　　　　　　　圖 366

重心移右腿，右腿站穩，右膝節上伸，微屈不直；左膝上
提，高過於臍；同時，兩拳內旋上掤至乳上鎖骨前，拳眼向
內，與鎖骨相距約四橫拳，中指根節骨向上，兩肘屈沉，肘
尖各距腰肋約二橫拳；眼平視左前（圖 365）（參閱圖 370
兩拳兩肘位置）。

　　左足跟向前上蹬出，足尖向上，膝微屈不直；兩拳向上
（高不過頭頂）、向左右兩側分出，意注兩拳小指根節，拳
眼向上，拳與肩平，肘微屈沉；眼從左拳前平視（圖
366）。

　　【說明事項】：

　　1.圖 358～363，似可另立勢名。圖 364～366 才是蹬一
根動作。

　　2.腳跟蹬出，高僅及腰，炮捶內沒有踢、蹬、點、踹腰
部以上的腿法。可見受「抬腿半邊空」的影響，不用高腿。

【注意事項】：

1.圖 362～363，左足上步，右足跟步，可震腳作聲或落地無聲。

2.圖 364 是短打拳法中逼近身的打法，螺旋式的纏繞轉圈要緊小。一觸即發的抖勁，這需要在推手實踐中不斷提高其動短、意遠、勁長的質量，使能練成擲跌人較遠而不傷害人的技術。

第五十二式　右蹬一根（西　圖367～371）

動作一：（吸氣）右足站穩，屈膝落胯，身稍下蹲；左足跟用勁勾回，膝頂高於臍；同時，兩拳向上內收合攏於面前兩側，肘尖下沉，兩拳下落於乳上兩鎖骨前，相距各約四橫拳；眼平視左前，眼神關顧左拳收回（圖367）。

動作二：（呼氣）腰胯左轉，左足尖外撇，向前半步落下橫踏，足跟與右足心相對，右足跟離地外撇，足掌輕著地，膝屈向前下，身向正西方，腰胯稍落下；同時，兩肩節左旋，左拳微外旋，肘屈沉，拳向左前掤，與肩平，拳心向內右，拇指距左肩約五橫拳；右拳微外旋，微向前掤，拳與肩平，拳心向內左，拇指距右肩約兩橫拳；眼視正前方（西）（圖368）。

圖367

圖 368 　　　　　　　　　圖 369

　　腰繼續左轉，左胯根左旋下沉，右膝向前下屈沉，膝尖
對向左膝彎內側，成左半坐盤步，身向左前（西南）約
30°；同時，左拳外旋收至左腹側，拳心向上，小指側距腹約
一立拳；右拳微外旋，勁點在尺骨處，向左下切至臍前，拳
眼向內上，與臍相距約一橫拳；左拳內旋，向右前從右手橈
骨上擊出，拳眼向上；眼平視前方（西），眼神關顧兩拳移
動（圖369）。

　　動作三：（吸氣）左足尖外撇，足尖對向正南方，腰胯
左轉，身向南，身稍高起；兩拳外旋，向上交叉於胸窩前，
拳心向內，左腕節對胸窩相距約一立拳（無圖）。

　　動作四：左膝上挺微屈，身上升，右足提起，膝上頂，
高過於臍，足尖自然下垂，腳面勿繃緊；兩拳內旋上掤向兩
側分開，至兩乳之上，高與鎖骨齊，拳眼向內，與鎖骨相距
約四橫拳，中指根節骨向上，兩肘屈沉，肘尖各距腰肋約二

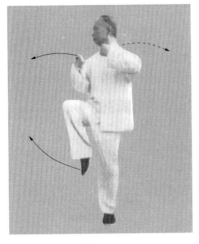

圖 370　　　　　　　　　圖 371

橫拳；眼平視右前（西）（圖 370）。

　　右足跟向前上蹬出，足尖向上，膝微屈不直；兩拳向上
（高不過頭頂）、向左右兩側分出，意注兩拳小指根節，拳
眼向前下，拳與肩平，肘微屈沉；眼從右拳前平視（圖
371）。

　　說明事項和注意事項，可參閱第五十一式左蹬一根。

第五十三式　海底翻花（西　圖 372、373）

　　動作一：（吸氣）左腿站穩，頂勁領起；右足跟用意勾
回，足尖自然下垂，膝稍內收，高過於臍；同時，兩拳勁點
在尺骨處，向下稍向內捋至與胃部齊，肘屈沉，掌根各距肋
約三橫拳，拳面向外，拳眼向上，兩肩骨節外旋向前內合，
再兩拳外旋向前、向內合攏於胃部前兩側，右拳心向左內，
左拳心向右內，拇指根各距乳約二橫拳（圖 372）。

圖372　　　　　　　　　圖373

　　動作二：（呼氣）腰向右一擰，左足掌向內一扣，使足尖對向正西方，身向正西方；同時，兩拳繼續外旋向上掤，高與鎖骨齊，拳心向內，右拳外旋，肘尖下沉，尺骨和拳背向下旋沉發勁，拳心向前上，拳輪距右胯約一橫拳；左拳外旋，橈骨用掤勁，拳面向前上沖擊，高過於頭，拳心向左額角，相距約三橫拳；頂勁、沉氣，眼視正前方（西）（圖373）。

　　【說明事項】：

　　1.陳氏舊拳譜7個套路中沒有「海底翻花」勢名。陳發科老師20年代去北京傳拳時，所傳抄「炮捶」拳譜，第四十五式有「海底翻花」勢名。當時還叫做「泰山升氣」。

　　2.「海底翻花」的含義是，內勁纏繞湧出之氣勢猶如海底翻騰出的浪花，怒濤洶湧。

【注意事項】：

1. 蹬腳向裡勾回，設想對方將我蹬腳抓住或拖住，我趁對方抓抱之時，即將腳跟勾回，使對方前傾欲跌，並用手捋其頭頸使倒地。

2. 右拳旋臂化解擒腕，以拳背下擊脈道。左拳旋臂化解擒腕，乘勢上沖對方下頜。下擊發勁與上沖發勁要一時俱到。

第五十四式　演手紅捶（西　圖374～383）

與方向向西的第三十七式演手紅捶動作完全相同。這兩個向西的演手紅捶的動作又和第二十二式向東的演手紅捶動作完全相同，但方向相反。因此，這兩個向西的演手紅捶，其動作說明可參閱第二十二式，此處不另寫。但該說明中（東）應讀作（西），（東南）應讀作（西北）（圖374～

圖374

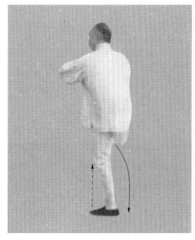

圖375

圖376

圖377

圖378

圖379

383）。

圖 380　　　　　　　　圖 381

圖 382　　　　　　　　圖 383

說明事項及注意事項見第二十二式。

第五十五式　轉脛炮（右轉東北　圖384～388）

動作一、二：兩胯根右旋，腰微右轉，右足尖外撇約30°，左足尖內扣約30°，重心稍右移，身由西北轉向東北，成左六右四的騎馬步；同時，右肩節鬆沉右旋，右肘微沉，右拳外旋，勁點在尺骨處，經胸前中線畫弧內收，肘向右下沉至右腰肋前，相距約一橫拳，右拳回收，至胃部前，掌心橫向內，掌眼向上，拳心距胃部約二橫拳，前臂含掤勁；左手抓成拳，拳眼向上，從左小腹前側，拳外旋拳面向上偏右沖擊至高與下頜齊，拳心向內，拳面與下頜相距約五橫拳，前臂含掤勁；眼神關顧兩手移動，眼向右平視右前側。

右拳收回至胸前中線時為吸氣，左拳上沖時為呼氣；頂勁、沉氣，落胯塌腰（圖384）。

動作三：（吸氣）兩胯根左旋，重心左移，左膝節稍上挺，右膝上提，膝尖高過臍；同時，右拳勁點在尺骨處，拳外旋稍向左捋（約一橫拳）至胃部左側，拳心斜向內左上，前臂含掤勁，尺骨處沉住；左拳稍向左上移，前臂含掤勁，上下合勁；眼平視前（圖385）。

動作四：（呼氣）右足往下鬆沉蹬地作聲（也可落地無聲），屈膝落胯，成小開立騎馬步；同時，右拳外

圖384

圖 385　　　　　　　　　　圖 386

旋，拳背向右下沉，至右小腹前沉住，拳心向上，拳輪距小
腹約一立拳，腋下可容一立拳，肘不貼肋（當右足蹬下，右
拳沉下時，左拳同時一抖發勁，左足同時著力下蹬，叫做
「四心相印」，通身發力）；頂勁領好，襠勁下沉；眼平視
前（圖386）。

　　動作五：（吸氣）兩胯根右旋，右足以跟為軸，急速向
右轉，右足掌向右外圓轉至圖384原地位置，左足前伸貼地
隨轉體向右橫掃360°至圖384原地位置；同時，左拳隨勢稍
向右下移至胸鎖骨前中線，相距約四橫拳，落胯塌腰；眼隨
轉體平移前視（圖387）。

　　動作六：（呼氣）兩胯右旋前送，重心前移，成右弓蹬
步；右拳內旋向前上掤出，高與右乳齊，拳眼向上，拳心向
內左，前臂含掤勁，意注中指根節，與右足方向一致；左拳
向前下掤出，拳背橫向前，前臂含掤勁，在右拳與右乳中間

圖387　　　　　　　　　　圖388

沉住，襠勁下沉，勁往前發；眼平視前，耳聽身後（圖388）。

【說明事項】：

1.轉脛炮，一名掃堂腿。練法有兩種。

（1）如上圖解，左腿不仆地而掃轉，右腿落胯最低以胯與膝平為度。

（2）左腿橫伸，足貼地，右腿屈膝下蹲，左腿仆下去，向右圓轉橫掃，叫做「掃堂腿」。

2.陳氏文修堂舊譜「炮捶架子」，注有「十五紅十五炮，走拳用心」，故本書採用「轉脛炮」勢名，以符「十五炮」之說。

【注意事項】：

1.濟南洪鈞生同學有句云：「太極是掤勁，動作走螺旋。」在螺旋式的弧形動作中，掤勁不可丟失，即是太極拳

柔中寓剛的特徵。所謂「掤勁」，其實質是「似鬆非鬆，不柔不剛」的在意識指揮下的「內勁」。在此式中述及的「掤」「掤勁」，在其他式中也應注意到。

2.左足向右掃轉一圈時，須頂勁領起，立身中正，兩肩平齊。

3.當右足蹬地、右拳沉下時，左拳一抖發勁，左足著力下蹬，叫做「四心相印」，周身發力。對強健內臟、加大爆發力有益。

第五十六式　穿心炮（東　圖389～396）

動作一：（吸氣）兩胯根左旋，重心移左腿，左腿屈膝落胯下蹲，右膝內收上頂，高過於臍，足尖向前；同時，兩肩節左旋下沉，左拳隨沉肘畫弧向左下至胃部左側，前臂含掤勁，拳眼向上，拳心橫向內，距胃部左側約一個半橫拳；右拳隨沉肘內收，拳微外旋，勁點在尺骨處，向內捋至胸窩前，尺骨處沉住，前臂含掤勁，拳心向內左，全身有裹緊團聚之意；眼平視前，眼神關顧兩拳移回（圖389）。

動作二：（呼氣）右足稍落下，足尖向前踢出，即足跟落地作聲（或不作聲），踏實，腰胯前送，重心前移；兩拳稍向前掤（圖

圖389

圖390　　　　　　　　　　圖391

390）。

　　左足跟上半步，用拖勁震地作聲（或不作聲）；兩拳再向前掤出，右拳在前，勁點在中指根節，肘屈沉，拳心向內左上，距胸窩約五橫拳（拳如果伸直，相距約十橫拳）；左拳在後，再前掤，拳心橫向內，距胸窩約兩橫拳，兩前臂含掤勁；頂勁、沉氣，含胸拔背，落胯塌腰；眼平視前，耳聽身後（圖391）。

　　動作三：（吸氣）兩胯根左旋，重心移左腿，兩胯根右旋，腰胯右轉，右足尖往外撇，身向東；同時，右拳先外旋，勁點在尺骨，稍向左捋，拳心向上，即轉為內旋，勁點在拇指側，向內捋，拳心向下，拳根距胃部約一個半橫拳；左拳外旋，向前上中線以拳背擊出，高與下頜齊，拳心向內上，相距約四橫拳，兩拳同起同止；眼神關顧兩拳移動，眼平視前（圖392）。

圖 392

圖 393

　　腰胯繼續右轉，右足踏實，重心移右腿；左足跟提起外旋，左膝前對右膝彎內側，成右半坐盤步，身向右前 45°；同時，左拳外旋，沉肘，勁點在尺骨處，拳下沉至胸窩前，拳心斜向內上，拳根距胸窩約一橫拳；右拳外旋，隨轉腰後移，拳眼向上，拳心向內，距胸窩約一橫拳，兩前臂含掤勁；眼平視前（圖 393）。

圖 394

　　右胯根下沉，右腿屈膝下蹲；左膝向前上頂，高過於臍，足尖向前；同時，兩拳微內收，仍帶掤勁；眼平視前（圖 394）。

圖 395　　　　　　　　　　圖 396

　　動作四：（呼氣）左足稍落下，足尖向前踢出，足跟落地作聲（或不作聲），踏實，腰胯前送，重心前移；同時，兩拳稍向前掤（圖 395）。

　　右足跟上半步，用拖勁震地作聲（或不作聲）；兩拳再向前掤出，左拳在前，勁點在中指根節，肘屈沉，拳心向內右上，距胸窩約五橫拳；右拳在後再前掤，拳心橫向內，距胸窩約兩橫拳，兩前臂含掤勁；頂勁、沉氣，落胯塌腰；眼平視前，耳聽身後（圖 396）。

　　【注意事項】：

　　1.右、左穿心炮在一條直線上前進，前足跟和後足跟要對齊在一條直線上。

　　2.轉腰要柔活，動步要穩固輕靈，蓄勢要有裹緊團聚之意，發勁似雷震電閃。

【技擊作用】：

1.提膝起護襠、護臁作用，「足來提膝」，以腿破腿。如低腿踢我臁，我提膝，足尖前上翹起，彼足尖踢在足底，足尖容易受傷。彼踢我襠，我提膝護襠，隨即還踢其臁或膝節。

2.前踢其臁，再震腳踏其足背。

3.「拳來肘發」，兩手以護心為本，尺骨處旋捋，是即化即打的作用。穿心炮要有「運勁似百煉鋼，何堅不摧」之功力。

第五十七式　演手紅捶（東　圖397～406）

動作一：（吸氣）左足尖裡扣，對向左前 45°，左腿屈膝站穩，兩胯根右旋內收，腰右轉，右膝上提與臍平（或高過於臍）；同時，右拳內旋向右內畫弧至胸窩前，拳心橫向內；左拳變掌，內旋向右、向前畫弧至胸窩前，掌心橫向下，在右拳之上。再交叉而過，右拳內旋向右側伸展，拳心向下；左掌內旋，勁點在掌緣向左側敘去，掌心橫向左前方，小指側在上，兩手似撕絲棉，與肩平，兩肘微屈；眼視左前（圖397）。

以下動作說明同第二十二式演手紅捶。

圖397

圖 398

圖 399

（圖 398）同圖 156。

動作二：（圖 399、400）同圖 157、158。

動作三：（圖 401、402）同圖 159、160。

動作四：（圖 403）同圖 161。

動作五：（圖 404、405）同圖 162、163。

動作六：（圖 406）同圖 164。

圖 400

說明事項、注意事項和技擊作用，均見第二十二式演手紅捶。

圖 401

圖 402

圖 403

圖 404

圖405　　　　　　　　　　圖406

第五十八式　　左沖（東　圖407～413）

動作一：（吸氣）兩胯根先微左旋再右旋，腰先微左轉再右轉，重心稍移向左腿；同時，右拳先外旋，勁點在尺骨處，向胸前中線稍回收，拳心斜向內左，再內旋稍回收至與胸窩齊，拳眼向上，拳根距胸窩約四橫拳；左掌變拳向前上中線伸至與胃部齊，拳眼向上，拳心向胃部，相距約一個半橫拳；身向東稍偏南（圖407）。

動作二：（吸氣）腰胯繼續右轉，重心稍後移，仍成左弓蹬步，身向左前約45°；同時，右拳繼續內旋收至胸窩前，拳心向下，拇指根與胸窩相距約一個半橫拳；左拳內旋向前擊出，拳心向下，拳與足尖方向一致，鼻尖與手足方向一致；眼平視前方，眼神關顧兩拳移動（圖408）。

動作三：（吸氣）兩胯根右旋內收，重心移右腿，左足

圖407

圖408

向後收回，成左丁字步，足
尖輕點地，兩足跟前後對
齊，相距約二橫拳，右腿屈
膝落胯、坐實，身向左前約
45°；同時，左拳內旋，勁
點在尺骨處，向右下畫弧，
拳心向右內上，拳輪距襠前
約二橫拳，左肘距左腰軟處
約一橫拳；右拳微外旋，勁
點在尺骨處，向右下沉至右
小腹側，拳心向內下，相距
約一橫拳，右肘尖距右腰軟

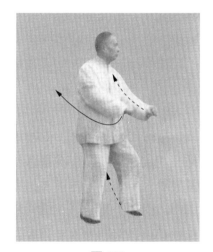

圖409

處約一橫拳；眼平視左前（圖409）。

　右腿稍挺膝，身提高，左足提膝上頂，高過於臍；兩肩

圖410　　　　　　　　　　圖411

節右旋，右拳外旋向後、向上畫弧高舉過頭，拳面上沖，拳心向左，屈肘；左拳微內旋，向右、向上畫弧至右乳上，拳心向內，拳輪距右乳約一個半橫拳，沉肘，肘尖距左腰肋軟骨處約一橫拳；腰微右轉，身向南稍偏東；眼平視左前（東）（圖410）。

　　動作四：（呼氣）兩胯根左旋，腰左轉，左膝用勁往外撇（左足掌橫斜，仍護臁護襠），左足向前橫踏落下（約半個弓步），足尖向左前，足跟與右足跟在一條直線上（右足尖向右前），重心移左腿；右腿以足掌為軸，足跟提起外撇至與足尖俱對向前方，右膝向前下擠壓在左膝彎內側，成左磨轉步，身向右前約30°；同時，兩肩節左旋，兩拳外旋，勁點均在尺骨處，左拳向左下沉，拳心向內，距胃部約一個半橫拳；右拳向前從頭部中線捋下至胸窩前，拳心向內左，掌根距胸窩約四橫拳，兩前臂沉住含掤勁（圖411）。

圖 412　　　　　　　　圖 413

　　兩胯根微左旋，左腿落胯站穩，右足向前邁出一步，虛
踏地，腰微左轉，身向右前約 45°；同時，兩拳外旋往裡
收、往下沉，左拳收至左腹前，與臍平，拳心向內上；右拳
收至臍前，拳心向左上，拳根與臍相距一個半橫拳；左胯沉
下，兩足下蹬如植地生根，成後七前三的反弓蹬步；兩前臂
含掤勁沉住，蓄而待發；眼平視右前（東）（圖 412）。

　　兩胯根右旋前送，腰右轉，重心移右腿，成前七後三的
右弓蹬步，身向正東方；同時，兩肩節右旋，兩拳內旋，在
身前各畫半個小圈於胃部兩側沉住，拳眼向上，拳心相對，
拳根各距胃側約一橫拳，再內旋向前上擊出，高與乳平，拳
心向下，兩拳以中指根節領勁擊出；氣往下沉，勁往前發；
眼平視前，眼神關顧兩拳下将與前發（圖 413）。

　　【說明事項】：

　　1.陳氏兩儀堂本「二套炮捶」有「前沖、後沖」兩式。

另有「二套捶」，有「左沖、右沖」兩式。陳氏文修堂本一百零八勢中有「前沖、後沖」兩式。陳發科老師於1928年10月去北京授拳所傳「二路炮捶」拳譜中作「左沖蹬腳、右沖蹬腳」。

2.此式在某些拳種中稱做「雙撞拳」。

【注意事項】：

1.此式左足橫踏落下，右足前邁落地，都可震足作聲，也可落地無聲。動作三，左足向後收回，也可足跟用拖回勁震地作聲。

2.此式和下一式可按「竄蹦跳躍，閃轉騰挪」練法，左（右）足往上跳起，右（左）足隨即往上躍起，先後落地，蹬腳作聲，動作圓轉，龍身虎步，有閃轉騰挪之意。也可落地如貓縱之無聲。

【技擊作用】：

兩拳捋劈滾轉，化即是打，打即是化。膝撞腳踩，進步套腳，雙拳齊發。

第五十九式 右沖（東 圖414～418）

動作一：（吸氣）兩胯根左旋內收，重心移左腿，右足向後收回，足尖輕點地，成右丁字步；腰左轉，身向右前約45°；同時，兩肩節左旋內收，隨身法後移，右拳內旋，勁點在尺骨處，向左下畫弧，拳輪距襠前約二橫拳，拳心向左內上，右肘屈沉，肘尖距右腰軟處約一橫拳；左拳外旋，勁點在尺骨處，隨轉腰向左下畫弧，至左小腹側沉住，拳心向內下，相距約一橫拳，左肘尖距左腰軟處約一橫拳，兩前臂含尬勁，沉住；眼平視右前，眼神關顧兩拳回收（圖414）。

圖 414　　　　　　　　圖 415

　　左腿稍挺膝，身提高，右足提膝上頂，高過於臍，足尖
自然下垂（起護襠護臁作用）；同時，兩肩節繼續左旋，左
拳外旋，向後、向上畫弧高舉過頭，拳面上沖，拳心向右，
肘屈；右拳內旋，勁點在橈骨處，向左、向上畫弧至左乳
上，拳心向內，拳輪距左乳約一個半橫拳，沉肘，肘尖距右
腰肋軟骨處約一橫拳；腰微左轉，身向北稍偏東；眼平視右
前（東）（圖 415）。

　　動作二：（呼氣）兩胯根右旋，腰右轉，右膝用勁往外
撇，右足仍護臁護襠，右足向前橫踏落下（約半個弓步），
足尖向右前，足跟與左足跟站在一條直線上（左足尖向左
前），重心移右腿；左腿以足掌為軸，足跟提起外撇至足尖
俱對向前方，左膝向前下擠壓在右膝彎內側，成右磨轉步，
身向右前約 30°；同時，兩肩節右旋，兩拳外旋，勁點在尺
骨處，右拳向右下沉，拳心向內，距胃部約一個半橫拳；左

圖416　　　　　　　　　圖417

拳向前從頭部中線捋下至胸窩前，拳心向內右，拳根距胸窩
約四橫拳，兩前臂沉住、含掤勁（圖416）。

　　兩胯根微右旋，右腿落胯站穩，左足向前邁出一步，虛
踏地，腰微右轉，身向左前約45°；兩拳外旋往裡收、往下
沉，右拳收至右腹前，與臍平，拳心向內上；左拳收至臍
前，拳心向右上，拳根與臍相距一個半橫拳；右胯沉下，兩
足下蹬如植地生根，成後七前三的左丁八步；兩前臂含掤
勁、沉住，蓄而待發；眼平視左前（東）（圖417）。

　　兩胯根左旋前送，腰左轉，重心移左腿，成前七後三的
左弓蹬步，身向正東方；同時，兩肩節左旋，兩拳內旋，在
身前各畫半個小圈於胃部兩側沉住，拳眼向上，拳心相對，
拳根各距胃側約一橫拳，再內旋向前上擊出，高與乳平，拳
心向下，兩拳以中指根領勁擊出，氣往下沉，勁往前發；眼
平視前，眼神關顧兩拳下捋與前發（圖418）。

圖418

說明事項、注意事項和技擊作用，均見第五十八式左沖。

第六十式　倒插（面東、胸東北　圖419、420）

動作一：（吸氣）兩胯根右旋，重心後移，腰右轉，胸腹中線對向左前約45°，成前六後四的左弓蹬步；同時，兩肩節右旋內收，右拳外旋向中線畫弧收回至中途，勁點在尺骨處，拳心向內上；左拳沉肘，拳外旋收至胸窩前，拳心向內，相距約二橫拳，當右拳外旋時，左拳內旋從右拳下交叉。

動作二：（呼氣）右拳轉為內旋畫弧收回至胸窩前，拳心向下，拇指根距胸窩約一橫拳；左拳向前擊出，拳心向下，落點時一抖發勁，右肘往後一撐，以助左拳發力；襠勁下沉，兩足蹬地有力，兩足心、右拳心當左拳發勁的一刹那

同時呼應，此為「四心相印」；眼平視左前（圖419）。

圖419

動作三：（吸氣）兩胯根右旋內收，重心移右腿；兩肩節右旋內收，兩拳外旋，勁點在尺骨處，左拳向內、向右畫弧挌至襠前，拳心向內上，拳根距襠約二橫拳；右拳在右小腹側，拳心向內，相距約一橫拳，兩前臂含掤勁；眼視左前（東）。

上動不停。兩拳向右後上舉，右拳舉至高過頭，拳面上沖，拳心向左；左拳畫弧舉至右乳上，拳心向內，拳輪距右乳約一個半橫拳，肘尖距左腰肋軟骨處約一橫拳；身向南稍偏東，眼平視左前（東）。參考圖410兩拳位置。

動作四：（呼氣）兩胯根左旋，左足尖外撇約45°，腰左轉，重心移左腿，胸向東；左拳變掌，沉肘，手向左上經頭頂前畫弧，小指側向前，指上揚，掌心向右，似採拿狀下至鼻尖前，食指尖距鼻尖約五橫拳，左肘屈沉，距左肋前約二橫拳；右拳內旋，向左前合在右額前，拳眼距右額約一個半橫拳。

上動不停。右足向左足前邁，足尖點地，成右丁字步；腰左轉，身向東北（右前）約45°；同時，左掌往下採，掌心向內右下，至掌根距胃約一橫拳；右拳從頭前直下插至右膝前，勁點在中指根節；眼平視右前，頂勁領好，氣往下沉

圖 420　　　　　　　　附圖 420

（圖 420、附圖 420）。

【說明事項】：

1.戚繼光《拳經》第九式「下插勢」訣曰：「下插勢專降快腿，得進步攬靠無別。鈎腳鎖臂不容離，上驚下取一跌。」第二十二式「倒插勢」訣曰：「倒插勢不與招架，靠腿快討他之贏，背弓進步莫遲停，打如谷聲相應。」第二十三式訣曰：「神拳當面插下，進步火焰攢心，遇巧就拿就跌，舉手不得留情。」

2.陳氏兩儀堂本四套拳譜中有「下插勢誰敢立攻（立字疑為來字之誤）」。「二套炮捶」譜有「上步倒插」勢名。「一百零八勢」拳譜中有「下插勢閃驚巧取，倒插勢誰人敢攻」。

【注意事項】：

1.手高舉時不可聳肩，兩手纏繞時兩肩要平齊，不可一

高一低。

2.上步宜穩、宜活、宜輕，不可重滯。

【技擊作用】：

上步踩腳、套腳，拳從面部插下經胸、（兼用肘）腹直下襠部。拿、跌兼用。

第六十一式　海底翻花（東　圖 421～424）

動作一：（吸氣）兩胯根右旋內收，腰右轉，身向東，左腿落胯站穩；同時，兩肩節右旋，右拳外旋向上纏，勁點在尺骨處，拳眼向上，拳心向內，距胃部約一橫拳；左手變拳，外旋，勁點在尺骨處，纏在右拳之上（圖 421）。

左拳繼續外旋向下纏，拳心對胃部，相距約一橫拳；右拳繼續外旋上纏，拳心向胸窩；沉肘，兩前臂含掤勁，是為合、為蓄、為吸（圖 422）。

圖 421

圖 422

動作二：（呼氣）上動不停。左腿穩住；兩肘下沉，左拳上纏至胸窩，右拳下纏至胃部，兩拳心均向內（圖423）。

右膝上頂，高過於臍；同時，左拳面往上沖，高與眉齊，拳心向內，拳面距左眉尖約三橫拳；右拳外旋，拳背向右下沉於右腿外側，拳心向上，拳面向前；眼平視前（圖424）。

【說明事項】：

陳氏舊拳譜中，無「海底翻花」勢名。陳發科老師所傳「炮捶」拳譜中「海底翻花」又叫做「泰山升氣」。「井欄直入」勢和「倒插」勢，都是下擊襠部動作，都可接「海底翻花」勢。這一勢名是比喻從襠部（海底）翻出浪花，衝擊力很大。

圖 423

圖 424

【注意事項】：

1.頂勁領起，氣往下沉，左腿用力蹬地，使獨立時穩定。

2.兩拳在胸前絞轉是練習解脫擒腕，反擊脈道之法，轉圈要小，要用腰腿力，不要單用腕臂之力。

3.右膝上頂、左拳上沖、右拳背下擊，要同時發勁。

【技擊作用】：

1.黏隨絞轉解脫擒腕與反拿之法，要從推手中熟練掌握，從重到輕，從有勁到輕靈圓轉。光靠單練想像，不能用好任何拿法。

2.近身相持，忽然提膝撞擊襠、腹、胸，兩拳上沖下擊，周身一震而發力。

參見第五十八式海底翻花（面向西）的說明事項和注意事項。

第六十二式　演手紅捶（東　圖425～434）

動作一：（吸氣）左足尖裡扣，對向右前約45°，左腿站穩，兩胯根右旋內收，腰微內轉，身向右前約45°，右膝仍提起與臍平（或高過於臍）；同時，右拳內旋向上、向中線畫弧至胸窩前，拳心橫向內；左拳變掌，內旋向右、向中線經鼻前而下，至胸窩前，掌心橫向下，在右拳之上。再兩手交叉而過，右拳內旋向右側伸展，拳心向下；左掌內旋，勁點在掌緣，向左側捌去，左掌心橫向左前方，小指側在上，兩手似撕絲棉，到落點時用意貫勁，兩手與肩平，兩肘微屈；眼平視左前（圖425）。同圖155。

以下動作說明同第二十二式演手紅捶。

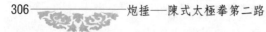

圖 425

圖 426

圖 427

圖 428

（圖 426）同圖 156。

動作二：（圖 427、428）同圖 157、158。

圖 429

圖 430

圖 431

圖 432

動作三：（圖 429、430）同圖 159、160。

動作四：（圖 431）同圖 161。

圖 433　　　　　　　　　　圖 434

動作五：（圖 432、433）同圖 162、163。

動作六：（圖 434）同圖 164。

說明事項、注意事項和技擊作用，均見第二十二式演手紅捶。

第六十三式　躱二紅（一、搠連捶　右轉西　圖 435～443）

動作一：（吸氣）兩胯根左旋，腰微左轉；同時，右拳外旋，勁點在尺骨處，向胸前中線挒，拳心向內左上，拳根距胸窩約六橫拳，右肘尖沉下，距右肋前約一個半橫拳；左掌變拳，向前伸，拳眼向上，拳心向內右，拳根距左小腹側約二橫拳。

動作二：（呼氣）兩胯根右旋，腰右轉，身向南；同時，右拳內旋挒至胃部前，拳心向內，拳眼向上，相距一橫

圖 435　　　　　　　　　　圖 436

拳，右肘尖距右肋軟骨處約一橫拳；左拳微外旋，向前上齊
肩時以尺骨處向右側中線橫截，拳心向內右上；眼平視左前
（東），眼神關顧兩手移動（圖435）。

　　動作三：（吸氣）兩胯根右旋，右足尖向外撇，腰右
轉，重心移右腿，右膝弓出；左拳隨轉腰攔住中線；右拳外
旋收置右腰側，拳心向上，拳輪貼腰；眼向右平移前視
（南）（圖436）。

　　腰胯繼續右轉，成右弓蹬步，面轉向西，身向右前約
30°；左拳橫攔至右前；眼平視右前（西）（圖437）。

　　動作四：（呼氣）兩胯根左旋，身稍後坐，腰左轉，重
心移左腿，胸向南；同時，左拳內旋畫弧以尺骨處挒至胸窩
前，拳心向內，相距約一橫拳，再外旋向左下畫弧收置左腰
側，拳心向上；右拳向前上伸展至與肩平時以拳面向中線橫
勾；眼平視前（西）（圖438）。

圖 437

圖 438

動作五：（吸氣）兩胯
根左旋內收，重心移左腿，
右足往後收，足尖輕點地，
成丁字步；同時，右拳外
旋，向下畫弧捋至襠前，拳
心向上，勁點由尺骨處轉至
中指根節落點，手、足、鼻
要三尖相對；眼平視前
（西），眼神關顧右拳移動
（圖 439）。

圖 439

　　上動不停。右拳面上沖
至與下頜平，相距約三橫
拳，拳心向內，沉肘；左拳變掌向前上伸至胃部前，掌心橫
向上，與右拳上下對齊；右膝同時上頂，高過於臍（圖

圖440　　　　　　　　圖441

440）。

動作六：（呼氣）右足往下鬆沉，蹬地作聲（或不作聲），兩足跟相距約二橫拳；右拳外旋以拳背下擊，與左掌同時下落於小腹前，右拳背橫落於左橫掌掌心內，與右蹬足同時作聲（或同時不作聲），掌緣距小腹約一立拳；頂勁領好，襠勁下沉，兩前臂含掤勁（圖441）。

動作七：（吸氣）左腿穩住，右足向前（西）邁一大步，足跟著地作聲（或不作聲）；眼平視前，耳聽身後（圖442）。

動作八：（呼氣）右足前弓，落胯塌腰，兩胯根右旋前送，腰微左轉，左足用勁蹬地，成右弓蹬步，身向南；同時，右拳內旋，向前上盡力擊出（或到落點時用意貫勁，不發勁），手與肩平；左掌變拳，左肘尖向後擊，左拳靠近左腰軟處，拳心向上；兩足用勁蹬地，腰一擰，與右拳發勁、

圖442

圖443

左肘後擊，須同時完成，稱做整體勁，也稱做「四心相印」；眼平視前（西）（圖443）。

【說明事項】：

1.陳氏兩儀堂本舊拳譜中「二套炮捶」有「朵（跺）二紅」勢名，在「上步倒插」之後，「抹眉紅拳」之前。但其後另有一則「二套錘」，其「倒插」「抹眉紅」之間，並無「跺二紅」勢名，顯見「跺二紅」一式，係後來所增入。陳氏文修堂本「長拳」譜有「躲（跺）子二紅」。

2.圖435～438為「跺二紅」的過渡動作，但其拳勢作用別具一格，似可另定勢名。

【注意事項】：

1.圖435～438練習左旋右轉，截前顧後的橫勁，並使用鈎拳，腰腿變轉須柔活，兩手纏繞須圓轉柔順，發勁的一剎那要剛脆。

2.勢名「跥二紅」是表示跥人腳面見紅，拳著人胸見紅。

3.圖442，假定有人在背後用雙手抱住，我即撐身一抖，右拳前沖，左肘後擊其胸。因此我全身動作須協調，椿步必須穩固，見圖443。

第六十四式　跥二紅（二、上步掤連捶　右轉西圖444 ～447）

動作一：（吸氣）右胯根右旋內收，左胯根左旋前送，左膝內扣，足跟提起，足掌輕著地，腰右轉，身正對西，重心移於右腿；同時，右肩節右旋內收，左肩節左旋前送，右拳外旋內收，勁點在尺骨處，向胸中線抒至胸窩前，拳心向內左上，相距約二橫拳，沉肘，肘尖距右腰軟肋約一橫拳；左拳變掌，下伸至褲中，再向前上中線撩起，高與小腹齊，掌心向前上，指尖向前下，意注掌指；落胯塌腰，兩前臂含掤勁；眼平視前，眼神關顧手在身前移動（圖444）。

動作二：（呼氣）左足提起，足尖向左前，膝外撇，向右小腿之前橫踹，踏落於右足前（用足跟內側向前下蹬出）並乘勢落地震腳作聲（或落地無聲）；重心移於左腿，腰左轉，身向左

圖444

圖445　　　　　　　　　圖446

前約45°；同時，左掌向上、向內收，沉肘，掌心橫斜向
上，掌緣距臍上腹前約一立拳；右拳再外旋，以拳背橫著下
擊左掌心作聲（或用意輕輕沉落於左掌心，不作聲）；眼平
視前（圖445）。

　　動作三：（吸氣）左腿穩住，右足向前（西）邁一大
步，足跟著地作聲（或不作聲）；兩手隨勢下沉於小腹前，
腰微左轉；眼平視前（圖446）。同圖442。

　　動作四：（呼氣）右足前弓，落胯塌腰，兩胯右旋前
送，腰微左轉，左足用勁蹬地，成右弓蹬步，身向南；同
時，右拳內旋，向前上盡力擊出（或到落點時用意貫勁，不
發勁），手與肩平，拳心向下；左掌變拳，左肘尖向後擊，
拳輪貼左腰軟處，拳心向上；兩足用勁蹬地，擰腰，與右拳
發勁、左肘後擊，須同時完成，稱做整體勁；眼平視前
（西）（圖447）同圖443。

圖447　　　　　　　　　　圖448

【技擊作用】：

凡上步勿忘踹、踢、點、踩、接、襯、套的作用和進步佔勢的作用。

說明事項和注意事項，參見第六十三式。

第六十五式　　連環炮（西　圖448～451）

動作一：（吸氣）右胯根右旋內收，左胯根左旋前送，腰右轉，身向西；同時，右拳外旋內收，勁點在尺骨處，向內、向中線捋回，拳心向內左上，拳根距胸窩約二橫拳；左拳微內旋，向前上中線伸至胸窩前，拳心向內右上，中指根節領勁，拳心距胸窩約一橫拳；落胯塌腰，兩前臂含掤勁；眼平視前（圖448）。

動作二：（呼氣）右拳繼續向右下捋至腰，拳心向上，拳輪靠近腰；左拳微內旋，從捋回右拳腕上交叉而過，向前

圖 449　　　　　　　　　　圖 450

擊出，拳與乳平，拳眼向上，成右拗步拳；襠勁下沉，腰胯
微向右一撐，身向西稍偏北；眼平視前（圖449）。

　　動作三：（吸氣）左胯根微左旋，右胯根微右旋前送，
腰右轉，身向西；左拳外旋內收，勁點在尺骨處，向中線
捋，拳心向內右上，距胸窩約三橫拳；右拳微內旋，向前上
中線伸出，拳心向內左上，距胸窩約一橫拳；眼平視前，眼
神關顧兩拳在身前移動（圖450）。

　　動作四：（呼氣）左胯根左旋內收，右胯根右旋前送，
襠勁下沉，腰左轉，身向南；左拳外旋向左下收至腰，拳心
向上，拳輪靠近腰；右拳微內旋，當左拳捋回時從左腕上交
叉而過，中指根節領勁，向前擊出，拳與乳平，拳眼向上，
成右順步拳；頂勁領起，氣往下沉，勁往前發；眼平視右前
（西）（圖451）。

圖451　　　　　　　　　圖452

【說明事項】：

「連環炮」勢名。在陳氏舊拳譜中未載。陳發科老師所傳二路炮捶譜中，有「左右二肱」，凡兩見，後改為「連環炮」，亦兩見。

【注意事項】：

連環炮為左右二拳，前拳高不過乳，落點時有上沖前擊之意。肘宜稍屈，用腰腿勁貫之於拳。

第六十六式　玉女穿梭（跳　西　右轉南圖452、453）

動作一：（吸氣）右胯根右旋內收，腰右轉，胸向左前約 30°；同時，右拳外旋，勁點在尺骨處，向中線捋至胸窩前，拳心向內右上，拳根距胸窩約五橫拳；左拳微內旋，向前上伸至胃部左側，拳心向內上，拳輪距胃部左側約一立拳，兩拳合住勁，前臂含掤勁；右足用勁往下一沉，準備前

躍；眼平視前（西）（無圖）。

動作二：（呼氣）右足向前躍出，愈遠愈好，左足隨著跟去，成左弓蹬步，身向北；同時，左拳內旋前擊，拳心向下；右拳收至右肋前，拳心向上；眼平視左前（西）（圖452）。

上動不停。右足跟用意貫勁，足掌輕貼地，勁點在足跟，往右後掃轉180°（半圈），至左足後方，腰右轉，左足尖隨著往裡扣，身由北向南，成左腿前弓，右足後蹬，兩足足跟站在一條直線上；同時，右肘隨轉身向右後畫半個圓圈，以防護、攔截身後（右側）來拳，仍收回至右肋前，拳心向上；左拳外旋，勁點在尺骨處，隨轉身向右側水平線畫弧，拳心向右內上，尺骨處管住胸前中線，下與左足尖同一方向；眼平視左前（東）（圖453）。

【說明事項】：

陳氏兩儀堂本，文修堂本「長拳」譜和「二套炮捶」譜中有「玉女攢梭」勢名，而在另一則「二套捶」譜中則無此勢名，在「頭套十三勢拳歌中也無此勢名。但另有「太極拳」標題，注有「太極拳，一名頭套拳，一名十三勢」中則有「玉女穿梭」勢名。另有勢名增多的「頭套捶架子」拳譜中，也有「玉女穿梭」勢名。可

圖453

見此式初名「玉女攢梭」，其後「攢」字改為「穿」字。

【注意事項】：

玉女穿梭是平縱法，未縱之前，周身一合勁，右足用力下蹬，然後左足一躍而前，左拳前擊如鋼錐拋出，身隨左拳如燕飛之輕疾。左右足先後落地，勢不停留，立即身往右轉，右足跟掃轉，右肘畫圈護腰肋，左拳攔截橫勾，其勢勇猛靈活，乃遇眾出圍之法。練時須象形會意，以增長功力。拳諺說：「十法九靈，無功不成。」又說：「拳無功，一場空。」

第六十七式　回頭當頭炮（左　面東胸南　圖454、455）

動作一：（吸氣）兩胯根右旋內收，重心移右腿，腰右轉，身向右前約30°，左足收回，足尖輕點地，成丁字步；同時，左拳外旋，向右下中線畫弧捋至臍下小腹前，拳心斜向內上，拳根距臍約二橫拳；右拳稍內旋以助左拳捋勢，垂肩沉肘，兩前臂含掤勁；周身合住勁，眼平視左前，眼神關顧左拳捋回（圖454）。

動作二：（呼氣）左足大步邁出，兩胯根左旋前送，左腿弓，右足蹬，成左弓蹬步，身前移；同時，左拳內旋，勁點在尺骨外側，往前上橫臂掤發，拳背貫勁，拳心向內右下，拳略高於肩，肘稍低於肩，拳根距鎖骨中線約五橫拳；右拳微外旋，沉肘，向左前上擊出，以助左拳攻勢，拳心向內，距左乳約二橫拳；頂勁領好，襠勁下去；眼平視左前（東）（圖455）。

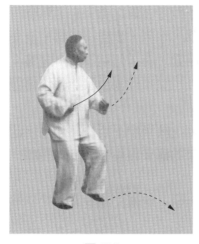 

圖454　　　　　　　　　圖455

【說明事項】：

1.戚氏《拳經》三十二勢圖訣第三十式訣曰：「當頭炮勢沖人怕，進步虎直攛兩拳，他退閃我又顛踹，不跌倒他也茫然。」

2.陳氏文修堂、兩儀堂本拳譜中「長拳一百零八勢」勢名中第五式為「當頭炮勢沖人怕」。太極拳頭套、四套、五套勢名中，都以「當頭炮」作末勢。三套無「當頭炮」勢名，二套勢名缺載。「二套炮捶」勢名中，末後倒數第六式為「上步當頭炮」。「二套捶」勢名中倒數第五式為「下步當頭炮」。

3.本式作「回頭當頭炮」是聯繫上一式「玉女穿梭」躍出後立即右轉身回頭，叫做「回頭當頭炮」。

【注意事項】：

1.當頭一炮，在象棋中亦為攻勢凌厲之著法。「當頭

炮」勢勇猛，但須智勇兼備，不單憑血氣之勇。未落點時，柔順而氣勢騰然，落點的一剎那，拳到、步到、身到，全身勁力集中於左拳的黏著點一抖發勁，有「何堅不摧」之勢。意與氣合，氣與力合。抖發之後，立即鬆開，保持動作的善變性和不浪費體力。

2. 左拳後捋之黏勁質量，要在練拳中不斷提高，方能黏著來手一捋，使對方有突如其來的痛覺和失去平衡的前傾，才顯示出捋勁的威力。

3. 推手中試驗「當頭炮」發勁，使擲人騰空而出又不傷人。

第六十八式　　連環炮（東　圖456～459）

動作一：（吸氣）左胯根左旋內收，右胯根右旋前送，腰左轉，身向正東；同時，兩肩節左旋內收下沉，左拳外旋，沉肘內收，勁點在尺骨處，向內、向中線捋回，拳心向內右上，拳根距胸窩約二橫拳；右拳外旋，前臂外側用掤勁往右下畫弧引進，拳心向內上，距胃部右側約一橫拳；全身用合勁，蓄勢待發，頂勁領起；眼凝視前方（圖456）。

動作二：（呼氣）兩胯根微旋沉，牽動肋骨節節下沉，脊柱鬆沉直豎；同時，兩肩節鬆沉，右拳微內旋向前擊出，拳與乳平，拳眼向上，肘微屈沉；左拳向左下畫弧收至左腰側軟處，拳輪靠近腰，拳心向上，成左拗步拳；眼平視左前（東）（圖457）。

動作三：（吸氣）右胯根右旋內收，左胯根左旋前送；同時，兩肩節右旋內收下沉，右拳外旋，沉肘內收，勁點在尺骨處，向內、向中線捋回，拳心向內左上，拳根距胸窩約

圖 456　　　　　　　　　圖 457

二橫拳；左拳外旋，向前上中線胃部前挪出，拳心向內右上，距胃部約一橫拳，在右拳腕節之下；全身用合勁，蓄勢待發，頂勁領起；眼凝視前方（東）（圖458）。

　　動作四：（呼氣）右胯根右旋內收，左胯左旋前送，腰右轉，身由東轉向南，腰襠勁下沉；同時，兩肩節鬆沉，右拳微內旋從左腕上交叉而過，向右下收至右腰側，拳眼向上，拳輪靠近腰；左拳微內旋，從右腕下交叉而過，向前上擊出，拳與乳

圖 458

平，拳眼向上，擊出時，中指根節領勁，成左順步拳；頂勁領起，氣往下沉，勁往前發；眼平視左前（圖459）。

說明事項和注意事項參見第六十五式連環炮，圖448～451為向西左右二拳（直拳），而此式為向東右左二拳（直拳）。

圖 459

第六十九式　玉女穿梭（跳　東、左轉南、西　圖460、461）

動作一：（吸氣）左胯根左旋內收，右胯根右旋前送，腰左轉，身向正東；同時，兩肩節左旋內收鬆沉，左拳外旋，沉肘內收，勁點在尺骨處，向內、向中線捋回，拳心向內右上，拳根距胸窩約五橫拳；右拳微內旋，向前上伸至胃部右側，拳心向內上，拳輪距胃部右側約一立拳，兩拳合住勁，前臂含掤勁；右足用勁往下一沉，準備前躍；眼平視前（東）（無圖）。

動作二：（呼氣）右胯根前送，左足向前躍出，愈遠愈好，右足隨著跟去，重心在右腿，腰左轉，身向北；同時，右拳內旋前擊，拳心向下；左拳內旋收至胸窩前，拳心橫向內，拳根距胸窩約一橫拳；眼平視右前（東）（圖460）。

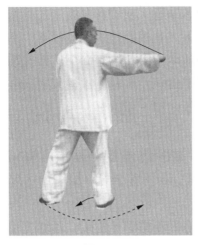

圖 460　　　　　　　　　　圖 461

　　上動不停。左足跟用意貫勁，足掌輕貼地，勁點在足
跟，往左後掃轉 180°（半圈），至右足後方，腰左轉，右足
尖隨著往裡扣，身由北左轉向南，成右腿前弓，左足後蹬，
兩足跟站在一條直線上；同時，左肘隨左轉身向左後畫半個
圓圈，以防護、攔截身後（上側）來拳，仍繞回至胸窩前；
右拳外旋，勁點在尺骨處，管住胸前中線，隨左轉身向左側
水平線畫弧，拳與肩平，拳心向左內上，拳與右足尖方向一
致；眼隨轉身平移視右前（西）（圖 461）。

　　說明事項和注意事項，參見第六十六式玉女穿梭，圖
452、453，但方向相反。

第七十式　回頭當頭炮（右　面西胸南　圖 462～464）

　　動作一：（吸氣）兩胯根左旋內收，重心後移於左腿，
右足稍收回，足尖輕點地，成丁字步；同時，兩肩節左旋內

收鬆沉，左拳從胸窩前微外旋，拳背、前臂含掤勁向左下畫弧引進至臍左側，拳心向內右上，拳根距腹側約一橫拳；右拳外旋，勁點在尺骨處，向胸前中線畫弧捋回向下至胃部前時，拳心向內上，與左拳引回至胃部左側時，兩拳相對合住勁，然後兩拳各下沉至臍側，兩前臂含掤勁，左拳心向內右上，右拳心向內左上，拳根各距腹側約一橫拳；周身合住勁，頂勁領好，襠勁下去，襠撐開撐圓；眼平視右前（西）；腰微左轉，身向右前約 45°，是為合、虛、蓄、吸氣（圖 462）。

動作二：（吸氣）右足向前大步邁出，足跟先落地（可以震腳作聲，也可以落地無聲），兩胯根右旋前送，身前移，右足全面踏實，右腿弓，左足蹬，成右弓蹬步；同時，右拳內旋，勁點在尺骨處外側，往前上橫著前臂掤發，拳背貫勁，拳心向內左下，拳略高於肩，肘稍低於肩，拳根距鎖骨中線約五橫拳；左拳微內旋，沉肘，向右前上中線擊出，以助右拳攻勢，拳心橫斜向內，距右乳約二橫拳；頂勁領好，襠勁下沉，氣往下沉，勁往前發，是為開、實、發、呼氣（圖 463、464）。

圖 462

說明事項和注意事項，參見第六十七式回頭當頭炮，圖 454、455，惟方向、動作相反。

圖 463　　　　　　　　　　圖 464

第七十一式　撇身捶（面東、胸南　圖465～470）

動作一：（吸氣）兩胯根右旋內收，腰微左轉；兩肩節右旋鬆沉，左拳微外旋，前臂含掤勁，往左引進，拳心向內上，拇指齊胸窩相距約二橫拳；右拳外旋，勁點在尺骨處，向胸前中線捋回，拳心向左內上，拳根距胸窩約三橫拳；兩拳轉為內旋，向右下鬆沉至右胯前，左拳在內，右拳在外，拳心俱向內，左拳心距右胯約一立拳；含胸拔背，落胯塌腰，吸氣蓄勢；眼平視右前約30°（圖465）同圖141。

以下動作參照第十九式圖解。

（圖466、467）同圖142、143。

動作二：（圖468～470）同圖144～146。

說明事項和注意事項，參見第十九式撇身捶。

圖 465

圖 466

圖 467

圖 468

圖 469　　　　　　　　　圖 470

第七十二式　拗鸞肘（南、左轉南　圖471～480）

動作一：（吸氣）腰胯右轉，重心移於右腿，落胯屈膝，胸腹中線對向左前約30°，左足收回，足尖輕點地，成丁字步；同時，左拳內旋，勁點在尺骨後，向裡下畫弧捋回，拳心向內，置於左胯根前，相距約一橫拳；右拳向裡收，拳眼距胯骨約一橫拳，兩前臂含掤勁；眼平視左前（東）（圖471）。

圖 471

動作二：（呼氣）左足向前（東）邁出，足尖向前，兩胯根左旋，腰左轉，重心前移於左腿，身向東稍偏南；同時，兩肩節鬆沉右旋，左拳變掌向前上提至手與肩平，沉肘，臂成半圓形，掌心橫向下，掌緣橫向前（東），與左足尖方向一致；右拳上提至與肩平，沉肘，拳心橫向前（東），拳面向南；眼平視前（東），眼神關顧左掌上舉（圖472）。

圖472

動作三：（吸氣）腰胯繼續左轉，左足尖向左撇至足尖對西北，右足掌輕貼地向前掃轉小半圈，足尖對向北，重心在左腿，胸向北；同時，兩肩節鬆沉左旋，左手向左畫弧捋至左肩前，手與肩平，掌心向下，沉肘，臂成半圓形，掌根距左肩內側約五橫拳；右拳隨轉腰向左平勾半圈（180°）至右肩前，拳與肩平，沉肘，臂成半圓形，拳心向左內，拳根距右肩內側約五橫拳，兩前臂含掤勁；眼向左平移，平視前方（北），眼神關顧兩手移動，耳聽身後（圖473）同圖168。

以下動作說明參見第二十四式圖解。

動作四：（圖474、475）同圖169、170。

動作五：（圖476、477）同圖171、172。

動作六：（圖478）同圖173。

圖 473

圖 474

圖 475

圖 476

動作七：（圖 479）同圖 174。

動作八：（圖 480）同圖 175。

圖 477

圖 478

圖 479

圖 480

　　說明事項和技擊作用，參見第二十四式躍步拗鸞肘，圖
168～175。

圖481　　　　　　　　　圖482

第七十三式　順鸞肘（面西胸南　圖481～483）

動作一：（吸氣）兩胯根微內旋鬆沉，由右向左上轉下至右畫個小圈，襠勁下沉，重心全部移於左腿，足底如植地生根；同時，兩肩節內旋鬆沉，由右轉左再轉右畫個小圈，兩臂相應在胸前轉一小圈，兩前臂含掤勁，腰微右轉；眼神關顧兩臂旋動，轉視右前（西）（圖481）。

動作二：（呼氣）左腿穩住，右足稍離地經左足前輕貼地向前（西）鏟出一大步，虛踏地，足尖向西南；腰左轉，身向南；兩臂稍向左移，掤勁不丟（圖482）。

兩胯根右旋，重心移至右腿，左足稍離地向右橫上半步，足跟用拖勁震地作聲（或落地無聲）；同時，兩肘尖分向兩腰側下擊，左手變拳，兩肘各距腰一橫拳，兩拳心橫斜向內，拳眼向上，拇指根節各距乳一橫拳，肘不貼肋，腋下

各容一立拳；胸、背部肌肉向下鬆沉，肋骨節節鬆沉，脊柱節節鬆沉直豎，頂勁領起，襠勁下沉；眼平視右前（西）（圖483）。

圖483

【說明事項】：

1.戚氏《拳經》第三十一式訣曰：「順鸞肘，靠身搬，打滾快，他難遮攔，復外絞刷回拴，肚搭一跌，誰敢爭前。」

2.陳氏舊譜「一百零八勢」中有「順鸞藏肘」勢名。「二套抱捶」中有「順攔肘」勢名。

【注意事項】：

1.右足上步與左足跟步，都可震腳作聲，也可落地無聲，用暗勁沉住，以增強腿力。此時兩足俱踏實，體重落兩足。

2.肘法為近身時使用，著人身一抖，爆發力較拳為大。推手時不可用肘傷人。用肘發勁，要貼著對方手臂用長勁將其擲出，使能分勝負而不傷人，也就發展了推手技巧。

第七十四式　穿心肘（面西胸南　圖484、485）

動作一：（吸氣）兩胯根由左向右旋半小圈，重心移左腿，右足掌緣輕貼地向右前鏟出，虛著地，成騎馬步形狀；同時，兩手前合，左拳仍變掌，橫向貼於右前臂及拳背，掌

圖 484　　　　　　　　　　圖 485

心貼右腕節；右拳心對胸窩，相距約一橫拳，隨即右肘尖向
右前上擠出，高不過肩，再向左下繞回，畫弧成橢圓形，右
拳心對左乳，相距約一橫拳；眼神關顧兩前臂抱合轉圈，仍
平視右前（西）（圖484）。

　　動作二：（呼氣）兩胯根向右前送，重心移右腿，左足
隨即跟上半步，成小騎馬步，足跟用拖勁震地作聲（或落地
無聲）；同時，兩肩節向右送，右肘尖向右前擊出，高與胸
窩齊，右拳根距右乳約一橫拳；胸、背肌肉旋動鬆沉，肋骨
節節下沉，脊柱節節鬆沉直豎，頂勁領起，襠勁下沉；眼平
視右前（西）（圖485）。

　　【說明事項】：

　　1. 穿心肘勢名，陳氏兩儀堂、文修堂本舊譜都無此勢
名，陳發科老師於1928年去北京教授拳時初期傳二路炮捶譜
亦無此勢名。可能是後來增加的。

2. 戚氏《拳經》第十六式末句云：「穿心肘靠妙難傳。」

第七十五式　　窩裡炮（西　圖486～489）

動作一：（吸氣）兩胯根右旋內收，重心後移在左腿，右足跟提起，足尖點地似鋼錐入地；兩肩節右旋內收左移，右拳微外旋向前上中線掤出，勁點在中指根節，拳心向內，高與口平，沉肘，肘尖距右肋約二橫拳；左手變拳隨著外旋向前上掤出，拳心向內，距右乳約二橫拳，沉肘，肘尖距左肋約一橫拳；兩臂柔和畫弧含掤勁，隨即右拳漸外旋，勁點在尺骨處，向中線回捋至胸窩前，拳心向內左上，距胸窩約四橫拳；左拳隨著外旋，向左下引進，拳心向內，距胃部約一橫拳，左肘尖距腰軟肋約一橫拳；腰微左轉，身向右前（西南）約45°；吸氣蓄勢，頂勁領起，落胯塌腰；眼平視右前（西）（圖486、487）。

動作二：（呼氣）右足前邁半步，足跟著地作聲（或不作聲）；兩手稍前掤（圖488）。

重心前移，右足踏實，左足前跟半步，用拖勁震地作聲（或落地無聲）；右拳外旋向右前用拳背擊出，高與鼻齊，勁點在中指根節；左拳外旋，向左下採捋至腰前外側發勁，拳心向上，拳輪貼腰；兩足用勁下蹬，兩拳用勁抖發，胸窩、右腰肋前外側同時挺掤發勁，叫做「五心相印」；虛領頂勁，氣沉丹田，帶脈、沖脈氣旺，襠勁下沉，勁往前發；眼平視右前（西），耳聽身後（圖489）。

【說明事項】：

陳氏舊拳譜「一百零八勢」「二套炮捶」「二套捶」中

圖 486

圖 487

圖 488

圖 489

都有「窩裡炮」勢名。但太極拳十三勢五套中都無此勢名。

【注意事項】：

　　兩拳旋轉捋回，要柔順，柔中寓剛，要周身團聚，以裹緊為蓄勢。右足上步和左足跟步，可以先後震腳，使兩拳前後對拉的爆發力更強。也可練成「意動形隨」「意到勁到」，不震腳，不剛發。前者為明勁，後者為暗勁。

【技擊作用】：

　　我左手採拿彼左手，我左手外旋裡纏；我右拳外旋裡纏

圖487～489 技擊作用圖

以尺骨黏捋彼前臂近肘節處，使彼感痛前傾近我身。我進右足踩彼腳面，左足跟半步，我左手急採彼左手至腰側，我右肋前側挺擊彼肘節，我右拳背橫擊彼頭部，周身一齊著力，彼必肘節、頭部受重創，甚至倒地。此為拿、跌、打並用的短打拳法。當年陳發科老師教我此法時，其老鄰居王老（銀行退休職員）連聲說，老師手輕！手輕。後王老語我，曾見陳老教某生此法，一崩勁使其肘節骨折（見圖487～489動作的作用圖，撞胯、背肘、擊面法）。

第七十六式　井攔直入（西北　圖490～497）

　　動作一：（吸氣）兩肩節右旋，右拳內旋向前微向下伸，拳與肩平，拳眼向上，肘微沉；左拳內旋向右前上方伸出，拳心向內，拳眼向上，拇指根節距右乳約一橫拳，隨即雙拳變掌內旋，掌心俱向前下，指上揚對向前方（西）（圖

圖 490

圖 491

490、491）。

　　兩胯右旋內收，身漸後移；兩手往下畫弧捋回，至右手在臍下小腹前，指尖向前，掌根距小腹約二橫拳；左手在臍左側，指尖向前，掌根距臍左側約一立拳；腰稍左轉，胸腹中線對向右前約45°，左腿落胯坐實，右足跟提起，足尖點地似錐入地；眼平視前（西）（圖492、493）。

　　隨即左手向左外、向上提至左耳側，掌心向左前，指上揚，拇指距左耳約二橫

圖 492

圖 493　　　　　　　　　　圖 494

拳；右手向左畫弧至左胯前，再向上提至左乳前，勁點在掌緣，向右畫弧至胸窩前，掌心向下，掌根距胸窩約二橫拳；腰微右轉，眼平視前偏右（圖 494）。

動作二：（呼氣）兩胯左旋內收，右膝向腹前中線頂起，高過於臍，腰右轉，身由西南轉西北，右膝和右足尖外撇，右足向前下踹出約半個弓步，橫斜踏下（可以震腳作聲，也可以落地無聲），足跟與左足跟在一條直線上，足尖對向右前約 45°，重心移右腿，左膝稍裡扣；同時，右手勁點在掌緣，旋腕轉掌向右下採，掌心向下，指向前，掌根距胸窩約二橫拳；左掌向前上（高與頭齊）撲出而下，中指高與鼻尖齊，掌心向前下，掌根距鎖骨中線約五橫拳； 腰繼續微右轉，兩手稍下沉，左膝繼續前頂，左足跟提起外旋，與足尖對直，成半磨轉步；眼平視左前（西、稍偏北）（圖 495、496）。

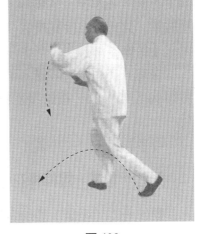

圖 495　　　　　　　圖 496

　　左膝向右足前腹前中線提
起，約半個弓步落下，兩足尖
俱向西北，重心稍前移，成前
三後七的半弓半馬步；右手下
採至左小腹前，掌心向內左，
距小腹約一橫拳；左手勁點在
掌根，乘勢向下按至左胯根
前，肘尖向前下經胸窩水平線
時也趁勢一沉，隨即兩胯根微
右旋，腰微右轉，左掌再內旋
向左後一沉，右掌內旋向右後
一沉；眼平視左前（圖497）。

圖 497

　【說明事項】：
　　此式面向西北，與第十二式「井攔直入」面向西南在方

向上不同，在承接上式動作上也不同。第十二式是上接煞腰壓肘拳，此式是上接窩裡炮。

【技擊作用】：

採拿、撲面掌、膝撞、剪臁、踢膝、踩腳、套腳、掌與肘擊胸、銼肘節、按胯根旋跌等拿、踢、跌、技法隨勢而用。

可參閱第十二式井攔直入的注意事項和技擊作用。

第七十七式　風掃梅花（右轉至南　圖 498～500）

動作一：（吸氣）腰胯右轉，兩足尖向右撇，從西北轉向東北，成右弓蹬步，胸向北偏東；同時，右肘尖向右前上擠出，肘尖與肩平，掌心向下，拇指尖距右乳約二橫掌；左手坐腕，勁點在掌緣，意注指尖，指尖向東北，肩與胯垂直；眼平視右前（東北）（圖 498）。

動作二：（呼氣）左足尖內扣，重心移左腿，腰胯向右後轉，右足輕貼地面，足後跟貫勁往右後畫半圓掃轉約180°，左足尖隨著再內扣，重心落右足，身向南，右足踏實，足尖向右前，左足尖點地，足尖向前；同時，右手隨著向面前畫弧（高不過頭），至右頭側，沉肩垂肘，指與頭頂平，掌心、指尖向前，意注指尖；左手坐腕，指尖向前，掌根距左胯約二橫拳；兩手有外向前合之意，頂勁、沉氣，含胸拔背，落胯塌腰，骶部有力，尾閭正中（即尾閭骨尖對向正前方，動作欲向何處，尾閭骨尖即直對何處，叫做「尾閭正中」）；眼平視前方（南）（圖 499）同圖 106。

動作三：（吸氣）左足跟內旋，使足尖對左前方，足跟落地踏實，腰胯左移，重心移左腿；右足跟提起外撇，使足

圖498　　　　　　　　圖499

尖、足跟俱對前方、右足尖點地釘入地；左手向左上畫弧，
高與肩平，掌心向下，指尖向左前；右手向右下畫弧，高與
肩平，掌心向右前下，指尖向右前，兩手似側平舉，意注指
尖；眼神先後關顧左右手移動。

　　動作四：（呼氣）兩胯根右旋內收；兩肩節右旋，左手
上舉至左頭側前，掌心向前，指上揚，指尖向前上；右手下
落至右胯側，掌心向下，指尖向前，掌根距胯約二橫拳；兩
臂含掤勁，意注指尖，兩肩節鬆沉，肌肉、骨節向下鬆沉，
兩腹側內勁有外向前合之意，兩臂內勁亦有外向前合之意，
虛領頂勁，氣沉丹田，含胸拔背，落胯塌腰，骶部有力，尾
閭正中，帶脈（腰部一圈）有膨脹之感覺，沖脈（臍下小腹
處）有氣旺湧出之意；眼平視前，眼神關顧兩手移動（圖
500）同圖107。

　　動作五：（吸氣）兩肩節微外旋再微向內合，兩手微外

圖 500

旋，沉肘，左手稍落下，指上揚，食指尖距口左側約四橫拳，左肘尖距肋約二橫拳，掌心轉向右前；右掌心轉向左前，兩掌心一上一下，左右遙對呼應。

　　動作六：（呼氣）左腿穩住；左掌向前上中線推出，指上揚，掌心向右，掌根高與鼻齊，相距約五橫拳；右掌向中線稍下按，置於襠前，沉肘、坐腕，掌心向左，指尖向前；同時，右足向中線前邁，拇趾點地，似針插地，勁點在拇趾內側，動作要三合一，同起同到；眼從左拇指前平視（無圖）。此式為陳式太極拳扳跌法之一。

　　注意事項參見第十三式風掃梅花，見圖104～107。

第七十八式　金剛搗碓（南　圖501～505）

　　動作一：（繼續呼氣）右膝稍提起，帶動足跟、足尖離地，足跟提起時稍往裡收，即前伸以足尖踢出，意注拇趾

尖；同時，左手向面前中線畫弧而按，勁點在掌緣，置於胃部前，拇指距胃部約一橫拳；右手外旋，向前上中線畫弧，掌心向前上，意注指尖，置於襠前，腕節距襠部約四橫拳；右足與兩手同起同止，足掌貼近地面踢出，到定點時，拇趾尖點地，意注趾尖，如釘入地；眼平視前方，耳聽身後（圖501）同圖21。

動作二：（圖502）同圖22。

動作三：（圖503）同圖23。

動作四：（圖504）同圖24。

動作五：（圖505）同圖25。

以上動作二至五的說明，參見第三式金剛搗碓的動作說明二至五，圖22～25。

注意事項和技擊作用亦參見第三式。

圖501

圖502

圖 503

圖 504

圖 505

圖 506

圖 507　　　　　　　　　　圖 508

第七十九式　收勢（南　圖506～510）

動作一：（吸氣）兩胯根鬆沉；右拳變掌，兩掌心俱橫向上，隨即橫向分開，兩手尖相距約一橫拳，上舉至胃部上端，兩掌緣距胃部兩側各約一橫拳，兩手指尖相對；背圓、胸圓、臂圓、虎口圓、掌心圓（圖506）。

動作二：（呼氣）兩手內旋，掌心翻向下，隨即下按至臍兩側，兩肩節鬆沉，胸、背部肌肉往下鬆沉，脊柱節節鬆沉直豎，虛虛對準，肋骨亦節節鬆沉；隨即兩手尖由相對各向外旋下沉至兩胯根前，掌根與胯根相距一橫拳，坐腕，掌根輕輕沉住，掌心向下，指尖向前，微向上翹，意注指尖；膝微挺不直，兩足踏實，意注趾尖；眼平視前，要「內固精神，外示安逸」（圖507～509）。

立正收勢：兩手各收至大腿外側中線，指尖自然下垂，

圖509   圖510

中指尖輕貼大腿外側中線；呼吸自然，身體中正自然站立，
回復第一式站式姿勢（圖510）同圖1。

【說明事項】：

1. 收勢圖506～509和起勢圖1～11，都是練習腹式逆呼
吸的基本方法內外並練以內壯為主可以治病可以健身可以加
強技擊效果，法簡效顯。如果每天堅持反覆練習數十下（1
分鐘約練4～5次的一吸一呼），以輕柔舒適，不頭脹、胸
悶，憋氣為原則，一個月後便可感覺到對治病健身有益。

2. 「以意行氣，以氣運身」是太極拳鍛鍊的重要原則，
纏繞圓轉，內外相合，上下相隨，弧形螺旋，勁貫四梢，內
氣發源於丹田，上行為旋腕轉膀，勁貫兩手尖，下行為旋踝
轉腿，勁貫兩足趾。暢通經絡，增長內勁。但勿刻意追求穴
位，以免練出偏差，欲益反損。

又練內氣運轉時，勿追求小周天、大周天的運轉路線，

因為拳勢動作複雜，又有長短、快慢之處，如果結合靜坐功的小周天、大周天通任、督二脈之法，易生偏差，故本書中不願試述其結合方法，免誤讀者。

3.凡逢吸氣將足，或內氣下沉、鼻呼氣將盡之際，肛門括約肌都自然地微緊一下，隨即鬆開。這對泌尿系統功能的正常、防治大便不利、小便頻數和失禁等有效。

陳式太極拳第二路(炮捶)路線示意圖説明

　　1.本示意圖基本標示出炮捶整套拳勢的運動路線、方向和角度等，供練習者比較清晰地了解到整套拳勢的運動概況，同時亦可供練習者結合拳勢動作説明與拳照進行自學。

　　2.拳套基本是在一條直線上進行左右來回運動，但圖上無法標示出來。練習者只要把示意圖上的拳勢上下疊視為一條直線，就基本上接近於實際拳套運動路線。

　　3.圖中長方格內的拳勢名稱和方格外的拳勢號碼，均以字型（號碼）所向標示出練拳時面（胸）運動的方向和角度。如 起勢 1，標示面（胸）向南；⸤轉身擺蓮⸥，標示面（胸）向北；⸤獸頭勢⸥，標示面（胸）向東；⸤劈架子⸥ 標示面（胸）向西。其餘類推。

　　4.兩個或幾個方格縱向或橫向相連，如 ⊟ 與 ⊏⊐ 標示兩個或幾個拳勢均在同一位置運動；⊏⊐ 與 ⊏⊐，標示前後拳勢在同一位置做前進或後退約半步運動之距離。

　　5.方格之間的箭頭，標示練拳時拳勢前進、後退的路線與形式。

　　　　如「 → 」，標示前後拳勢是在直線繼續運動；

　　　　「⌒→」，標示前後拳勢有45°～90°的轉體動作；

　　　　「↜→」，標示前後拳勢有90°～180°的縱跳轉體動作；

　　　　「 ↻ 」，標示前後拳勢有360°的轉體動作；

　　　　「↜ 」，標示前後拳勢有180°的跳躍轉體動作；

　　　　「↜→」，標示前後拳勢有180°的遠躍轉體動作；

「 ←--- 」，標示71式以後，原來拳套練法示意圖。

6. 長方格有長、短之別，長的標示此號拳勢步型活動度較大；短的標示此號拳勢活動度較小。

7. 兩格之間的空隙距離，標示前後拳勢前進或後退時活動度之距離大小，因繪圖條件限制，只能象形近似標示。

陳式太極拳第二路（炮捶）路線示意圖

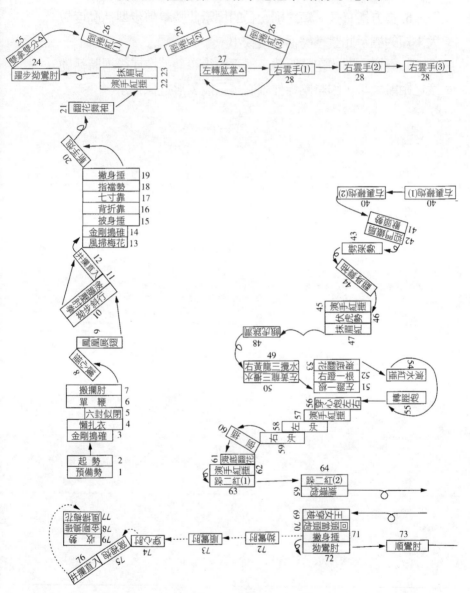

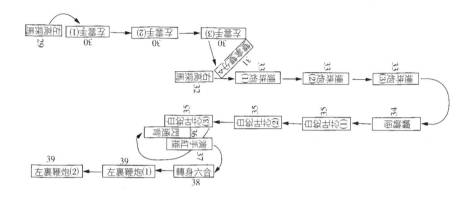

搬攔捶 29 → 左蟲手(1) 30 → 左蟲手(2) 30 → 左蟲手(3) 30

獸頭勢(少) 31

向右轉身 32 → 連珠炮(1) 33 → 連珠炮(2) 33 → 連珠炮(3) 33

倒騎驢 34

白蛇吐信(1) 35 ← 白蛇吐信(2) 35 ← 白蛇吐信(3) 35

海底翻花 36

演手紅捶 37

轉身六合 38 → 左裏鞭炮(1) 39 → 左裏鞭炮(2) 39

南

東南　西南

東　　　　西

東北　西北

北

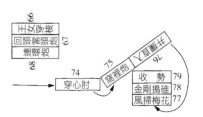

玉女穿梭 66

回頭當頭炮 67

連環炮 68

穿心肘 74 → 井攔直入 75 → 倒捲肱 76

風掃梅花 77

金剛搗碓 78

收勢 79

第五章

附　錄

(一)《紀效新書》卷十四　戚繼光

拳經捷要篇第十四（此藝不甚預於兵，能有餘力，則亦武門所當習，但眾之不能強者，亦聽其所便耳。於是以此為諸篇之末。第十四。）

拳法似無預於大戰之技，然活動手足，慣勤肢體，此為初學入藝之門也，故存於後，以備一家。學拳要身法活便，手法便利，腳法輕固，進退得宜。腿可飛騰，而其妙也；顛起倒插，而其猛也；披劈橫拳，而其快也；活著朝天，而其柔也。知當斜閃。故擇其拳之善者三十二勢，勢勢相承，遇敵制勝，變化無窮，微妙莫測，窈焉冥焉，人不得而窺者謂之神。俗云「拳打不知」，是迅雷不及掩耳。所謂「不招不架，只是一下，犯了招架，就有十下」。博記廣學，多算而勝。古今拳家，宋太祖有三十二勢長拳，又有六步拳、猴拳、囮拳。名勢各有所稱，而實大同小異。至今之溫家七十二行拳、三十六合鎖、二十四棄探馬、八閃番、十二短，此亦善之善者也。呂紅八下雖剛，未及綿張短打。山東李半天之腿、鷹爪王之拿、千跌張之跌、張伯敬之打、少林寺之棍

與青田棍法相兼、楊氏槍法與巴子拳棍，皆今之有名者。雖各有所取，然傳有上而無下，有下而無上，就可取勝於人，此不過偏於一隅。若以各家拳法兼而習之，正如常山蛇陣法，擊首則尾應，擊尾則首應，擊其身而首尾相應。此謂「上下周全，無有不勝」。大抵拳、棍、刀、槍、叉、鈀、劍、戟、弓、矢、鈎鐮、挨牌之類，莫不先有拳法，活動身手，其拳也為武藝之源。今繪之以勢，注之以訣，以啟後學，既得藝，必試敵，切不可以勝負為愧為奇，當思何以勝之，何以敗之，勉而久試。怯敵還是藝淺，善戰必定藝精。古云「藝高人膽大」，信不誣矣。

余在舟山公署，得參戎劉草堂打拳，所謂犯了招架，便是十下之謂也。此最妙，即棍中之連打。

按語：

戚繼光《紀效新書》卷十四為《拳經》三十二勢圖訣。清初陳夢雷所輯《圖書集成》收有戚氏《拳經》，但僅有三十二勢訣，無圖。1843 年錢塘許乃剑重刻《紀效新書》，《拳經》三十二勢僅有二十四勢圖訣。許氏於凡例中敘明是根據照曠閣、來鹿堂諸本校訂重刻的，未見到明代兵部尚書周世選的重刻本。日人平山潛於寬政十年（公元 1798 年）所刻戚氏《拳經》，採用明萬曆二十三年（公元 1595 年）周世選重刻《紀效新書》本，附有周世選「重刻紀效新書序」，其序云：「是書，余推常時所獲，蓋善本也。」但平山潛所刻《拳經》，亦僅有二十四勢圖訣。

1958 年春，余因教務去杭州，向省立圖書館查閱文瀾閣四庫全書本《紀效新書》，其中《拳經》亦僅二十四勢圖

訣。其他坊間翻刻本《紀效新書》中《拳經》都僅二十四勢圖訣。惟上海圖書館所藏明・茅元儀《武備志》卷八十四所輯《拳經》，三十二勢圖訣俱全。《武備志》刻印後，不幾年，明亡，《武備志》遂成禁書，未有翻印本。今據《武備志》所載《拳經》三十二勢圖訣，附於本書，一以供愛好戚氏《拳經》者得窺全貌，二以明太極拳博採各家拳法，而以《拳經》爲基礎。

近從李松福處見《三才圖會》，其書刊行在《武備志》之前，收有《拳經》三十二勢圖訣俱全，惜次序顛倒，顯爲手民誤植，刻書者未校正。益感《武備志》中所輯《拳經》爲鳳毛麟角也。

據《武備志》中《拳經》三十二勢圖訣順序，各家翻刻本所缺八勢圖訣爲：15.井攔四平，16.鬼蹴腳，17.指襠勢，18.獸頭勢，21.高四平，22.倒插勢，23.神拳，24.一條鞭。

顧留馨　記

1981 年 8 月

第一式

懶扎衣出門架子，

變下勢霎步單鞭，

對敵若無膽向先，

空自眼明手便。

第二式

金雞獨立顛起，

裝腿橫拳相兼，

搶背臥牛雙倒，

遭著叫苦連天。

第三式

探馬傳自太祖，

諸勢可降可變，

進攻退閃弱生強，

接短拳之至善。

第四式

拗單鞭黃花緊進，

披挑腿左右難防，

搶步上拳連劈揭，

沉香勢推倒太山。

第五式

七星拳手足相顧，

挨步逼上下提籠，

饒君手快腳如風，

我自有攪沖劈重。

第六式

倒騎龍詐輸佯走，

誘追入遂我回沖，

憑伊力猛硬來攻，

怎當我連珠炮動。

第七式

懸腳虛餌彼輕進，

二換腿決不饒輕，

趕上一掌滿天星，

誰敢再來比并。

第八式

邱劉勢左搬右掌，

劈來腳入步連心，

挪更拳法探馬均，

打人一著命盡。

第九式

下插勢專降快腿，

得進步攬靠無別，

鉤腳鎖臂不容離，

上驚下取一跌。

第十式

埋伏勢窩弓待虎，

犯圈套寸步難移，

就機連發幾腿，

他受打必定昏危。

第十一式

拋架子搶步披掛，

補上腿哪怕他識，

右橫左採快如飛，

架一掌不知天地。

第十二式

拈肘勢防他弄腿，

我截短須認高低，

劈打推壓要皆依，

切勿手腳忙急。

第十三式

一霎步隨機應變，

左右腿沖敵連珠，

憑伊勢固手風雷，

怎當我閃驚巧取。

第十四式

擒拿勢封腳套子，

左右壓一如四平，

直來拳逢我投活，

憑快腿不得通融。

第十五式

井攔四平直進，

剪臁踢膝當頭，

滾穿劈靠抹一鈎，

鐵樣將軍也走。

第十六式

鬼蹴腳搶人先著，

補前掃轉上紅拳，

背弓顛披揭起，

穿心肘靠妙難傳。

第十七式

指當勢是個丁法，

他難進我好向前，

踢膝滾躦上面，

急回步顛短紅拳。

第十八式

獸頭勢如牌挨進，

憑快腳遇我慌忙，

低驚高取他難防，

接短披紅沖上。

第十九式

中四平勢實推固，

硬攻進快腿難來，

雙手逼他單手，

短打以熟為乖。

第二十式

伏虎勢側身弄腿，

但來湊我前撐，

看他立站不穩，

後掃一跌分明。

第二十一式

高四平身法活變，

左右短出入如飛，

逼敵人手足無措，

憑我便腳踢拳捶。

第二十二式

倒插勢不與招架，

靠腿快討他之贏，

背弓進步莫遲停，

打如鼓聲相應。

第二十三式

神拳當面插下，

進步火焰攢心，

遇巧就拿就跌，

舉手不得留情。

第二十四式

一條鞭橫直披砍，

兩進腿當面傷人，

不怕他力粗膽大，

我巧好打神通。

第二十五式

雀地龍下盤腿法，

前揭起後進紅拳，

他退我雖顛補，

沖來短當休延。

第二十六式

朝陽手偏身防腿，

無縫鎖逼退豪英，

倒陣勢彈他一腳，

好教師也喪聲名。

第二十七式

鷹翅側身挨進，

快腳走不留停，

追上穿莊一腿，

要加剪劈推紅。

第二十八式

跨虎勢那移發腳，

要腿去不使他知，

左右跟掃一連施，

失手剪刀分易。

第二十九式

拗鸞肘出步顛剁，

搬下掌摘打其心，

拿鷹捉兔硬開弓，

手腳必須相應。

第三十式

當頭炮勢沖人怕，

進步虎直攛兩拳，

他退閃我又顛踹，

不跌倒他也茫然。

第三十一式

順鸞肘靠身搬，

打滾快他難遮攔，

復外絞刷回拴，

肚搭一跌，誰敢爭先。

第三十二式

旗鼓勢左右壓進，

近他手橫劈雙行，

絞靠跌人人識得，

虎抱頭要躲無門。

（二）拳經總歌　明末清初陳王廷

縱放屈伸人莫知，諸靠纏繞我皆依。劈打推壓得進步，搬撂橫採也難敵。鈎掤逼攬人人曉，閃驚取巧有誰知。佯輸詐走誰云敗，引誘回沖致勝歸。滾拴搭掃靈微妙，橫直劈砍奇更奇。截進遮攔穿心肘，迎風接步紅炮捶。二換掃壓掛面腳，左右邊簪莊跟腿。截前壓後無縫鎖，聲東擊西要熟識。上籠下提君須記，進攻退閃莫遲遲。藏頭蓋面天下有，攢心剁脇世間稀。教師不識此中理，難將武藝論高低。

註：此歌見於陳氏兩儀堂本拳譜，歌詞顯受戚繼光《拳經》影響，為總括太極拳五路、長拳一百零八勢一路及炮捶一路之理法，唐豪考定為陳王廷原著。

（三）山右王宗岳《太極拳論》解　顧留馨

王宗岳是清乾隆年間的山西人（故稱山右）。1792 年他在河南洛陽教書，1795 年在河南開封教書。他的武術著作有《太極拳論》一篇，解釋長拳和十三勢內容的殘稿一篇，修訂了《打手歌》一篇和《陰符槍譜》，共四種。

《太極拳論》以太極兩儀立說，解釋「十三勢」以八卦、五行立說；《陰符槍譜》以陰符立說。陰指暗，符指合，故陰符意為「靜處為陰動則符」，正如陰符槍法的原則「靜如處女，動如脫兔」。

王宗岳少年時讀過經史，也讀過《內經》《道德經》及兵法等書，兼通擊刺之術（擊劍、刺槍），槍法最精。

《太極拳論》實際上是概括性很強的總結推手經驗的論文，它所依據的理論是我國古代哲學樸素的陰陽學說，「一陰一陽之謂道」，以此作為太極拳的基本理論，就使太極拳在廣泛流傳中不致練成剛拳、硬拳，也不致練成柔拳、軟拳，而是大家公認的有柔有剛、剛柔相濟。這應該說是《太極拳論》的主要貢獻。

下面，對《太極拳論》逐句逐段試作解釋。

1. 太極者，無極而生，陰陽之母也

所謂太極，古人「謂天地未分之前，元氣混而為一，即太初、太一也」（《易繫辭》）。這是我國古代的天體演化論，把太極形容為陰陽兩氣，混沌未分。也有人解釋「太極」是屋中最高處正梁的中心，意為最高、最中心的東西。

《太極圖》呈圓形，內含陰和陽兩個半弧形的類似魚形的圖案。太極拳採用這個名稱，象徵著太極拳是圓轉的、弧形的、剛柔相濟的拳術。

「無極而生」，周敦頤（1017～1073）所著《太極圖說》說：「無極而太極，太極動而生陽，動極而靜；靜而生陰，靜極復動。一動一靜，互為其根。分陰分陽，兩儀立焉……陰陽一太極也，太極本無極也。」王宗岳所說「太極者，無極而生」，是根據《太極圖說》而立論的。

「陰陽之母也」意指陰陽兩氣包含在「太極」之中，所以說「太極」是「陰陽之母」。

2. 動之則分，靜之則合

古人認為太極是一個混元體，包含陰陽兩氣。動時這個

混元體就起變化，分陰分陽，所以說太極生兩儀，亦即「動之則分」。靜時仍然是一個混元體，陰陽變化雖然相對靜止，但陰陽的道理完全具備，所以叫做「靜之則合」。

上面五句話，講的是太極拳的理論，下面就根據這種理論來闡明太極拳推手的要領和方法。

太極拳創造於清初 17 世紀 70 年代，創造人是明末清初河南溫縣陳家溝人陳王廷。他寫的太極拳的原始理論《拳經總歌》有「縱放屈伸人莫知，諸靠纏繞我皆依」兩句話，王宗岳據此進行了發揮。

3. 無過不及，隨屈就伸

推手要根據客觀情況的變化來屈伸進退，要隨著對方的動作而採取攻防動作，不可主觀，不可盲動，要隨對方的屈伸而屈伸，人屈我伸，人伸我屈，要和對方的動作密切不離，不要過與不及，要不頂不丟；對方進一寸，我退一寸；進一分，退一分。退的少了成為「頂」，退的多了成為「丟」。

「直來橫去，橫來直去」是武術各流派的共同經驗。太極拳推手還有形象上纏繞絞轉的「黏隨」特點，可練習皮膚觸覺和內體感覺，以利了解對方的動向、力點和快慢，作出判斷來克制對方。這比單憑目力來判斷對方動向的拳種，多了一種偵察能力———「聽勁」。

4. 人剛我柔謂之走，我順人背謂之黏

推手時要放鬆，攻和防都如此，逐漸練出一股「柔勁」來。剛勁好像一根硬木頭，堅實但變化少。柔勁好比鋼絲

繩，變化多。俗話說，軟繩能捆硬柴。但從理論上講，柔能克剛，剛也能克柔。單純的柔是不夠用的，太極拳主張「柔中寓剛」「剛柔相濟」，黏與走都要以柔為主，柔久則剛在其中。人以剛來，我以剛去對抗，這是兩力相抗，不是「引進落空」「借力打人」的技巧，而應該「人剛我柔」地把對方力量引開，使之落空不得力。

所以，學太極拳推手一開始就要放鬆，心身都要放鬆。對方剛來，我總是柔應，使對方不得力，有力無處用，這叫做「走化」，目的是我走順勁，造成有利於我的形勢，使對方走背勁，造成不利於對方的形勢。當對方來勁被我走化形成背勁時，我即用黏勁加力於其身手，使之陷入更不利的地位，從而無力反擊。黏好像膠水、生漆黏物一樣，黏走相生，剛柔相濟，這是推手的重要原則。

「黏」這個字，是三百餘年前俞大猷、戚繼光等提出來的。武術書上最初見於明朝俞大猷的《劍經》，在他的對打棍法（不是套路的對打）中有時用黏字。到清初，太極拳推手就完全用黏勁，於是「黏」的用途日廣。練黏可使人的反應變快，觸覺靈敏，所以，能做到隨對方來勁黏走相生，克敵制勝。

5. 動急則急應，動緩則緩隨

動作快慢要決定於對方動作的快慢，不能自作主張。首先，手臂放鬆，觸覺靈敏，才能急應緩隨，處處合拍。只有觸覺靈敏了，才能做到「彼微動，己先動」，才能制人而不為人所制。

6. 雖變化萬端，而理惟一貫

動作雖然千變萬化，而黏走相生、急應緩隨的道理是一貫的。

7. 由著熟而漸悟懂勁，由懂勁而階及神明

這是太極拳推手功夫的三個階段：即著熟、懂勁、階及神明。

（1）著熟

著是打法、拳法、拳勢，譬如著棋。中國武術各拳種的套路，就是各個不同的「勢」連貫組成的，每「勢」都有它的主要攻防方法和變化方法，錯綜互用，這就稱做「拳術」「拳法」「拳套」。不講技擊方法的套路，稱做體操、舞蹈、導引或八段錦。有些拳種只講姿勢優美，實用性差，稱做花拳繡腿，是表演藝術性的武舞（講究實用性的稱做武藝）。練太極拳推手，首先是身法、手法、步法、眼法和每勢的著法（攻擊和防禦的方法）要練得正確、熟練；特別是練拳架，首先姿勢要正確，拳套要連貫熟練和呼吸配合好。然後在推手、散打中進行試用，捉摸每個著法用得上，還是用不上；用上了，用勁對不對等。這是前人教太極拳的次序，即首先要懂得每勢的著法和變化，不可瞎練，漫無標準地畫圈。

（2）懂勁

著法熟練即可逐漸悟出用勁的黏隨、剛柔、虛實、輕重以及曲中求直、蓄而後發等道理。現在有些人學推手好談懂勁，但不研究著法，這是跳班、越級的方法。只追求勁，不

講求著法，往往無從捉摸，不著邊際。因為，「勁附著而行，勁貫著中」，著法如果不從實際出發，捨近就遠，勁也就隨著「著法」而失去應有的作用。

懂勁以後，著法的使用才能巧妙省力。著法和懂勁都要和呼吸自然結合，不屬拳法的動作不可能結合呼吸，例如兩個吸或兩個呼湊在一起的動作就不可能結合呼吸。

懂勁質量越高，推手時威脅對方的力量也越大，著法的使用也更能得機得勢。

懂勁主要是從推手實踐中悟出來的。只練拳不練推手，對懂勁是談不上的。想像出來的懂勁，一接觸實際就不行。

（3）階及神明

「階及」意即逐步上升，亦即臺階、梯子，須一步一步爬上去。

「神明」意即神妙高明，隨心所欲，形成條件反射，熟能生巧。

「由著熟而漸悟懂勁，由懂勁而階及神明」這句話，總的意思就是踢、打、跌、摔、拿等著法熟練後，逐漸悟出「勁」貫著中的技巧，掌握「勁」這個總鑰匙，不求用著，而著法自然用得巧妙，最後達到「妙手無處不混然」的程度。

8. 然非用力之久，不能豁然貫通焉

「用力」係指練功夫，不是指用力氣，全句意為：

不經過勤學苦練，就不能豁然貫通（忽然完全悟解）。堅持練拳推手，鑽研拳理，會有好幾次「豁然貫通」，功夫是沒有止境的。青年時期、壯年時期和老年時期，各有一次

或多次對拳理的「豁然貫通」。透過向有經驗的師友學習、交流和反覆研究拳理，功夫才能練到自己身上，對療病保健、增強體質才有幫助。

太極拳發展至今，主要的傳統套路有陳、楊、武、吳、孫五式，陳式還有老架、新架和趙堡架三種，都是講究每勢的著法的。傳統套路都有這種講究著法、運氣的特點。懂得著法，拳套才容易練正確，不致練得千奇百怪，也才能和呼吸結合得好，「氣與力合」，療病健身的效果較高，又可節省練拳的時間。

9. 虛領頂勁，氣沉丹田

「虛領頂勁」意為頭頂要輕輕領起往上頂著，便於中樞神經安靜地提起精神來指揮動作。關於氣沉丹田，說法不一。這裡可能是指腹式深呼吸，吸時小腹內收，膈肌上升，胃部隆起，肺部自然擴張。呼時小腹外突，膈肌下降，胃部復原，胸廓自然平正。身心兼修，內外並練，著重在內壯，這也是被稱做「內功拳」的太極拳的一個特點。

「氣沉丹田」不可硬壓丹田，也不可一味「沉氣」，而要「氣宜鼓蕩」，並且練拳時的腹式呼吸只能用逆式，不能用順式。順式是吸氣時小腹外凸（氣沉丹田），呼氣時小腹內收，結合在拳套內就只能始終「氣沉丹田」，有降無升，所以一定要用逆式。如果用順式腹式呼吸，對練拳推手都是無益的，因為攻的動作都要借地面反作用力，必須氣沉丹田，勁才能往前發。哪裡有勁往前發，而呼氣時小腹卻內收之理？

逆式深呼吸是引進時吸氣，小腹內收；發勁時小腹外

凸，氣沉丹田。內功拳種的「形意」「八卦」「南拳」「內家拳」，都是用腹式逆呼吸的。

王宗岳高度概括了太極拳的理論（那時只有陳式太極拳一種，沒有流派），對呼吸運氣只講了一句「氣沉丹田」。

「虛領頂勁，氣沉丹田」基本上概括了太極拳對立身中正、鬆靜自然地運氣練拳和推手的要求。

10. 不偏不倚、忽隱忽現

「不偏不倚」是說身體姿勢不要歪斜而失去中正。不偏是指形體上、神態上都要自然中正；不倚是指不丟不頂，不要依靠什麼來維持自己的平衡，而要中正安舒，獨立自主。「忽隱忽現」是說行氣運勁要似有實無，忽輕忽重，虛實無定，變化多端，使對方難於適應，顧此失彼。

11. 左重則左虛，右重則右杳

承上文，既要做到「不偏不倚，忽隱忽現」，還要做到，對方從左方用力攻來，我左方虛而化之，虛而引之，不與頂抗，使來力落空；如對方從右方用力來攻，則我右方虛而化之，虛而引之，也不與頂抗，使來力落空。這是說不犯雙重之病。練到處處能虛而化之，虛而引之，就是棋高一著，從而使對方束手束腳。「虛」和「杳」都是不可捉摸的意思。

12. 仰之則彌高，俯之則彌深，進之則愈長，退之則愈促

「彌」字作「更加」解釋。我運用黏化畫弧的引進落空

的方法，對方往上進攻，我高以引之，使有高不可攀、腳跟浮起、凌空失重的感覺；如對方向下進攻，我低以引之，使有如臨深淵、搖搖欲墜、愈陷愈深的感覺；若對方前進，我漸漸引進，使其摸不到我身上，有進之則愈長而不可及的感覺，經我黏逼進攻，對方越退越感覺不能走化。這四種情況都是黏走相生，不丟不頂，我順人背，我得機、得勢，彼不得機、不得勢而出現的。

上述推手技巧只要認真實踐，人人都可有不同程度的進步。但這種推手技巧可說是無止境的，可說是一種活到老、學到老的健身防身的技術。推手雙方功力相等，不容易發揮出這樣的技巧，如果差距大了（例如力量、耐力、速度、靈敏、技巧等相差大了），這種高級技巧就會顯示出來。

13. 一羽不能加，蠅蟲不能落，人不知我，我獨知人

這是形容觸覺、內體感覺的靈敏度極高，稍微觸及，便能感覺得到，立即走化。

功夫練到技術高了，便能做到一根雞毛、一隻蒼蠅或一隻小蟲輕輕觸及人體任何部位，都能感覺得到並立即有行動對付；在推手時，便能做到他不知我，我能知他。

14. 英雄所向無敵，蓋皆由此而及也

這句說明王宗岳是唯我獨尊的。他生於二百多年前，那時，中國武術家還認為近身搏鬥技巧在戰場上還能發揮決定性的作用。

15. 斯技旁門甚多，雖勢有區別，概不外壯欺弱、慢讓快耳

這種拳術技巧的門派是很多的，它們雖然姿勢動作不一樣，但不外乎是力大打力小，手腳快打手腳慢。

16. 有力打無力，手慢讓手快，是皆先天自然之能，非關學力而有（爲）也

所謂有力打無力，大力勝小力，手快勝手慢，都是先天賦有的本能，不是學出來的。看來，這兩段話有宗派觀點，有形而上學的觀點。說其他拳種是「旁門」，而自己是正門、是正宗，這確是宗派觀點。

力大勝力小，有力打無力，手快打手慢，是一種規律，但力量和速度也不是先天自然之能，也需要學習鍛鍊才能加大力量、加快速度。因此，「非關學力而有（爲）也」這句話是錯誤的。

太極拳從名字的含義來講是有柔有剛、有輕有重、有快有慢，既要練習「四兩撥千斤」，又要練習「渾身合下力千斤」，所以，單純強調一方面，就有片面性，就是知其一而不知其二了。

17. 察「四兩撥千斤」之句，顯非力勝；觀耄耋禦衆之形，快何能爲

察《打手歌》裡有「四兩撥千斤」一句話，顯然不是用大力來勝人，看到年紀耄或耋的人還能應付眾人的圍攻，取得勝利。一般來講，老人體力比較差，動作比較遲鈍，卻還

能禦眾取勝，說明「快」也不一定能取勝。

過去認為《打手歌》是王宗岳的作品，有人從拳論中「察四兩撥千斤」的「察」字來判斷《打手歌》是王宗岳以前人的作品，這是很對的。後來核對了陳家溝原有的四句《打手歌》，才斷定現在六句的《打手歌》是經過王宗岳修訂的。這四句話是強調小力勝大力的技巧作用。

18. 立如秤準，活如車輪，偏沉則隨，雙重則滯

始終保持平衡，身法端正，要像秤準一樣；身手圓活如車輪旋轉，不但不受來力，還能把來力拋出去。無論來力多麼重大，要黏著走化，不要頂抗。如果黏著處放鬆走化不受力，這叫「偏沉」，能做到「偏沉」，就能順隨，使對方有力也不得力，有力無處用。推手時要避免兩力相抗，如果兩力相抗，不能夠「偏沉則隨」，動作就會滯鈍，結果還是力大者勝力小者。

19. 「每見數年純功，不能運化者，率皆自爲人制，雙重之病未悟耳

常常見到勤練太極拳推手多年的人，不能很好領會「懂勁」和「黏隨走化」的道理，往往不能制人，反而被人所制，這都是用力頂抗，犯了「雙重」之病而不自覺所致。

王宗岳這段話是在 200 年前講的，那時候太極拳不作爲老弱病人練的拳，而是體格強壯者練的拳，他們不懂雙重之病，不能制人，大都爲人所制。而現在練推手的大都是力量不大的人、基礎薄弱的人，加上不懂「雙重」之病、不懂著法，難怪有些練摔跤的人或練拳又硬又快的人說，一般練太

極拳的是豆腐架子。

20. 欲避此病，須知陰陽，黏即是走，走即是黏，陽不離陰，陰不離陽，陰陽相濟，方為懂勁

要避免這個「用力頂抗，不能走化」的毛病，就要懂陰陽的變化。陰指柔、虛、輕、合、蓄勢、吸氣等；陽指剛、實、重、開、發勁、呼氣等。

黏逼中隨時可以走化，所以黏也是走；走化中隨時可以轉化為黏逼，所以走也是黏。有開有合，開中有合，合中有開；有虛有實，虛中有實，實中有虛；這樣虛實、剛柔、開合、變化靈活，才可以使對方顧此失彼，不知所措，應接不暇，處處被動。

陽剛不能離開陰柔，陰柔不能離開陽剛。有陰有陽，有虛有實，有柔有剛，陰陽相濟，虛實互變，柔剛錯綜，才算是懂勁。

21. 懂勁後，愈練愈精，默識揣摩，漸至從心所欲

懂勁以後，黏走相生，越練越細巧精密，一面實踐，一面多思考，常常默想捉摸其中道理，學思並用，就能逐漸做到從心所欲，身手更為輕靈，威脅力更大，搭手即能判斷對方力量的大小、長短、動向、快慢，依著何處即從何處反擊。

22. 本是捨己從人，多誤捨近求遠。所謂差之毫厘，謬之千里。學者不可不詳辨焉。是為論

推手本來是捨己從人的技巧，順應客觀規律，不自作主

張。如果自作主張，用固定的手法，逆客觀規律，必然會出現丟頂、硬撞，不能引進落空，反而引進落實，造成失敗，這是多誤於捨近求遠。差之毫厘，結果是謬以千里。練拳、推手也是這樣，學的人要詳細辨別這個道理。

註：本文曾刊於《體育科技》（4）1980年。人民體育出版社於1980年7月出版。這次作了些修改和刪節。

（四）十三勢 清·王宗岳

一名長拳，一名十三勢。

長拳者，如長江大海，滔滔不絕也。

十三勢者，掤、捋、擠、按、採、挒、肘、靠、進、退、顧、盼、定也。掤、捋、擠、按，即坎、離、震、兌，四正方也。採、挒、肘、靠，即乾、坤、艮、巽，四斜角也。此八卦也。進步、退步、左顧、右盼、中定，即金、木、水、火、土也。此五行也。合而言之，曰十三勢。

（五）太極拳經譜 陳鑫

太極兩儀，天地陰陽，闔辟動靜，柔之與剛。屈伸往來，進退有亡，一開一合，有變有常。虛實兼到，忽見忽藏，健順參半，引進精詳。或收或放，忽弛忽張，錯綜變化，欲抑先揚。必先有事，勿助勿忘，真積力久，質而彌光。盈虛有象，出入無方，神以知來，智以藏往。賓主分明，中道皇皇，經權互用，補短截長。神龍變化，儔測汪洋？沿路纏綿，靜運無慌。肌膚骨節，處處開張，不先不

後，迎送相當。前後左右，上下四旁，轉接靈敏，緩急相將。高擎低取，如願相償，不滯於跡，不涉於虛。至誠運動，擒縱由余，天機活潑，浩氣流行。佯輸詐敗，制勝權衡，順來逆往，令彼莫測。因時制宜，中藏妙訣，上行下打，斷不可偏。聲東擊西，左右威宣，寒往暑來，誰識其端？千古一日，至理循環，上下相隨，不可空談。循序漸進，仔細研究，人能受苦，終躋渾然。至疾至迅，纏繞回旋，離形得似，何非月圓。精練已極，極小亦圈，日中則昃，月滿則虧。敵如詐誘，不可緊追，若逾界限，勢難轉回。況一失勢，雖悔何追？我守我疆，不卑不亢，九折羊腸，不可稍讓；如讓他人，人立我跌，急與爭鋒，能上莫下；多占一分，我據形勝，一夫當關，萬人失勇。粘連黏隨，會神聚精，運我虛靈，彌加整重。細膩熨貼，中權後勁，虛籠詐誘，只為一轉；來脈得勢，轉關何難？實中有虛，人已相參；虛中有實，孰測機關？不遮不架，不頂不延（遲也），不軟不硬，不脫不粘，突如其來，人莫知其所以然，只覺如風摧倒，跌翻絕妙，靈境難以言傳。試一形容：手中有權，宜輕則輕，斟酌無偏；宜重則重，如虎下山。引視彼來，進由我去；來宜聽真，去貴神速。一窺其勢，一覘其隙，有隙可乘，不敢不入，失此機會，恐難再得！一點靈境，為君指出。至於身法，原無一定，無定有定，在人自用。橫豎顛倒，立坐臥挺，前俯後仰，奇正相生。回旋倚側，攢躍皆中（皆有中氣放收，宰乎其中）。千變萬化，難繪其形。氣不離理，一言可罄，開合虛實，即為拳經。用力日久，豁然貫通，日新不已，自臻神聖。渾然無跡，妙手空空，若有鬼神，助我虛靈，豈知我心，只守一敬。

(六)太極拳發蒙纏絲勁論　陳鑫

太極拳，纏法也。纏法如螺絲形運於肌膚之上，平時運動恆用此勁，故與人交手，自然此勁行乎肌膚之上，而不自知，非久於其道不能也。其法有：進纏，退纏；左纏，右纏；上纏，下纏；裡纏，外纏；順纏，逆纏；大纏，小纏。而要莫非以中氣行乎其間，即引即進，皆陰陽互為其根之理也。或以為軟手，手軟何能接物應事？若但以跡象視之，似乎不失於硬，故以為軟手。其周身規矩，頂勁上領，襠勁下去（要撐圓，要合住），兩肩鬆下，兩肘沉下，兩手合住，胸向前合；目勿旁視，以手在前者為的；頂不可倒塌，胸中沉心靜氣；兩膝合住勁，腰勁下去；兩足常用鈎勁，須前後合住勁，外面之形，秀若處女，不可帶張狂氣，一片幽閑之神，盡是大雅風規。至於手中，其權衡皆本於心，物來順應，自然合進退、緩急、輕重之宜。此太極之陰陽相停，無少偏倚，而為開合之妙用也。其為道豈淺鮮哉！

(七)太極拳推原解　陳鑫

拳者，權也；所以權物而知其輕重者也。然其理實根乎太極，而其用不遺乎兩拳。且人之一身，渾身上下都是太極，即渾身上下都是拳，不得以一拳目拳也。

其樞紐在一心，心主乎敬，又主乎靜；能敬而靜，自葆虛靈；天君有宰，百骸聽命。動則生陽，靜則生陰，一動一靜，互為其根。清氣上升，濁氣下降，百會、中極，一體管

鍵。

初學用功，先求伏應，來脈轉關，一氣相生；手眼為活，不可妄動。其為氣也，至大至剛，直養無害，充塞天地；配義與道，端由集義，渾灝流行，自然一氣。

輕如楊花，堅如金石；虎威比猛，鷹揚比疾。行同乎水流，止侔乎山立。進為人所不及知，退亦人所莫名速。

理精法密，條理縷析。放之則彌六合，捲之則退藏於密。其大無外，其小無內。中和元氣，隨意所之；意之所向，全神貫注。變化猶龍，人莫能測，運用在心，此是真訣。

不偏不倚，無過不及，內以修身，外以制敵。臨時制宜，只因素裕。不即不離，不粘不脫，接骨斗榫，細心揣摩，真積力久，升堂入室。

（八）太極拳總論　　陳鑫

純陰無陽是軟手，純陽無陰是硬手。一陰九陽根頭棍，二陰八陽是散手，三陰七陽猶覺硬，四陰六陽顯好手，惟有五陰併五陽，陰陽無偏稱妙手。妙手一著一太極，空空跡化歸烏有。

（九）太極拳十大要論　　陳鑫

1. 理

夫物，散必有統，分必有合，天地間四面八方，紛紛者

各有所屬，千頭萬緒，攘攘者自有其源。蓋一本可散為萬殊，而萬殊咸歸於一本，拳術之學，亦不外此公例。夫太極拳者，千變萬化，無往非勁，勢雖不侔，而勁歸於一，夫所謂一者，自頂至足，內有臟腑筋骨，外有肌膚皮肉，四肢百骸相聯而為一者也。破之而不開，撞之而不散，上欲動而下自隨之，下欲動而上自領之，上下動而中部應之，中部動而上下和之，內外相連，前後相需，所謂一以貫之者，其斯之謂歟！而要非勉強以致之，襲焉而為之也。當時而動，如龍如虎，出乎而爾，急如電閃。當時而靜，寂然湛然，居其所而穩如山岳。且靜無不靜，表裡上下全無參差牽掛之意；動無不動，前後左右均無游疑抽扯之形，洵乎若水之就下，沛然莫能禦之也。若火機之內攻，發之而不及掩耳。不假思索，不煩擬議，誠不期然而已然。蓋勁以積日而有益，工以久練而後成。觀聖門一貫之學，必俟多聞強識，格物致知，方能有功。是知事無難易，功惟自進。不可躐等，不可急就，按步就序，循次漸進，夫而後百骸筋節，自相貫通，上下表裡，不難聯絡，庶乎散者統之，分者合之，四肢百骸總歸於一氣矣。

2. 氣

天地間未有一往而不返者，亦未常有直而無曲者矣。蓋物有對待，勢有回還，古今不易之理也。常有世之論捶者，而兼論氣者矣。夫主於一，何分為二？所謂二者，即呼吸也。呼吸即陰陽也，捶不能無動靜，氣不能無呼吸。呼則為陽，吸則為陰；上升為陽，下降為陰；陽氣上升而為陽，陽氣下行而為陰；陰氣上升即為陽，陰氣下行仍為陰，此陰陽

之所以分也。何謂清濁？升而上者為清，降而下者為濁；清者為陽，濁者為陰。然分而言之為陰陽，渾而言之統為氣。氣不能無陰陽，即所謂人不能無動靜，鼻不能無呼吸，口不能無出入，而所以為對待回還之理也。然則氣分為二，而貫於一。有志於是途者，甚勿以是為拘拘焉耳。

3.三節

夫氣本諸身，而身節部甚繁，若逐節論之，則有遠乎拳術之宗旨，惟分為三節而論，可謂得其截法：三節上、中、下，或根、中、梢也。以一身言之，頭為上節，胸為中節，腿為下節。以頭面言之，額為上節，鼻為中節，口為下節。以中身言之，胸為上節，腹為中節，丹田為下節。以腿言之，胯為根節，膝為中節，足為梢節。以臂言之，膊為根節，肘為中節，手為梢節。以手言之，腕為根節，掌為中節，指為梢節。觀於此，而足不必論矣。然則自頂至足，莫不各有三節也。要之，既莫非三節之所，即莫非著意之處。蓋上節不明，無依無宗；中節不明，滿腔是空；下節不明，顛覆必生。

由此觀之，身三節部，豈可忽也？至於氣之發動，要從梢節起、中節隨、根節催之而已。此固分而言之。若合而言之，則上自頭頂，下至足底，四肢百骸，總為一節，夫何為三節之有哉！又何三節中之各有三節云乎哉！

4.四梢

試於論身之外，而進論四梢。夫四梢者，身之餘緒也。言身者初不及此，言氣者亦所罕聞。然捶以由內而發外，氣

本諸身而發梢。氣之為用，不本諸身，則虛而不實；不行於梢，則實而仍虛。梢亦可弗講乎！若手指足特論身之梢耳，而未及梢之梢也。四梢惟何？髮其一也。夫髮之所繫，不列於五行，無關於四體，是無足論矣。然髮為血之梢，血為氣之海，縱不本諸髮而論氣，要不可離乎血以生氣；不離乎血，即不得不兼乎髮，髮欲衝冠，血梢足矣。抑舌為肉之梢，而肉為氣之囊，氣不能行諸肉之梢，即氣無以充其氣之量；故必舌欲催齒，而肉梢足矣。至於骨梢者，齒也；筋梢者，指甲也，氣生於骨而聯於筋，不及乎齒，即不及乎骨之梢，不及乎指甲，即不及乎筋之梢，而欲足爾者，要非齒欲斷筋，甲欲透骨不能也。果能如此，則四梢足矣。四梢足，而氣自足矣，豈復有虛而不實，實而仍虛之弊乎！

5. 五臟

夫捶以言勢，勢以言氣，人得五臟以成形，即由五臟而生氣。五臟實為性命之源，生氣之本，而名為心、肝、脾、腎也。心屬火，而有炎上之象。肝屬木，而有曲直之形。脾屬土，而有敦厚之勢。肺屬金，而有從革之能。腎屬水，而有潤下之功。此及五臟之義而猶準之於氣，皆有所配合焉。凡世之講拳術者，要不能離乎斯也。其在於內胸廓為肺經之位，而肺為五臟之華；蓋故肺經動，而諸臟不能不動也。兩乳之中為心，而肺抱護之。肺之下膈之上，心經之位也。心為君，心火動，而相火無不奉命焉；而兩乳之下，右為肝，左為脾，背之十四骨節為腎，至於腰為兩腎之本位，而為先天之第一，又為諸臟之根源；故腎足，則金、木、水、火、土，無不各顯生機焉。此論五臟之部位也。然五臟之存乎內

者，各有定位，而見於身者，亦有專屬，但地位甚多，難以盡述。大約身之所繫，中者屬心，窩者屬肺，骨之露處屬腎，筋之聯處屬肝，肉之厚處屬脾。想其意，心如猛，肝如箭，脾之力大甚無窮，肺經之位最靈變，腎氣之動快如風。是在當局者自為體驗，而非筆墨所能盡罄者也。

6. 三合

五臟既明，再論三合。夫所謂三合者，心與意合、氣與力合、筋與骨合，內三合也。手與足合、肘與膝合、肩與胯合，外三合也。若以左手與右足相合、左肘與右膝相合、左肩與右胯相合，右三與左亦然。以頭與手合、手與身合、身與步合，孰非外合。心與目合、肝與筋合、脾與肉合、肺與身合、腎與骨合，敦非內合。然此特從變而言之也。總之，一動而無不動，一合而無不合，五臟百骸悉在其中矣。

7. 六進

既知三合，猶有六進。夫六進者何也？頭為六陽之首，而為周身之主，五官百骸莫不體此為向背，頭不可不進也。手為先鋒，根基在膊，膊不進，則手卻不前矣；是膊亦不可不進也。氣聚於腕，機關在腰，腰不進則氣餒，而不實矣；此所以腰貴於進者也。意貫周身，運動在步，步不進而意則索然無能為矣；此所以必取其進也。以及上左必進右，上右必進左，共為六進。此六進者，孰非著力之地歟！要之：未及其進，合周身毫無關動之意，一言其進，統全體全無抽扯之形，六進之道如是而已。

8. 身法

夫發手擊敵，全賴身法之助。身法維何？縱、橫、高、低、進、退、反、側而已。縱，則放其勢，一往而不返。橫，則理其力，開拓而莫阻。高，則揚其身，而身有增長之意。低，則抑其身，而身有攢促之形。當進則進，殫其力而勇往直前。當退則退，速其氣而回轉扶勢。至於反身顧後，後即前也。側顧左右，左右惡敢當我哉。而要非拘拘焉而為之也。察夫人之強弱，運乎己之機關，有忽縱而忽橫，縱橫因勢而變遷，不可一概而推。有忽高而忽低，高低隨時以轉移，豈可執一而論。時而宜進不可退，退以餒其氣。時而宜退，即以退，退以鼓其進。是進固進也，即退亦實以助其進。若反身顧後，而後不覺其為後。側顧左右，而左右不覺其為左右。總之，觀在眼，變化在心，而握其要者，則本諸身。身而前，則四體不命而行矣。身而怯，則百骸莫不冥然而處矣。身法顧可置而不論乎。

9. 步法

今夫四肢百骸主於動，而實運以步。步者，乃一身之根基，運動之樞紐也。以故應戰，對戰，本諸身。而所以為身之砥柱者，莫非步。隨機應變在於手，而所以為手之轉移者，又在於步。進退反側，非步何以作鼓動之機，抑揚伸縮，非步何以示變化之妙。即謂觀察在眼，變化在心，而轉彎抹角，千變萬化，不至窮迫者，何莫非步之司命，而要非勉強可致之也。動作出於無心，鼓舞出於不覺，身欲動而步以為之周旋，手將動而步亦早為之催迫。不期然而已然，莫

之軀而若驅，所謂上欲動而下自隨之，其斯之謂歟！且步分前後，有定位者，步也。無定位者，亦步也。如前步進，而後步亦隨之，前後自有定位也。若前步作後步，後步作前步，更以前步作後步之前步，後步作前步之後步，前後亦自有定位矣。總之，捶以論勢而握要者，步也。活與不活在於步，靈與不靈亦在於步，步之為用大矣哉！

10. 剛柔

夫拳術之為用，氣與勢而已矣。然而氣有強弱，勢分剛柔。氣強者取乎勢之剛，氣弱者取乎勢之柔。剛者以千鈞之力而扼百鈞，柔者以百鈞之力而破千鈞。尚力尚巧，剛柔之所以分也。然剛柔既分，而發用亦自有別，四肢發動，氣行諸外，而內持靜重，剛勢也。氣屯於內，而外現輕和，柔勢也。用剛不可無柔，無柔則環繞不速。用柔不可無剛，無剛則摧逼不捷。剛柔相濟，則黏、游、連、隨、騰、閃、折、空、掤、将、擠、按，無不得其自然矣。剛柔不可偏用，用武豈可忽耶。

用武要言

要訣云：捶自心出，拳隨意發。總要知己知彼，隨機應變。

心氣一發，四肢皆動。足起有地，動轉有位。或黏而游，或連而隨，或騰而閃，或折而空，或掤而将，或擠而按。

拳打五尺以內，三尺以外。遠不發肘，近不發手。無論前後左右，一步一捶。遇敵以得人為準，以不見形為妙。

拳術如戰術，擊其無備，襲其不意，乘擊而襲，乘襲而擊，虛而實之，實而虛之，避實擊虛，取本求末。出遇眾圍，如生龍活虎之狀，逢擊單敵，似巨炮直轟之勢。

上中下一氣把定，身手足規矩繩束。手不向空起，亦不向空落，精敏神巧全在活。

古人云：能去，能就，能剛，能柔，能進，能退。不動如山岳，難知如陰陽，無窮如天地，充實如太倉，浩渺如四海，眩耀如三光。察來勢之機會，揣敵人之短長，靜以待動，動以處靜。然後可言拳術也。

要訣云：借法容易，上法難，還是上法最為先。

戰鬥篇云：擊手勇猛，不當擊梢，迎面取中堂。搶上搶下勢如虎，類似鷹鷂下雞場；翻江撥海不須忙，單鳳朝陽最為強；雲背日月天交地，武藝相爭見短長。

要訣云：發步進入須進身，身手齊到是為真。法中有訣從何取，解開其理妙如神。

古有閃進打顧之法。何為閃，何為進，進即閃，閃即進，不必遠求。何為打，何為顧，顧即打，打即顧，發手便是。

古人云：心如火藥手如彈，靈機一動鳥難逃。身似弓弦手似箭，弦響鳥落顯奇神。起手如閃電，電閃不及合眸。襲敵如迅雷，雷發不及掩耳。左過右來，右過左來。手從心內發，落向前落。力從足上起，足起猶火作。

上左須進右，上右須進左。發步時，足跟先著地，十趾要抓地。步要穩當，身要莊重，去時撒手，著人成拳。上下氣要均停，出入以身為主宰。不貪，不欠，不即，不離。拳由心發，以身催手，一肢動百骸皆隨。一屈，統身皆屈；一

伸，統身皆伸。伸要伸得盡，屈要屈得緊，如捲炮捲得緊，崩得有力。

戰鬥篇云：不拘提打、按打、擊打、沖打、膊打、肘打、胯打、腿打、頭打、手打、高打、低打、順打、橫打、進步打、退步打、截氣打、借氣打，以及上下百般打法，總要一氣相貫。

出身先占巧地，是為戰鬥要訣。骨節要對，不對則無力。手把要靈，不靈則生變。發手要快，不快則遲誤。打手要狠，不狠則不濟。腳手要活，不活則擔險。存心要精，不精則受愚。

發身：要鷹揚猛勇，潑皮膽大，機智連環，勿畏懼遲疑。如關臨白馬，趙臨長坂，神威凜凜，波開浪裂。靜如山岳，動如雷發。

要訣云：人之來勢，務要審察。足踢頭前，拳打膊下，側身進步，伏身起發。

足來提膝，拳來肘發，順來橫擊，橫來捧壓；左來右接，右來左迎。遠便上手，近便用肘；遠便足踢，近便加膝。

拳打上風，審顧地形。手要急、足要輕，察勢如貓行。心要整、目要清，身手齊到始成功。手到身不到，擊敵不得妙；手到身亦到，破敵如摧草。

戰鬥篇云：善擊者，先看步位，後下手勢。上打咽喉下打陰，左右兩肋並中心。前打一丈不為遠，近打只在一寸間。

要訣云：操演時，面前如有人；對敵時，有人如無人。面前手來不見手，胸前肘來不見肘。手起足要落，足落手要

起。

心要占先，意要勝人。身要攻人，步要過人。頭須仰起，胸須現起。腰須豎起，丹田須運起。自頂至足，一氣相貫。

戰鬥篇云：膽戰心寒者，必不能取勝；不能察形勢者，必不能防人。

先動為師，後動為弟。能教一思進，莫教一思退，膽欲大而心欲小。運用之妙，存乎一心而已！一理運乎二氣，行乎三節，現乎四梢，統乎五行。時時操演，朝朝運化；始而勉強，久而自然！拳術之道學，終於此而已矣。

按語：

此論原為形意拳譜，經陳鑫以太極拳理法加以修訂約十之二、三，定名為《三三拳譜》。1935 年，陳照丕編著《陳氏太極拳匯宗》，收入此論，但標為陳長興所著。又對陳王廷《拳經總歌》及長拳一百零八勢譜，俱標為陳長興所著，謬矣。按，炮捶練至剛快發勁階段，近似形意拳、心意拳，其理法亦頗多相通處，故為編入，供練習炮捶者參考。

1981 年 8 月顧留馨記

（十）太極拳緒言

年來研究陳式太極拳術，自覺頗有心得。陳式拳，家傳原有三種：太極長拳、太極炮拳、太極十三式架子是也。十三式共有五路，多失傳，現能演之拳，僅為十三式中之頭路；與楊氏所傳大致相同，而稍有出入，既炮拳一路（陳式

現名為第二路），統計所存不過兩路，餘僅存拳譜而已。到陳長興先生之長拳一路（註一），有山西洪洞縣樊君為之繪圖立說，改名通背拳，數典忘祖，頗可惋惜（註二）。去秋曾與陳氏後人研究（註三），將所失傳之五路，一一照譜為之推演，並參以戚南塘三十二長拳姿勢（註四），重譜拳路，加以說明，先將十三式第五路架子編成付印，俾世之研究太極拳術者，得有所本，是余之志願也（註五）（註六）。

練習架子，當先事開展，以靈活關節，順遂筋肉（如習書者之先寫大字，以明其橫平、豎直、點、撇、鈎、捺，並得練腕力、筆力，轉折肩架，是也。緣筆畫放大，於字之轉折處，起筆落筆處，均易看清，均易摹仿，均易用筆是也。如力透中央，旋轉如意）。繼乃力求收縮緊湊，俾勁能蓄而後發，由中達外，庶收放在我，發必中的，所謂放之則彌六合，捲之則退藏於密也，至勢高則骨節靈活，利於運轉，勢矮則肌肉收縮常致拘攣，非功深者不能自如，故勢應先高後低，俾下肢所負之力，處之裕如，則運用不致遲滯，庶能節節貫串。

太極拳運勁，先柔後剛，先慢後快，質量調均，虛實分清，行動陡重陡輕，輕似鵝毛，重若泰山，椿步穩固，動靜咸宜，靜時如處女，動時如脫兔。氣之鼓蕩，如水上行舟；精神照澈，如貓之捕鼠。老子曰：「其猶龍乎。」斯可以語太極拳也夫。

太極拳於應用上，可分四點：走化、擒拿（指拿人的勁，非專拿人骨節）、驚擊、擲發（亦曰跌），四者是也。至於練法，於姿勢之展舒捲縮，則有大架、小架之別；於身

段高低，則有上、中、下三盤之分；於運勁，則有抽絲、纏絲、綿冷、剛柔之不同；於轉變，則有折迭、進退、快慢、續斷之歧異；於步法，則有原地行步、跳躍之區分；於造詣淺深，則有用力、用著、用勁、用氣、用神五者之程序。必於行動坐臥，時刻存心，須臾莫離，運有工夫，始可稱之為練。必心到神隨，乃能每一動作，悉中肯綮，始可謂之成功。必得心應手，純任自然，不假顧盼擬合，始可謂之懂勁。非如他拳可一蹴而就也。學者，或淺嘗輒止，或僅得一偏，便自滿足，其不貽笑於人者幾希。時為已卯（1939年）夏編於體育研究社中。

許禹生　謹識

註一：長拳一百零八勢傳到陳長興時期在陳家已失傳，陳氏拳家已專精於太極十三勢第一路及太極炮捶一路，餘僅存譜。許老在此序中稱「陳長興先生之長拳」，蓋未深考。

註二：長拳一百零八勢於清乾隆年間由河南鏢師郭永福傳入山西省洪洞縣賀家莊。1936年樊一魁著《忠義拳圖稿本》（洪洞縣榮儀堂石印，有光紙，分裝8冊），將此拳逐勢繪圖，勢名與歌訣和《陳氏拳械譜》所載相同，惟錯別字較多，雖已改名為「通背拳」，實為陳王廷所創在陳家溝已失傳之拳套。今洪洞縣高公村仍有人會練，但有重複拳勢動作多處，顯為日久有傳誤之處。

註三：許老此處所謂「陳氏後人」乃指其師陳發科。據與許同時向陳老師學拳的李劍華（1890～1963年）語我：許老初從楊澄甫學太極拳，後邀陳發科於1928年10月去北京授拳，許氏與沈家楨、李劍華亦從學。後來陳老師子照旭來

京，與許推手，功力相等，但半年以後，照旭能將許打出，許遂認為陳老師授子認真，心頗快快。故雖為陳老師譜寫已失傳之第五路拳套，而不稱引其名。殊不知照旭被陳老師規定每日須練拳（第一路和第二路炮捶）兩次，每次須連續練拳十趟，再加上練推手、器械等，故功夫突飛猛進。許氏不從此點作比較，故心懷不滿。

註四：指戚繼光《紀效新書》所載《拳經》三十二勢圖訣。

註五：此書名《太極拳》，許禹生編，北京體育研究社發行，1939 年 5 月初版，定價 3 角。全書共 17 頁，每頁 13 行，每行 35 字，版面字數為 7735 字。序 2 頁。第五路太極拳共 56 個勢名，動作說明極簡單，僅 15 頁，很難摹練，故至今未聞有傳習者。

註六：徐震《太極拳考信錄》（1937 年初版），從陳子明提供的陳氏拳械譜舊抄本（陳兩儀堂本）所錄「五套拳歌」為 36 勢，第一式為懶插衣，第二式為單鞭，第 36 式為當頭炮。

（十一）陳王廷傳　明

陳王廷（家譜作庭，墓碑、族譜、《溫縣志》庭作廷），河南溫縣陳家溝人，陳家溝陳氏九世。生於小地主官僚家庭，擅長武術。據《陳氏家譜》所記：「明末武庠生，清初文庠生，在山東稱名手，掃蕩群匪千餘人，陳式拳手刀槍創始之人也，天生豪傑，有戰大刀可考。」

王廷好友武舉李際遇以地主武裝反抗明廷逼糧納稅，結

寨於登封縣嵩山少林寺之前的御砦，王廷曾隻身入寨，勸說際遇勿叛明室。登寨前與際遇部將蔣發作戰，蔣發不敵，徒步脫逃，王廷鞭馬追之不及。際遇事敗降清，後被借故族誅。蔣發投奔陳王廷為僕。陳氏家祠，今尚存王廷遺像，旁立持大刀者即為蔣發。

甲申年（1644）明王朝覆亡後，陳王廷隱居消極，晚年造拳自娛，教授弟子兒孫。遺詞上半首有「嘆當年，披堅執銳，掃蕩群氛，幾次顛險！蒙恩賜，枉徒然！到而今，年老殘喘，只落得《黃庭》一卷隨身伴。悶來時造拳，忙來時耕田，趁餘閑，教下些弟子兒孫，成龍成虎任方便。……」據《陳氏拳械譜》，陳王廷所造拳套，有太極拳（一名十三勢）五路、長拳一百零八勢一路、炮捶一路。戚繼光《拳經》三十二勢，被吸取了二十九勢。陳氏後人於康熙 58 年（1719 年）為王廷立墓碑而無碑文，《家譜》所記王廷「明末武庠生，清初文庠生」。

陳王廷是戚繼光（1528～1587 年）以後整理民間武術的傑出人物。他和戚繼光同樣是身為武將，接觸和羅致的武師較多，有利於較其同異，匯合眾長，加以繼承和創新。編拳的目的同樣是為民族生存而服務。

戚繼光於南方抗倭功成後，調防北邊，於明穆宗隆慶二年（1568 年）「總理薊、昌、遼、保練兵事務，節制四鎮，與總督同」（見戚祚國《戚少保年譜》），到 1583 年方才調鎮廣東。《明史》謂：「繼光在鎮 16 年，邊備修飭，薊門晏然，繼之者踵其成法，數十年得無事。」

陳王廷僅晚於戚繼光三十多年，在整理武術套路上，也顯然受到戚氏的影響很大。戚氏《拳經》三十二勢，綜合民

間古今十六家拳法，取精去粗，以三十二個姿勢編成拳套，作為士兵活動身手的「武藝之源」。陳王廷吸取了其中二十九勢編入太極拳套路，僅是「長拳」，就匯集了一百零八個不同姿勢，可見其吸收拳種之多。《拳經》三十二勢以「懶扎衣」為起勢，陳王廷所造七套拳路，也都以「懶扎衣」為起勢（圓領而腰帶的衣服，自殷代一直沿用到明代。明人長服束腰，演拳時須將長服捲起塞於腰帶中，以便動步踢腿。戚氏《拳經》起勢「懶扎衣」，左手撩衣塞於背部腰帶，右拳橫舉向後，目視左前方。稱做「懶扎衣」者，表示臨敵時隨意撩衣應戰，乃武藝高強，臨敵不慌不忙之意。戚氏「懶扎衣」歌訣所謂「對敵若無膽向先，空自眼明手便」），所製拳譜和《拳經總歌》，也擷取戚氏《拳經》歌訣文辭。陳王廷造拳的創造性成就，是結合了導引、吐納，使能在練拳時汗流而不氣喘，加強柔化剛發的爆發力量；纏繞運轉的纏絲勁練法則是結合了經絡學說；陰陽、虛實、柔剛具備的拳理則是採取了中國古典哲學陰陽學說。

　　雙人推手和雙人黏槍的方法，是陳王廷獨創性的成就，以粘連黏隨，不丟不頂，柔中寓剛，無過不及為基本原則，成為太極拳學派獨有的競技方法，解決了不用護具設備也可以練習徒手搏擊技巧和提高刺槍技術的問題。這是我國武術史上具有時代意義的創造性成就。

　　陳王廷《拳經總歌》開頭兩句話「縱放屈伸人莫知，諸靠纏繞我皆依」（「諸靠」是指的兩人以手臂互靠，運用「掤、捋、擠、按、採、挒、肘、靠」八種方法和勁別），概括地說明了「推手」的特點和方法。到18世紀末葉，王宗岳、武禹襄和李亦畬據以發揮太極拳推手的理論和練法，各

自寫下了總結性的太極拳論文。陳家溝陳氏十六世的陳鑫，闡發累代積累的練拳經驗，自 1908 年起，用 13 年時間，寫成《陳氏太極拳圖說》，逐勢詳其理法，以易理說拳理，結合經絡學說，其拳法以柔剛相濟、快慢相間、蓄發相變為原則，始終貫穿有纏絲勁，並以內勁為統馭。這些都已成為練習太極拳和練習推手的指導性理論。

陳家溝陳氏世代傳習陳王廷所造拳套，經五傳至十四世陳長興（1771～1853 年）這一代，陳氏已僅專精於太極拳第一路和炮捶一路，亦即今日尚在傳習的陳式太極拳第一路和第二路。楊式太極拳和武式太極拳，即是直接從陳長興這一代的陳式太極拳第一路演變而來。

太極拳今日風行國內，在療病保健方面作出了貢獻，並已引起國際體育界、醫學家的重視，推本溯源，陳王廷在繼承整理和研究中國武術方面有不少貢獻。

陳王廷以故國遺老，苟全生命，家譜諱言其事蹟，致其生卒年份亦不可考。據《溫縣志》陳王廷於 1641 年任溫縣鄉兵守備，隨縣長率鄉兵擊退攻城「流賊」。到「年老殘喘」猶能耕餘造拳來推斷，陳王廷創造太極拳，當在 17 世紀 70 年代左右的清初。

（十二）王宗岳傳　清

王宗岳，山西人，著有《陰符槍譜》，佚名氏於 1795 年（乾隆六十年乙卯歲）序云：「蓋自易有太極，始生兩儀，而陰陽之義以名。……山右王先生，自少時經史而外，黃帝、老子之書及兵家言，無書不讀，而兼通擊刺之術，槍法

其尤精者也。蓋先生深觀於盈虛消息之機，熟悉於止齊步伐之節，簡練揣摩，自成一家，名曰《陰符槍》。……辛亥歲（1791年），先生在洛（洛陽），即以示余，余但觀其大略，而未得深悉其蘊，每以為憾！余應鄉試居汴（開封），而先生適館於汴，退食之餘，復出其稿示余，乃悉心觀之。……先生常謂余曰：余本不欲譜，但悉心於此中數十年，而始少有所得……於是將槍法集成為訣，而明其進退變化之法，囑序於余，因志其大略而為之序云。」

據此序，王宗岳晚年以教書為職業，衣食奔走於洛陽、開封兩地，1795年（乾隆六十年）仍健在。因此，可以推測王宗岳可能生於乾隆初年。洛陽、開封與溫縣陳家溝僅隔一黃河，王宗岳得陳家溝太極拳之傳，當在寄寓洛陽、開封期間。

王宗岳約當於陳長興（1771～1853年）之父陳秉旺、伯父陳秉壬、堂叔父陳秉奇同一時期。秉壬、秉旺、秉奇為當時陳家溝著名拳手，人稱三雄，與族人陳公兆、陳大興齊名，而陳大興外遊（家譜旁注為「不家」）。秉壬、秉旺、父善志、公兆父節，俱以家傳太極拳著名。同時有族人陳繼夏善肘，陳敬柏善靠，而王廷之曾孫甲第亦為好手。蓋自陳家溝陳氏九世祖陳王廷創造太極拳後，經三四傳至十二、十三世，名手輩出，王宗岳處於陳氏太極拳家鼎盛時期，較易得其理法。惟王宗岳從何人習得太極拳，以及所傳何人，今已不可考。

王宗岳的太極拳著作有《太極拳論》一篇，長拳、十三勢解各一篇，修訂陳氏舊有《打手歌》一首四句為六句。武式太極拳創造人武禹襄之兄武澄清於1852年官河南舞陽縣知

縣時，於鹽店得其拳譜。

王宗岳太極拳論文的哲學觀點，吸取了 1757 年（乾隆二十二年）出版於江西的《周子全書》，這是一部 11～18 世紀時人闡發周敦頤（1017～1073）哲學「太極圖說」的結集。《太極拳論》中「太極者，無極而生，陰陽之母也」「無過不及」「不偏不倚」「動之則分，靜之則合」「陰不離陽，陽不離陰，陰陽相濟，方為懂勁」等句，是來源於《周子全書》中「無極而太極」「太極生陰陽」「無過不及」「不偏不倚」「陽主動而陰主合，故陽曰變而陰曰合」「陰陽不相離，又有相須相互之妙」等句。末句為胡煦（1655～1736）語。根據胡煦卒年和《周子全書》出版期，可以確定王宗岳的《太極拳論》作於 1757 年（乾隆二十二年）以後。

王宗岳得太極拳、長拳一百零八勢及推手之傳，這從他所寫的《太極拳論》《打手歌》及「長拳者，如長江大海，滔滔不絕」等句可以看出。

過去某些太極拳書，誤以山右王宗岳即明代內家拳家關中王宗，並有附會王宗岳傳蔣發之說。蔣發為明末清初太極拳創造人陳王廷之僕，下距王宗岳約百年。至於張三豐傳王宗岳之說，《明史》及《太和山（武當山）志》都隻字未提及張三豐會武術，何況張三豐為元末明初人，與王宗岳相去約四百年，妄加牽連，不值一駁。

王宗岳的《太極拳論》和《十三勢解》以太極兩儀立說，《長拳解》以五行八卦立說，槍法則以陰符立說。陰，暗也；符，合也。陰符者，「靜處為陰動則符」也。陰符槍訣主張陰陽、剛柔、虛實互用，黏隨不脫，如蛇纏物，與太極四黏槍的纏繞黏隨相一致。唐豪著有《王宗岳陰符槍譜、

太極拳經》，1936 年於上海出版。

(十三)陳鑫傳　清

陳鑫，字品三（1849～1929），河南溫縣陳家溝人。祖父陳有恆、叔祖陳有本，俱以家傳太極拳著名。有本並創造陳氏新架。父陳仲甡（1809～1871），叔陳季甡（1809～1865），有恆中年溺於洞庭湖，仲甡、季甡遂改從叔父有本學拳。

仲甡猿背虎項，魁偉異於常兒，3 歲即習武，及長與弟季甡同入武庠。咸同年間，陳家溝拳家以仲甡、季甡與陳長興（1771～1853）子耕雲為功夫最好，仲甡能運使鐵槍重三十斤左右，尤稱武勇。陳鑫和兄垚從父習拳。垚十九入武庠，每年練拳萬遍，20 年如一日，故功夫純厚，軀幹短小，不知者不信其能武。嘗與縣衙護勇鬥，連擊六七人踣地，餘皆畏怯遁去。

鑫自幼從父習拳，備明理法，故於太極拳亦精微入妙。以父命讀書，而僅得歲貢生，晚年頗悔習文，以為兄習武多成就。於是發憤著書，其志尤在闡發陳氏世代相傳之太極拳理法。著有《陳氏家乘》五卷、《安愚軒詩文集》若干卷、《陳氏太極拳圖說》四卷、《太極拳引蒙入路》一卷及《三三拳譜》。

《陳氏太極拳圖說》寫自光緒戊申（1908 年）至民國己未（1919 年），手自抄寫，雖嚴寒盛暑不懈。其抄本先後有四本，闡發陳氏累代積累的練拳經驗，洋洋二三十萬言，逐勢詳其著法、運勁和周身規矩；以易理說拳理，引證經絡學

說，貫串於纏絲勁的核心作用，而以內勁為統馭。鑫無子，老且病，乃召兄子椿元於湘南，以《陳氏太極拳圖說》授之曰：「若可傳則傳之，不則焚之，毋與妄人也。」1932 年 1月 2日，唐豪約陳子明去陳家溝搜集太極拳史料，見其遺稿而善之。歸途便道訪問河南國術館館長關百益建議購其書，關氏遂集資向椿元購得一本，交開封開明書局於 1933 年出版，線裝四冊。陳鑫歿後，以家貧停柩多年未葬，椿元得稿費後始為營葬。1935 年陳績甫（照丕）編著《陳氏太極拳匯宗》（南京版，兩冊）亦採入其圖說，惟所採為別一稿本，內容較前書略少，文字亦間有不同。《太極拳引蒙入路》為《陳氏太極拳圖說》簡明本；《三三拳譜》則為以太極拳理法修訂形意拳譜者。

唐豪於椿元處曾翻閱其書，僅許抄存目錄，其所修訂者約為形意拳原譜十之三云。椿元於 1949 年去世，陳鑫遺稿不知藏於何人之手。自陳家溝陳氏九世陳王廷創造太極拳以來，陳氏世代習其拳，名手輩出，而著述極少。經七傳至陳鑫始重視文字記錄。

（此傳資料係據陳子明《陳氏世傳太極拳術》、張嘉謀《溫縣陳君墓銘》、陳鑫《陳氏家乘》和唐豪生前所述編寫而成）

(十四)馬同文抄本《太極拳譜》　唐豪跋文

馬印書先生，字同文，河北永年人。其太極拳學自郝和（字為真）。郝之太極拳，學自李亦畬。亦畬為馬先生姨丈，此譜從姨丈處抄得。徐震太極拳考信錄謂譜係郝傳實

非，蓋亦畬傳郝之譜，內容不如此譜之多，徐震太極拳譜理董所載可覆按也。1920 年馬先生過訪，晤談之際，慨然以此譜相贈，藏之多年，為鼠竊嚙，略有殘缺，重為裝幀，以貽後學。譜內太極拳小序，首稱「太極拳始自宋張三峰」，末題「丁卯端陽日亦畬李氏識」。亦畬生於道光十二年壬辰，卒於光緒十八年壬辰，序當作於同治六年丁卯，此為太極拳附會張三峰最早之文獻。佚名篇「一名長拳，一名十三勢」上有佚文，予斷此篇猶存舞陽縣鹽店太極拳譜原來面貌，可為考證之資。

馬先生告予，另有一套炮捶，掤捋擠按採挒肘靠八字，用勁帶剛，以輔柔之不足。且有騰挪閃展身法，楊班侯（陳家溝陳長興傳人楊福魁子）善之，其師不如。最近予見陳長興曾孫陳發科所傳炮捶，確實不虛，老輩反無出主入奴之見，不以人之所長而諱言己師之短，其思想認識為足多矣。今抄李亦畬太極拳跋於下，以明此譜來歷。

跋云：「此譜得於舞陽縣鹽店。兼積諸家講論，並參鄙見，有者甚屬寥寥，間有一二者亦非全本，自宜重而珍之，切勿輕以予人。非私也，知音者少，可予者其人不多也，慎之慎之。光緒辛己中秋念三日亦畬氏書。」馬譜內容，除亦畬舅父武禹襄及亦畬著作外，舞陽鹽店原譜僅太極拳論、佚名篇、十三勢行工歌訣，及打手歌四篇，此書篇不盡為王宗岳所作，予別有考證，今因跋此抄本，略為及之。

唐豪 1956 年 11 月 10 日

按：

馬同文抄本《太極拳譜》，30 年代初，我向唐豪借抄

過，後來丟失了。1956年我爲武術賽裁判事去北京，請唐豪雇抄手再抄一本給我，後來寄到上海，是雇人抄的，鼠嚙殘缺處俱按原本式樣空出。唐豪爲此本親筆寫跋文，對楊式楊班侯、武式李亦畬兼擅炮捶事，據馬同文談話追記（30年代初，唐豪已對我談過）。近人有認爲炮捶僅陳式拳家所兼擅，今將唐豪此跋抄錄附於《炮捶》，以祛其疑。馬印書，字同文，生於1866年，卒年未詳。余未見其人。

1983年9月顧留馨記

後 記

20 世紀 70 年代末，中華武壇，正振翅中興，可是父親時年逾七旬，處境仍然不盡人意。但他出於對太極拳的執著熱愛和一種憂患意識，因而感懷云：「十五年噩夢，醒來未悟空；寫作武技書，賢於面壁坐。」為了中華武術的瑰寶之一——傳統太極拳的再度崛起，父親大聲疾呼：「現在已到坐而言，不如起而行的時候了。」面對極「左」思潮的餘毒，老人不禁嘆曰：「所謂名與利，都是過眼煙雲，我還有幾個十年？此時不抓緊寫書，更待何時！」對隨之而來的詰難和冷落，惟有視而不見，聽而不聞，遇事寵辱不驚，發憤著書立說。

父親不顧高齡，窮三年心血，「猶且具明廢寐，戾暑忘餐」，將五十餘年對太極拳功法、技法的研究心得毫無保留地奉獻給讀者，始有傳之後代的《太極拳術》《炮捶》兩部 60 萬字太極拳專著問世。為此，父親慨然道：「我走上研究武術的專業道路，但前進的路上不是平坦的，何況武術這一行，30 年來，我常以壓力為動力，以研究武術為己任。」

這就是一個歷經磨難、熱愛武術的老人無怨無悔的真情告白。

自從明末清初河南溫縣人陳王廷創造太極拳之後，太極拳成為中華武術重要的組成部分，太極拳前輩們從實踐中積

累了豐富的自成體系的武術理論。

太極拳以人為對象，乃人體之科學，哲理精深，具有競技、防身、健體、療疾、娛樂、藝術等多種功能，深受廣大群眾的喜愛。為了更有效地推廣、普及傳統武術及其太極拳，父親強調武術姓「武」。他推崇武德，摒棄門戶之見，團結不同流派的武術界同仁，善於汲取各家之長。他對太極拳歷史背景、拳譜資料，以及前輩人物作了詳盡的梳理，用唯物主義觀點，窮源溯流，科學分析前輩關於太極拳的理論著作，並刻苦鑽研太極拳理論和總結實踐經驗，寫了大量通俗易懂的文章。從 1961 年起，先後出版 7 種研究太極拳的專著，為中華武術園地留下一筆豐富的文化遺產。

父親在耄耋之年，病魔纏身，仍老驥伏櫪，筆耕不輟，為完美體現博大精深的太極拳真諦。在寫作過程中，引經據典，虛懷若谷，落筆立論，一絲不苟，為闡發某一拳理，並形成文字，常殫精竭慮，苦思多日。寫拳技之書，其辛勞由此可見。父親一生鍾情於太極拳，在一次日本記者採訪時，他滿懷激情地說：「我的夢想是把太極拳列為奧運會項目。」經過幾代武術工作者的不懈努力，現今太極拳已走出國門，在全世界廣為流傳。

這次把《炮捶——陳式太極拳第二路》（簡體字本）文稿交由人民體育出版社出版，也是順理成章的事。父親從受委托主編享譽海內外的「五式」太極拳系列叢書到出版《太極拳研究》《陳式太極拳》等著作，曾與社方坦誠相見，切磋文字，保持良好關係達三十餘年。祝願這次《炮捶》的重版發行，對廣大太極拳業餘愛好者和專業工作者能有所裨益，這實為父親生前為之奮鬥而企望的。

現在按照父親於 1985 年修訂過的自用本，逐一校閱，糾正誤植。父親青年時代就讀於上海文治大學國文系，親聆中共早期黨員蔡和森授課《社會發展史》，對父親走上革命征途起了發蒙振聵的作用，今按白壽彝教授《序》的原稿補上；並增補父親與學生張翹青和陳照奎先生的學生上海中華武術會會長丁金友的二幀拳照，以示陳式太極拳代代傳習，後繼有人。

前輩們把畢生精力獻給中華武術事業。《炮捶》的重版是對父親最好的緬懷！在此，向出版社，向審讀全書的周建萍女士以及支持、關心此書出版的有關人士，謹表誠摯的謝忱！

顧元莊　於上海疏筆樓

2004 年 5 月 1 日

導引養生功 系列叢書

陸續出版敬請期待

張廣德養生著作

每冊定價350元

全系列為彩色圖解附教學光碟

古今養生保健法　強身健體增加身體免疫力

養生保健 系列叢書

國家圖書館出版品預行編目資料

炮捶——陳式太極拳第二路／顧留馨　著
　　　——初版，——臺北市，大展，2005〔民 94〕
　　　面；21 公分，——（武術特輯；73）
　　　ISBN　957-468-423-7（平裝）

1.太極拳
528.972　　　　　　　　　　　　　　　　94019700

炮捶——陳式太極拳第二路　　ISBN 957-468-423-7

著　　　者／顧留馨
責任編輯／李彩玲
發 行 人／蔡森明
出 版 者／大展出版社有限公司
社　　　址／台北市北投區（石牌）致遠一路 2 段 12 巷 1 號
電　　　話／（02）28236031・28236033・28233123
傳　　　眞／（02）28272069
郵政劃撥／01669551
網　　　址／www.dah-jaan.com.tw
E－mail／service@dah-jaan.com.tw
登 記 證／局版臺業字第 2171 號
承 印 者／高星印刷品行
裝　　　訂／建鑫印刷裝訂有限公司
排 版 者／弘益電腦排版有限公司
授 權 者／北京人民體育出版社
初版 1 刷／2005 年（民 94 年）12 月

定　　價／330 元

大展好書　好書大展
品嘗好書　冠群可期